2017 年度教育部人文科学重点研究基地重大项目
《长江三角洲全面建成小康社会中的绿色发展研究》资助
（编号:17JJD630002）

"十三五"国家重点出版物出版规划项目

长三角区域践行新发展理念丛书

长三角地区全面建设小康社会中的
绿色发展问题研究

李晓春 等 ◎著

Research on Green Development of the Yangtze River
Delta in Building a Moderately Prosperous
Society in All Respects

中国财经出版传媒集团

经济科学出版社
Economic Science Press

长三角地区一直是我国经济发展的"领头羊",尽管三省一市（江苏、浙江、安徽和上海）的面积是全国的1/26，常住人口是全国的1/6，但经济总量是全国的近1/4；长三角城市群已经跻身六大世界级城市群。无论是全面小康社会建设还是即将开启的现代化建设，都需要长三角地区发挥"领头羊"的作用。2018年11月5日，习近平在首届中国国际进口博览会开幕式上宣布，长江三角洲区域一体化发展上升为国家战略。进入新时代，长三角地区一体化发展进入新的历史起点，面临新的现实挑战，承担新的发展任务。长三角地区在一体化进程中既要高质量全面建成小康社会，又要通过建设现代化经济体系高质量开启现代化建设的新征程，其有效路径就是践行新发展理念。

新发展理念是针对我国经济发展现阶段的重大问题提出的重要理论创新。我国已经告别低收入发展阶段，正在进入中等收入发展阶段，但仍处于并将长期处于社会主义初级阶段，这是现阶段我国经济发展面临的基本国情。在这一阶段，面临一系列重大问题。第一，增长速度从高速转向中高速，必须依靠新旧动能接续转换，才能保证中高速增长的可持续。第二，必须直面"中等收入陷阱"这一历史难题，避免像国际上一些国家和地区在进入中等收入阶段后，由于收入差距过大、结构矛盾加剧等原因陷入经济发展停滞甚至倒退状态。第三，我国经济发展迫切需要提升质量，从低质量发展向高质量发展转变。高质量发展意味着经济发展的效率改进、效益提升、结构优化、生态改善与区域平衡等诸多内涵。新发展理念正是针对我国发展面临的这些重大问题提出来的，是我国当前和今后一个时期经济社会发展的战略指引。

创新着重解决发展动力问题。改革开放40年是破除制度壁垒、优化生产关系、解放生产力、发挥初级生产要素对经济增长推动力的40年。但是，在经历多年的高速增长后，初级生产要素对经济增长的推动力在减弱。创新作为高级生产要素，不仅属于新动能，能直接推动经济增长，而且对其他生产要素的经济增长效应能起到增幅作用。现在，我国产业发展和科技创新在世界上的位置已从跟跑并跑提升到并跑领跑，抢占战略制高点、实现创新驱动发展的任务更为紧迫。长三角地区科技创新资源较为丰富，企业的创新主体地位突出，有必要也有能力依靠创新，着力培育以技术、品牌、质量、服务为核心竞争力的新优势。

协调着重解决发展不平衡问题。改革开放允许一部分地区先发展，效果明显，长三角地区总体上是得益者。但是，地区发展不平衡随之而来。虽然长三角地区是全国城乡居民收入差距最小的区域，但其三省一市内部的不同区域都存在地区差距、城乡差距，相比其他领域，农业现代化仍然是短板。因此，在全面小康社会建设中，长三角地区不仅要彰显优势，还要根据协调发展的理念，解决地区之间、城乡之间的发展不平衡问题，补齐发展的短板。

绿色着重解决人与自然和谐问题。绿色发展要求牢固树立"保护生态环境就是保护生产力，改善生态环境就是发展生产力"的核心理念。长三角地区是我国最早实现工业化的地区，发展开放型经济，形成了"世界工厂"。在其工业化水平进入全国前列的同时，也不可避免地带来环境和生态遭到破坏的问题。因此，绿色发展成为长三角地区全面小康建设的着力点，不仅要改变粗放式发展，走集约式低消耗低排放的发展道路，还要修复已经遭到破坏的环境和生态，让长三角地区重现绿水青山、蓝天白云。

开放着重解决发展内外联动问题。长三角地区对外开放水平一直较高，不仅外向度高，引进外资规模也大。进入新时代，长三角地区的开放发展不但要继续走在全国前列，还需要由数量型转向质量效益型，在更高层次上实现改革与开放之间的互动，发挥两者之间的正反馈机制，向发达国家和发展中国家开放。根据习近平关于构建人类命运共同体思想的重要论述，建立高质量的开放型经济体系的主要表现是：开放战略坚持"引进来"和"走出去"并重，利用自由贸易区等开放载体，形成陆海内外联动、东西双向互济的开放格局；服从于创新驱动发展战略，引进国外要素的着力点将转向创新要素；参与全球化分工将从比较优势转向竞争优势；重视我国产业在全球价值链中地位的提升，争取在价值链中的主导地位，并且依托核心技术建立以我为主的全球价值链，形成面向全球的贸易、投融资、生产、服务的价值链，培育国际经济合作和竞争新优势。

共享着重解决社会公平正义问题。中国特色社会主义经济发展的根本目标是以人民为中心，是要满足人民日益增长的美好生活需要。改革开放40年来，人民生活水平普遍提高，但也出现了收入差距扩大问题。共享发展是要在发展中共享、在共享中发展，努力实现改革发展成果全民共享、全面共享、共建共享。在共享发展中，人民群众共同分享改革发展成果，不断得到实实在在的利益，在民生改善中有更多获得感，逐步实现共同富裕，从而进一步激发广大人民群众的积极性和创造性，为经济发展提供不竭的动力源泉。

作为教育部人文社会科学重点研究基地，南京大学长江三角洲经济社会发展研究中心多年来坚持发挥研究的比较优势，始终聚焦长三角地区经济社会发展中的重大问题，取得了一系列具有影响力的研究成果。2016年初，中心结合长三角全面建设小康社会的战略任务，制定中心发展的"十三五"规划，并根据这五大新发展理念发布五个重大项目，由刘志彪教授、范从来教授、张二震教授、李晓春教授和洪银兴教授分别作为带头人，组织南京大学经济学科整体力量申报的长江三角洲全面建设小康社会中的协调发展研究、长江三角洲全面建设小康社会中的共享发展研究、长江三角洲全面建设小康社会中的开放发展研究、长江三角洲全面建设小康社会中的绿色发展研究、长江三角洲全面建设小康社会中的创新发展研究等课题，获批2018年和2019年教育部人文社会科学重点研究基地项目。展现在读者面前的这系列著作，就是这五个重大项目的研究成果，希望能为国内外学者研究长三角问题提供有益的借鉴和参考，也能为各地政府部门厘清贯彻新发展理念、实现高质量发展提供可行的政策建议。

长三角区域发展一体化上升为国家战略以后，长三角区域高质量发展研究成为研究热点，并且提出一系列的新课题。南京大学长江三角洲经济社会发展研究中心的新成果也将纳入本丛书陆续出版。这些成果可以说是长三角地区践行新发展理念的新成就的总结。

洪银兴

2018 年 12 月

前　言

　　自 1978 年改革开放以来，我国经济高速增长，在取得辉煌的经济建设成果的同时，自然环境却遭到不同程度破坏，探索经济绿色发展之路刻不容缓。中国的绿色发展之路并非约定俗成，国内外亦并无现成的经验可以参考。中国必须走适合我国国情的绿色发展之路。长三角地区是我国经济发展先行地区，之所以要研究长三角地区的绿色发展，是因为在经济发达地区实践绿色发展有坚实的经济基础，能为保护环境提供更为丰裕的资金和更为先进的技术，同时，经济发达地区的人们对绿色生活的向往也更加强烈。但是，长三角地区绿色发展还面临一系列新问题，主要包括政府绿色发展的最优体制机制设计、企业绿色发展的动力和途径选择、绿色产业链和生态圈构建、科学的绿色生活倡导以及区域绿色发展协调等。今天，长三角地区已经开始走向绿色发展，但总体发展水平还较低，如何走出具有长三角地区特色的绿色发展之路还存有争议。目前，关于这些问题的研究很不充分，尤其是缺乏针对经济发展先进地区绿色发展的全面而深入的分析。因此，本书在理论上归纳符合我国经济发展先行地区市场规律的绿色发展机制，其本身就是学术创新。本书根据我国经济和长三角地区的特点，通过对乡村振兴和促进现代农业发展、农民工经济、产业升级、提升人力资本、职工培训、混合制企业的民营化和缩小城乡收入差距等多角度的观察研究，探索我国经济活动中的环境保护规律。本书的每一章都是独立的研究，但有一条主线贯穿始终：探索适合我国经济发展的环境政策。本书大多数章节是第一次公开发表，为了方便读者阅读，我们先介绍两个与本书相关的概念以及本书的内容与构成。

一、关于"隐蔽性环境污染"

　　提到环境污染，很容易联想到工农业生产中产生的"三废"（废水、废渣和废气）等显性存在的污染。但是，在进行经济建设时往往会实施不同的经济政策，表面上这些政策与环境问题没有直接关联，但却与环境有内在的关联。如果处理不当，就会令环境保护措施形同虚设、事倍功半。例如，在促进城镇化、推进城乡融合时，往往会积极鼓励农村劳动力进城务工，开始并不会意识到这样做对环境会有什么不利影响，但结果却是环境污染加重了。其原因是，在劳动力的城乡转移中就隐藏了环境污染：当企业接受新转移来的劳动力时，势必会扩大生产规模，从而导致生产中的"三废"增加。我们将这样的环境问题称为"隐蔽性环境污染"。经济高速增长中由经济政策引致的环境污染往往具有隐蔽性，通常不易被察觉，我们要警惕这种具有隐蔽性的环境污染。

二、关于长三角地区的乡村振兴战略与环境保护

乡村振兴是党的十九大报告中提出的国家战略，它是党中央着眼于发展全局和"两个一百年"奋斗目标、补齐农村发展短板的重大决策，从国家政策层面指出要坚持扶持农村发展，以乡村的产业状况、生态环境、文化旅游等具体资源为出发点，发展和利用乡村的自然优势，全面提高乡村的地位和作用，建立更加利于农民、农业和农村发展的机制。通过增强农村发展的吸引力和活力，促进现代化和城镇化建设，为经济增长提供更强劲的动力。乡村振兴的主要政策由构建包括土地流转、承包期的延长在内的现代农业产业经营体系，城乡融合，以及促进农村产业发展等部分组成。

需要指出的是，长三角地区乡村人口众多、幅员辽阔，乡村振兴的宏伟目标不会一蹴而就。2019 年是我国实施乡村振兴战略的第二年，尚属开局阶段。如果不能深刻认识乡村振兴战略的效果，政策执行不当，就有可能影响长三角地区乡村振兴大计的顺利实现。其中，隐蔽性环境污染是我们尤其要警惕的。根据《中国统计年鉴（2018）》数据，2017 年我国化肥使用量接近 40 吨每平方千米，远远超过经济发达国家所设定的 22.5 吨每平方千米的安全上限，不科学、不合理的施肥结构导致我国流失化肥量占使用量 40% 以上；同时，根据《"十三五"生态环境保护规则》，我国每年地膜用量超过百万吨，损失高达产值的 20% 左右，环境承载能力超过或接近上限。农业污染对环境造成的压力持续增大，现已成为影响农业现代化和建设美丽中国的一个突出问题。所谓农业污染，是指人类在农业生产中，不合理地使用农业生产资料和采取不适当的生产措施，造成有害物质残留及生态破坏等所引致的环境污染，主要来自两个方面：一是农业生产污染，包含农药、化肥及农膜等污染要素的投入以及秸秆焚烧等；二是农村生活污染，包含禽类养殖产生的粪便、生活垃圾和污水等。由于农业污染具有发生随机、影响滞后、原因复杂、途径广泛

等特征，成为土壤和大气污染、农产品质量下降以及水体污染的主要影响因素。根据国务院 2010 年公布的全国污染源普查结果，农业污染已经超过工业和生活污染，成为我国第一大污染源。令人担心的是，情况一直在恶化。根据《中国环境年鉴（2017）》统计数据显示，2016 年主要污染物化学需氧量（COD）农业污染源排放 1068.58 万吨，相当于同年工业源排放的 3.6 倍，废水中氨氮农业污染源排放 72.61 万吨，是工业源排放的 3.3 倍，加之农业污染具有面源污染特征，覆盖面积广、累积效应大，因此农业生产对环境造成的负面影响已经成为环境保护工作中的重中之重。这里，我们特别提出包含农药、化肥及农膜等污染要素，它们虽然是当前农业生产中不可缺少的投入要素，但也是农业污染的重要来源。目前我国绝大多数农村没有建立环境保护基础设施，农业污染治理近乎空白，缺乏环境保护的激励与约束机制，环境保护观念淡薄。在此背景下，针对以下问题展开研究具有重要的现实意义：实施乡村振兴战略对环境特别是对农业污染的影响如何？如何在实施乡村振兴战略中体现绿色发展？

人们对美好生活的憧憬，要求乡村振兴道路必须坚持绿色发展之路，要求我们必须明确乡村振兴战略中的具体政策对环境的影响。例如，我们厘清了土地流转政策、建立健全深化农村集体产权制度改革以及构建现代农业体系对环境的影响机制了吗？如果对这些问题没有清晰的认识，乡村振兴战略的效果就会打折扣，或者是在解决一些问题时恶化了环境，走上过去工业化过程中先污染后治理的老路，那是我们不能承受之重。因此，本书用许多篇幅来研究乡村振兴战略、发展农业现代化中各项政策的隐蔽性环境污染问题，以农业污染为抓手、以明晰乡村振兴战略中各项政策的环境效果为目标展开研究，针对各项政策中存在的污染隐患提出有效对策，贡献我们的思考。特别是，长三角地区经济发展迅速、产业结构日趋优化，但在环境保护方面存在资源相对短缺、"三废"排放严重、水环境污染严重等问题。尽管近几年对各地的环境整治力度不断加强，部分生态环境有所好转，但先天条件不足，加上长期以来对环境的轻视所造成的污染积累和人为干扰，长三角地区的环境保护形势不容乐观。研究长三角地区高效的绿色发展路径和制度保障，明确其绿色发展动力和激励机制，从而推进长三角地区绿色发展的制度建设，使其成为中国绿色发展的领跑者，为我国其他地区的绿色发展提供示范和启示作用，具有重大的实践意义。

三、关于本书的内容与构成

本书汇总了我和我的团队从 2017 年至今的部分研究成果，其内容和研究方法都来源于三年来我对学术和现实经济的思考。本书的一个中心是，如何在我国这样的发展中大国实现绿色发展，以及如何在长三角地区这样的工农业发达地区实现绿色发展。本书的各章相对独立，主要以长三角地区和我国的实际经济问题为导向，采用经济学理论分析或实证分析的方法展开分析研究。本书的理论研究主要采用一般均衡模型或博弈模型进行，这些模型是根据长三角地区经济的特征而建立的，可以说，本书的模型除了具有学术上的先进性外，其经济适用性也很突出，理论研究的结论也适用于我国的绝大部分地区。从经济发展史的角度看，一个国家（地区）的经济发展往往与环境污染相伴随，这似乎成了一个不变的定律，我国改革开放后的前30多年也是这样走过来的。那么，能不能在今后的发展道路上实现环境保护与经济增长的双丰收？历史上可以供我们参考借鉴的经验不多，需要我们用自己的大脑和双手去探索总结。

本书由两部分构成。第一部分为长三角地区绿色发展研究，包括第一章至第十章，分别从乡村振兴和现代农业的发展、混合制企业民营化等方面探索经济发展与环境保护的关系。第二部分为相关探索，包括第十一章至第十七章，涉及的都是与环境关系非常密切的问题，如产业升级、农民工汇款、现代农业的发展等，它们是环境问题的有机组成部分，如果没有这一部分研究，我们对环境的认识，特别是对隐蔽性环境污染的认识就不会那么深刻和全面。

本书也是在履行 2017 年度教育部人文科学重点研究基地重大项目《长江三角洲全面建成小康社会中的绿色发展研究》（编号：17JJD630002）中所取得成果的汇编。感谢南京大学洪银兴教授，感谢南京大学产业经济研究院院长、南京大学商学院教授刘志彪老师，在我申请、执行该项目的过程中，他们给予了我多方关怀和指导；感谢南京大学长江三角洲社会经济文化研究中心的各位同事，他们无私地为本书的出版做了大量的工作。感谢伍云云博士，她不但参与了本书多章的研究，还参与了本书的编辑工作，对本书的构成提出了许多有益的建议；傅华楠博士和李艾洁同学也参与了本书编辑工作。各章的作者分别为：前言，李晓春；第一章，李晓春；第二章，伍云云、李晓春；第三章，李晓春、伍云云；第四章，王诗玥、李晓春；第五章，李晓春、杨云婷；第六章，李晓春、袁振；第七章，李晓春、伍云云；第八章，李晓春、周婧；第九章，李晓春、钟静瑶；第十章，李晓春、伍云云、梁振宇；第十一章，李晓春、伍云云；第十二章，李晓春、段文；第十三章，李晓春、李承泰；第十四章，李晓春；第十五章，李晓春、李田；第十六章，李晓春；第十七章，李晓春、杨彩姣。

李晓春

2019 年 7 月

目 录 CONTENTS

第一章　防污还是治污？环境保护的经济效果分析 / 1

一、引言 / 1

二、建立模型 / 2

三、理论分析 / 6

四、结论 / 12

参考文献 / 12

第二章　乡村振兴战略下要素国际流动的环境效果 / 14

一、引言 / 14

二、乡村振兴战略实施的初始阶段 / 17

三、乡村振兴战略全面实施阶段 / 23

四、数值模拟 / 27

五、结论 / 31

参考文献 / 32

第三章　现代农业补贴政策的环境与经济效果 / 34

一、引言 / 34

二、建立模型 / 36

三、理论分析 / 39

四、数值模拟分析 / 43

五、结论 / 48

参考文献 / 49

第四章　农业技术水平提升的环境效果分析 / 51

一、引言 / 51

二、文献综述 / 52

三、农业技术进步率的测算 / 53

四、农业技术水平提升的环境效果假说及实证分析 / 58

五、结论 / 67

参考文献 / 68

第五章　对农业生产性服务业和对农业的补贴政策：环境效果的比较 / 70

一、引言 / 70

二、模型及比较静态分析 / 72

三、不同补贴的环境效果比较 / 80

四、数值模拟 / 81

五、结论 / 86

参考文献 / 87

第六章　农业污染背景下征收工业污染税补贴农业的环境效果 / 89

一、引言 / 89

二、短期模型 / 91

三、长期模型 / 97

四、数值模拟 / 100

五、结论 / 104

参考文献 / 106

第七章　乡村振兴战略下的混合制企业民营化：经济和环境效果研究 / 108

一、引言 / 108

二、基础模型 / 110

三、乡村振兴战略与混合制企业民营化 / 114

四、结论 / 118

参考文献 / 119

第八章　农民工汇款的环境效果 / 120

一、引言 / 120

二、理论模型 / 122

三、比较静态分析 / 125

四、结论 / 131

参考文献 / 131

第九章　关于收入差距与环境污染的经济学分析 / 133

一、引言 / 133

二、劳动力转移框架下工资差距影响环境质量的理论模型 / 135

三、劳动力转移框架下工资差距影响环境的理论分析 / 138

四、收入差距影响环境质量的实证研究 / 142

五、结论 / 151

参考文献 / 152

第十章　长三角地区最低工资标准对环境污染的影响探究 / 154

一、引言 / 154

二、文献回顾 / 155

三、理论模型 / 157

四、实证分析 / 159

五、结论 / 165

参考文献 / 166

第十一章　产业升级：农民工的培训成本与异质劳动力转移 / 168

一、引言 / 168

二、模型与分析 / 170

三、结论 / 178

参考文献 / 179

第十二章　劳动培训对农民工汇款的影响研究 / 180

一、引言 / 180

二、模型 / 182

三、分析 / 184

四、参数校准与数值模拟 / 190

五、结论 / 194

参考文献 / 194

第十三章　现代农业的职业培训：企业出资还是个人出资 / 196

一、引言 / 196

二、企业投资的分析 / 198

三、个人投资的分析 ／ 203

四、社会福利水平分析 ／ 206

五、结论 ／ 207

参考文献 ／ 208

第十四章　中外合资混合制企业股权转让的经济效果研究 ／ 209

一、引言 ／ 209

二、模型 ／ 210

三、合资混合制企业的股权转让分析 ／ 211

四、结论 ／ 216

参考文献 ／ 216

第十五章　农民工汇款与现代农业的发展 ／ 217

一、引言 ／ 217

二、模型 ／ 218

三、比较静态分析 ／ 219

四、数值模拟分析 ／ 225

五、结论 ／ 228

参考文献 ／ 229

第十六章　农民工汇款对就业和福利的影响 ／ 230

一、引言 ／ 230

二、模型 ／ 232

三、比较静态分析 ／ 233

四、结论 ／ 238

参考文献 ／ 240

第十七章　农民工汇款与城乡收入差距的关联研究 ／ 241

一、引言 ／ 241

二、理论模型 ／ 242

三、比较静态分析 ／ 245

四、数值模拟分析 ／ 251

五、结论 ／ 254

参考文献 ／ 254

第一章 ◀

防污还是治污？环境保护的经济效果分析

一、引 言

　　长三角地区的劳动力转移对国民经济发展作出了巨大贡献，但它自身却存在隐蔽性环境污染的问题。我们关心这样一种现象，即工业污染通过大气、水源等媒介"强迫"人们接受污染，使人们不得不为预防或治疗因污染所造成的疾病和伤害而支付费用，形成被动消费（以下将这类消费称为"治污商品消费"）。这样的问题在实际生活中越来越普遍，如室内和车内装修材料中的有毒物质、农副产品中化肥与农药残留以及食品添加剂、大气污染等造成的疾病给人们带来身体痛苦的同时，又迫使人们不得不为治疗疾病而增加购医买药的支出。显然，在短期前提条件下，如果人们增加治污商品消费支出，就势必挤压其消费空间，降低其效用。

　　另外，我们还关心环境保护工作中的防污和治污两个层面。所谓防污，是指在生产过程中就考虑到污染排放的因素，采取预防措施减少污染；所谓治污，是指在发生污染后采取治理措施，消除污染。毋庸置疑，防污和治污水平的变化直接影响到环境保护效果，也会对经济发展产生种种影响。特别是在农村劳动力转移的大背景下，考虑到城市居民的治污商品消费时，我们需要知道防污和治污技术对经济的影响如何，哪一种技术的经济效果更好、作用更大。就防污和治污进行研究，对于中国这样的发展中国家是十分必要的。在发展中国家中，大多存在较为严重的环境污染问题，这是因为许多发展中国家处理不好经济发展和环境保护的相互关系，往往优先发展经济而忽视环境保护。如果我们能够明确防污、治污水平的提高对经济诸方面的影响及其效果大小，便可协调好我国经济发展和环境保护工作的关系，做到彼此兼顾、有的放矢，节约环境保护成本，收事半功倍之效。

近年来，发展中国家的劳动力转移中的污染问题受到了国际上诸多经济学者的重视。例如，迪恩和甘歌帕德亚（Dean & Gangopadhyay, 1997）、贝拉迪和弗拉斯科（Beladi & Frasca, 1999）、赵、克弗列特和俞（Chao, Kerkvliet & Yu, 2000）、大东（Daitoh, 2003, 2008）等，他们分别在二元经济结构下，以哈里斯–托达罗（Harris-Todaro）的劳动力转移模型对这个课题进行了研究。其中，迪恩和甘歌帕德亚（1997）考察了生产中间产品排放污染的情形，得出的结论是：限制中间产品的出口在短期内会增加城市失业，但在长期有减少失业的经济效果；贝拉迪和弗拉斯科（1999）则在存在失业前提下建立了三部门模型，提出对排污收取等价费用，并在限制排污量的前提下分析了劳动力转移、失业等问题，他们结论是：如果污染部门是资本密集型的，那么严格控制污染会减少失业、增加国民收入和从农村部门转移出更多的人口；赵、克弗列特和俞（2000）对劳动力转移中的最佳环境保护状态进行了分析，他们认为：在封闭经济中原料禀赋量的增加会导致失业增加、经济福利水平下降，但在小国开放经济中加强环境保护的投入却不会增加失业；大东（2003, 2008）提出消费者效用是劳动力转移的动机，将污染引入效用函数考察实施环境保护政策的经济效果，并证明了存在一个能够提升经济福利水平的环境保护税收率；李晓春（2005）则以我国的经济特色为背景，以工业污染降低农业产出、户籍制度等具体国情为前提，从理论的角度分析了劳动力转移、失业、福利水平和关税影响等问题。

虽然现有的研究各有特色，但没有分别针对防污、治污进行分析。本章针对中国经济的特点，考虑短期条件下工业污染和治污商品消费，构建一般均衡模型，并用此模型对预防、治理污染水平变化的经济效果进行静学的定性分析。

二、建立模型

本章考虑的经济由城市工业部门和农业部门两个部门组成。城市工业部门生产可进口产品，农业部门生产出口产品；两个部门都以劳动力作为生产要素进行生产；城市工业部门不仅雇用城市劳动力，也雇用转移进城的农民工，而农业部门仅使用农村劳动力。两部门的生产函数为：

$$M = F^1(L_1) \tag{1.1}$$

$$A = F^2(L_2) \tag{1.2}$$

其中，M 和 A 分别为城市工业部门和农业部门产品的产量；L_1 和 L_2 分别为城市工业部门和农业部门生产所用的劳动力；F^1 和 F^2 为一阶齐次的凹函数。

下面对环境污染方面进行设定。现阶段中国农村的自然环境优于城市，为了方便讨论，我们设定工业污染只影响生活在城市的居民，不影响生活在农村的居民。我们假设生产一个单位的工业产品发生 λ_1 单位的污染，则经济发展产生的污染量 D 可以表示为：

$$D = \lambda_1 M$$

其中，$0 < \lambda_1 < 1$，λ_1 的大小也能表示防污水平的高低，即若 λ_1 上升，表明一个单位工业品生产过程中释放的污染上升，意味着防污水平的下降；反之，λ_1 的下降意味着防污水平的上升。我们设想，公众通过购买数量为 N 的工业产品来治理环境污染时可以减少 α（$0 < \alpha < 1$）比例的污染。如果我们令 Z 为污染量，则：

$$Z = D - \alpha D = (1 - \alpha)D = (1 - \alpha)\lambda_1 M$$

以 N 作为社会用于治污目的购买的工业产品数量，则：

$$\lambda_2 N = \alpha \lambda_1 F^1 \tag{1.3}$$

其中，$1 < \lambda_2 < 0$，表示治污水平，显然，λ_2 越大治理污染的水平就越高，意味着治污技术水平上升；反之，λ_2 下降就意味着治理污染水平下降。于是：

$$\bar{E} - \lambda_1 F^1 + \lambda_2 N = E \tag{1.4}$$

其中，$\bar{E}$ 表示城市没有发生污染时环境对污染物的容纳量；E 为城市自然环境可容纳污染物的量。

消费者之所以消费治污商品，是为了克服环境污染带来的问题。所以，消费者消费的治污商品总数量受到环境质量 E 的影响：当环境质量变好时，消费者受环境污染的影响减小，故减少购买治污商品；当环境质量变差时，消费者为尽量避免污染给自己带来不良影响而增加购买治污商品，环境质量越差，消费者对治污商品的需求就会越多。故而，整个经济中治污商品消费的数量和环境质量之间存在反方向变动关系，我们将这种关系描述为：

$$N = E^{-\beta} \quad (\beta > 0) \tag{1.5}$$

我们设想城市居民的治污商品消费是从自己的收入中拿出一部分资金来，设 I 是城市地区的人均治污商品消费，则经济中的治污商品消费数量 N 与城市地区的人均治污商品消费 I 之间满足以下关系：

$$I = \frac{p_1 N}{L_u + L_{RR}} \tag{1.6}$$

其中，p_1 是以农业产品的价格为基准的工业产品的国内相对价格。

在劳动市场上，我们设经济中的劳动力禀赋量为 L，其中，城市劳动力的禀赋量为 L_u，农村劳动力禀赋量为 L_R，则三者之间有以下关系成立：

$$L = L_u + L_R$$

我们以 L_{RR} 表示从农村转移进城市里的农民工，以 L_{uu} 表示城市失业的人数。中国经济中农村劳动力转移进城并不会丧失其在农村所拥有的承包田和宅基地的使用权，如果农民工在城市失业，他们就可以返回农村务农，我们可以从中国的统计部门只统计"城镇失业率"（不含农民工）得到佐证。所以，我们所设的经济也不考虑农民工的失业，故而，工业部门和农业部门所使用劳动力分别为：

$$L_1 = L_u + L_{RR} - L_{uu} \tag{1.7}$$

$$L_2 = L_R - L_{RR} \tag{1.8}$$

由两部门的利润最大化，可得：

$$p_1 F_L^1(L_1) = \bar{w} \tag{1.9}$$

$$F_L^2 = w \tag{1.10}$$

这里，$\bar{w}$ 和 w 分别表示城市工业部门和农业部门的工资，城市工业部门的工资下方存在刚性，$\bar{w}$ 为一定值，而农业部门工资 w 是弹性的。$F_L^1 = \partial F^1 / \partial L_1$，$F_L^2 = \partial F^2 / \partial L_2$。最后，根据哈里斯—托达罗的劳动分配模式，在劳动力转移均衡处农业部门的工资与城市工业部门的预期工资相等，有：

$$\frac{\bar{w} \times L_1}{L_1 + L_{uu}} - I = w \tag{1.11}$$

式（1.1）至式（1.11）共 11 个方程可以决定 M、A、L_1、L_2、w、E、I、α、L_{RR}、L_{uu}、N 共 11 个内生变量，在建立模型过程中出现的变量 p_1、$\bar{w}$、β、λ_1、λ_2、$\bar{E}$、L_u、L_R 是外生变量。至此，完成分析模型的构建。

上述模型的劳动力配置可以用图 1 – 1 表示。在图 1 – 1 中，左、右两边的纵轴分别表示城市工业部门和农业部门的工资，横轴为经济的劳动总禀赋量，O_1O 为城市劳动力禀赋量 L_u，O_2O 为农村劳动力的禀赋量 L_R；mm 及 aa 分别为城市工业部门和农业部门的边际生产曲线，城市工业部门的工资是固定的 $\bar{w}$，过 $\bar{w}$ 做与横轴平行的直线与 mm 相交于 T，过 T 点做 O_1O_2 的垂线并与 O_1O_2 相交于 L_1，O_1L_1 就是城市工业部门的雇用量 L_1；过 T 点引直角双曲线 qq。另外，以 O 为起点在 O_2O 上取一点 L_2，使 $OL_2 = L_{RR}$，从 L_2 点引 O_1O_2 的垂线分别交正双曲线 qq 和边际生产曲

线 aa 线于 A 点和 B 点，线段 O_2L_2 为农村部门的雇用量 L_2，线段 BL_2 为农村部门的工资 w_2，线段 L_1L_2 则为城市部门失业 L_{uu}，线段 AB 为人均治污商品消费 I，而正双曲线 qq 即为式（1.10）所表示的劳动力的配置。

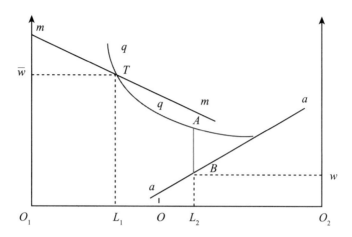

图 1-1 在人均治污商品消费条件下的劳动力配置

将式（1.6）代入式（1.11）中，可以得到：

$$\bar{w}L_1 - p_1N = w(L_1 + L_{uu}) \tag{1.12}$$

如图 1-2 所示，过 B 点引正双曲线函数曲线 q_1q_1，设 q_1q_1 交 L_1T 于 T_1，过 T_1 点作 O_1O_2 轴的平行线，交 O_1W_U 轴于 C_1 点。此时 $w(L_1 + L_{uu})$ 的大小即等于矩形 $O_1C_1T_1L_1$ 的面积，从而阴影矩形 $\bar{w}TT_1C_1$ 的面积与治污商品消费 P_1N 的值相等。显然，T_1 越接近 T，人们的治污商品消费越少；反之，则越多。

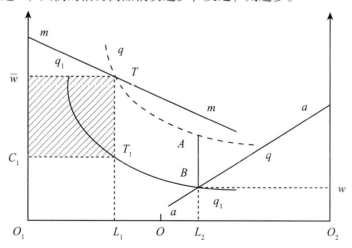

图 1-2 治污支出

三、理论分析

根据式（1.9），城市工业部门的工资是外生变量，所以城市工业部门的劳动力数量 L_1 是由 $\bar{w}$ 决定的量。

本章的模型可以分为两个系统，即由式（1.3）至式（1.5）组成一个系统，以及由式（1.6）至式（1.8）和式（1.10）、式（1.11）组成另一个系统。我们先对式（1.3）至式（1.5）进行全微分，并且各式两边同除以 $d\lambda_1$，可得：

$$\lambda_2 \frac{dN}{d\lambda_1} = \alpha F^1 + \lambda_1 F^1 \frac{d\alpha}{d\lambda_1} \tag{1.13}$$

$$\frac{dE}{d\lambda_1} = -F^1 + \lambda_2 \frac{dN}{d\lambda_1} \tag{1.14}$$

$$\frac{dN}{d\lambda_1} = -\beta E^{-\beta-1} \frac{dE}{d\lambda_1} \tag{1.15}$$

将式（1.15）代入式（1.14），得：

$$\frac{dE}{d\lambda_1} = \frac{-F^1}{1 + \lambda_2 \beta E^{-\beta-1}} < 0 \tag{1.16}$$

将式（1.16）代入式（1.15）中，得：

$$\frac{dN}{d\lambda_1} = \frac{\beta E^{-\beta-1} F^1}{1 + \lambda_2 \beta E^{-\beta-1}} > 0 \tag{1.17}$$

将式（1.17）代入式（1.13）中，得：

$$\frac{d\alpha}{d\lambda_1} = \frac{\alpha}{\lambda_1} \left(\frac{dN}{d\lambda_1} \frac{\lambda_1}{N} - 1 \right) \tag{1.18}$$

式（1.18）的计算受到 N 对 λ_1 弹性大小的影响，若 N 对 λ_1 是富有弹性的，则 $\frac{d\alpha}{d\lambda_1} > 0$；若 N 对 λ_1 是缺乏弹性的，则 $\frac{d\alpha}{d\lambda_1} < 0$。

同理，我们可以对式（1.6）至式（1.8）、式（1.10）、式（1.11）组成的系统考察防污技术 $d\lambda_1$ 的变化对各内生变量的影响，并计算出治污技术 $d\lambda_2$ 对系统方程各内生变量的影响（见表 1-1）。

表 1 - 1   **比较静态分析结果**

防污技术	dL_1	dL_2	dN	dE	dI	dL_{uu}	dw	$d\alpha$
$d\lambda_1$	/	+	+	−	+	−	+	不确定
$d\lambda_2$	/	−	−	+	−	+	−	+

注：− 和 + 分别表示内生变量和外生变量同向变化；/ 表示外生变量的变化对于内生变量没有影响。

综上所述，我们可以得到命题 1.1。

命题 1.1　提高防污、治污水平都不影响城市工业部门的劳动力使用量，并有以下经济效果：

（1）改善城市环境、减少经济中的治污商品消费和人均治污商品消费、增加城市内部失业水平的经济效果；

（2）增加农村劳动力进城务工的转移量，减少农业部门的劳动力使用量。

从表 1 - 1 可以看出，提高防污、治污水平的不同影响仅体现在对被治理污染比例 α 的影响上，若 N 对 λ_1 缺乏弹性，则防污、治污的效果相同。在其他方面，防污、治污水平的变化对经济影响的方向几乎都是一致的。命题 1.1 证明了无论是提高防污水平还是提高治污水平都能实现环境的改善和减少治污商品消费。但命题 1.1 与先行研究的结论有所不同。例如，李晓春（2005）的结论为环境保护技术的进步使农村劳动力转移规模缩小，但命题 1.1 则证明，在考虑了治污商品消费后，防污、治污水平的提升都有促进农村劳动力转移的经济效果，这是因为提高环境保护水平后城市环境质量得到改善，减少了治污商品消费，增加了城市工业部门的预期工资，从而使城市更加具有吸引力，劳动力转移的数量也随之上升。但应该注意的是，提高防污、治污水平导致城市工业部门失业增加，其结果必然是加大城市地区的就业压力并引发一些社会问题，应该引起有关部门的注意。

虽然防污、治污技术的变化对经济的影响几乎是相同的，但是就影响效果来说却不一样。由于

$$\frac{dE}{d\lambda_1} = \frac{-F^1}{1 + \lambda_2 \beta E^{-\beta-1}} \tag{1.19}$$

$$\frac{dE}{d\lambda_2} = \frac{N}{1 + \lambda_2 \beta E^{-\beta-1}} \tag{1.20}$$

而一般的有 $F^1 > N$，比较式（1.19）和式（1.20）的绝对值，可以得到 $\left| \dfrac{dE}{d\lambda_1} \right| >$

$\left|\dfrac{dE}{d\lambda_2}\right|$，也就是说，相对于提升治污水平，提升防污水平在改善环境质量方面效果

更好。另外，通过类似的比较，我们还可以得到 $\left|\dfrac{dN}{d\lambda_1}\right| > \left|\dfrac{dN}{d\lambda_2}\right|$、$\left|\dfrac{dI}{d\lambda_1}\right| > \left|\dfrac{dI}{d\lambda_2}\right|$、

$\left|\dfrac{dL_2}{d\lambda_1}\right| > \left|\dfrac{dL_2}{d\lambda_2}\right|$ 和 $\left|\dfrac{dL_{uu}}{d\lambda_1}\right| > \left|\dfrac{dL_{uu}}{d\lambda_2}\right|$。它们的经济意义可以用命题1.2作归纳。

命题1.2 在 $F^1 > N$ 的条件下，提升防污水平相对于提升治污水平有以下经济效果：

（1）减少更多的治污商品消费；

（2）减少更多的个人治污商品消费；

（3）可以减少更多的农业部门的劳动力人数，转移出更多的农村劳动力。

但在 $F^1 > N$ 的条件下，提升防污水平相对于提升治污水平使城市失业人数有更

多的增加。

另外，提升防污水平可以减少治污商品消费、减少人均治污商品消费。如图

$1-3$ 所示，L_2 在提升防污水平的情况下减小、右移至 L_2'，而线段 AL_2 向右移至

$A'L_2'$，污染消费 AB 右移至 $A'B'$；从而，正双曲线 $q_1 q_1$ 亦向右平移至与 B' 相交的

$q_2 q_2$，并与 $L_1 T$ 相交于 T_2，从而整个经济的治污支出从矩形 $\overline{w}\, TT_1 C_1$ 减少到了矩

形 $\overline{w}\, TT_2 C_2$。

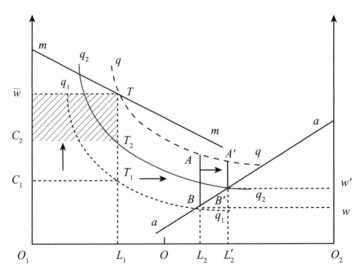

图1-3 治污商品消费的减少

接下来，我们分析防污、治污水平的提升对社会福利水平的影响。

设社会的最小支出函数为 $e(p_1, Z, U)$，其中，U 为社会效用水平，满足 $\dfrac{dU}{dZ} < 0$。

设社会的收入函数为：

$$R = R(C_u, C_a, N, t)$$
$$= A + p_1 C_u + p_1 N_1 + t p^* N_2$$
$$= A + p_1 M + t p^* N_2$$

其中，C_u、C_a 分别为经济对工业产品、农业产品的消费，N_1 和 N_2（≥ 0）分别为治污商品 N 中的国内生产部分和进口部分，由于治污商品和一般消费的工业部门产品一样，我们假定进口的工业产品都用于治污；t 为进口关税；p^* 为工业品国际价格，且有 $p_1 = p^*(1+t)$。在市场出清状态下有：

$$e(p_1, Z, U) = R(C_u, C_a, N, t) = A + p_1 M + t p^* N_2 \tag{1.21}$$

对式（1.21）进行全微分并整理，可得：

$$e_u \mathrm{d}U = p_1 \mathrm{d}M + \mathrm{d}A + (t p^* + p_1) \mathrm{d}N_2 - e_z \mathrm{d}Z \tag{1.22}$$

因为 $Z = D - \lambda_2 N$，故有 $\mathrm{d}Z = \mathrm{d}D - \lambda_2 \mathrm{d}N = \lambda_1 F_L^1 \mathrm{d}L_1 - \lambda_2 \mathrm{d}N$。将 $\mathrm{d}Z = \lambda_1 F_L^1 \mathrm{d}L_1 - \lambda_2 \mathrm{d}N$ 代入式（1.22）并整理，可得到：

$$e_u \mathrm{d}U = (p_1 F_L^1 - e_z \lambda_1 F_L^1) \mathrm{d}L_1 + F_L^2 \mathrm{d}L_2 + t p^* \mathrm{d}N_2 + e_z \lambda_2 \mathrm{d}N \tag{1.23}$$

经过以上的准备，我们就可以考察防污技术水平和治污技术水平变化对社会福利水平的影响了。

（一）防污技术水平变化对社会福利水平的影响

根据式（1.23），有：

$$e_u \frac{\mathrm{d}U}{\mathrm{d}\lambda_1} = F_L^2 \frac{\mathrm{d}L_2}{\mathrm{d}\lambda_1} + t p^* \frac{\mathrm{d}N_2}{\mathrm{d}\lambda_1} + e_z \lambda_2 \frac{\mathrm{d}N}{\mathrm{d}\lambda_1} \tag{1.24}$$

将式（1.11）变形为：

$$(L - L_2)w = L_1 \bar{w} - p_1 N \tag{1.25}$$

对式（1.25）进行全微分并整理，得到：

$$(L - L_2) F_{LL}^2 \mathrm{d}L_2 - w \mathrm{d}L_2 = L_1 \mathrm{d}\bar{w} + \bar{w} \mathrm{d}L_1 - p_1 \mathrm{d}N$$

$$\therefore \frac{\mathrm{d}L_2}{\mathrm{d}\lambda_1} = \frac{-p_1}{[(L - L_2)F_{LL}^2 - w]} \frac{\mathrm{d}N}{\mathrm{d}\lambda_1} \tag{1.26}$$

将式（1.26）代入式（1.24），并注意到 $e_u = 1$（大东，2008），可得到：

$$\frac{\mathrm{d}U}{\mathrm{d}\lambda_1} = \left(\frac{me_z\lambda_2 - p_1F_L^2}{m} \right)\frac{\mathrm{d}N}{\mathrm{d}\lambda_1} + tp^*\frac{\mathrm{d}N_2}{\mathrm{d}\lambda_1} \tag{1.27}$$

其中，$m = (L - L_2)F_{LL}^2 - w < 0$；$e_z < 0$①。我们设治污商品的国内生产比例为 $\gamma(0 \leqslant \gamma \leqslant 1)$，则进口比例为 $1 - \gamma$，也就是 $N_1 = \gamma N$、$N_2 = (1 - \gamma)N$，故而有：

$$\frac{\mathrm{d}N_2}{\mathrm{d}\lambda_1} = (1 - \gamma)\frac{\mathrm{d}N}{\mathrm{d}\lambda_1} \tag{1.28}$$

将式（1.28）代入式（1.27）并整理，可得：

$$\frac{\mathrm{d}U}{\mathrm{d}\lambda_1} = \left[\frac{me_z\lambda_2 - p_1F_L^2 + mtp^*(1 - \gamma)}{m} \right]\frac{\mathrm{d}N}{\mathrm{d}\lambda_1} \tag{1.29}$$

由于 $\frac{\mathrm{d}N}{\mathrm{d}\lambda_1} > 0$、$m < 0$，故 $\frac{\mathrm{d}U}{\mathrm{d}\lambda_1}$ 的符号决定于式（1.29）的分子 $G = me_z\lambda_2 - p_1F_L^2 + (1 - \gamma)tp^*m$ 的符号。

为此，我们进行以下讨论：

若关税 $t = t^* = \dfrac{p_1F_L^2 - me_z\lambda_2}{mp^*(1 - \gamma)}$，则 $G = 0$，此时有 $\dfrac{\mathrm{d}U}{\mathrm{d}\lambda_1} = 0$，这时，$\lambda_1$ 对效用 U 没有影响；

若关税 $t > t^* = \dfrac{p_1F_L^2 - me_z\lambda_2}{mp^*(1 - \gamma)}$，则 $G < 0$，此时 $\dfrac{\mathrm{d}U}{\mathrm{d}\lambda_1} > 0$；

若关税 $t < t^* = \dfrac{p_1F_L^2 - me_z\lambda_2}{mp^*(1 - \gamma)}$，则 $G > 0$，此时 $\dfrac{\mathrm{d}U}{\mathrm{d}\lambda_1} < 0$。

根据上面的讨论可以得知，防污技术水平变化对经济福利的影响与进口关税的水平有关。特别是当关税 $t > t^*$ 时，提升防污技术水平反而会降低社会福利水平，这显然与环境保护的宗旨相违背。另外，不失一般性地，考虑关税为正值时需要满足条件：

$$p_1F_L^2 - me_z\lambda_2 > 0 \tag{1.30}$$

故此时的关税可以取值的区域为 $[0, t^*]$。在此区间上，关税越低，社会福利水平就越高。

综上所述，我们可以得到命题 1.3。

命题 1.3 提升防污技术水平对社会福利水平的影响与进口关税水平有关，在

---

① $e(p_1, Z, U)$，根据拉格朗日函数 $L = e(p_1, Z, U) - \lambda U$，其中，$\lambda$ 为拉格朗日乘数，为效用的影子价格。两边对 Z 求偏导，有 $e_z = \lambda\dfrac{\partial U}{\partial Z} < 0$。

式（1.30）的条件下，关税的取值区间为 $[0, t^*]$，并且：

（1）当关税 $t < t^*$ 时，提升防污技术水平能够提升社会福利水平；

（2）当关税 $t = t^*$ 时，提升防污技术水平不影响社会福利水平。

（二）治污技术水平变化对社会福利水平的影响

与上述过程类似，根据式（1.19）有：

$$e_u \frac{dU}{d\lambda_2} = F_L^2 \frac{dL_2}{d\lambda_2} + tp^* \frac{dN_2}{d\lambda_2} + e_z \lambda_2 \frac{dN}{d\lambda_2} \tag{1.31}$$

将式（1.26）代入式（1.31），并注意到 $e_u = 1$，可得到：

$$\frac{dU}{d\lambda_2} = \left(\frac{me_z\lambda_2 - p_1 F_L^2}{m} \right) \frac{dN}{d\lambda_2} + tp^* \frac{dN_2}{d\lambda_2} \tag{1.32}$$

将 $\frac{dN_2}{d\lambda_2} = (1-\gamma)\frac{dN}{d\lambda_2}$ 代入式（1.32），有：

$$\frac{dU}{d\lambda_2} = \left[\frac{me_z\lambda_2 - p_1 F_L^2 + (1-\gamma)tp^*m}{m} \right] \frac{dN}{d\lambda_2} \tag{1.33}$$

由于 $\frac{dN}{d\lambda_2} < 0$，所以，$\frac{dU}{d\lambda_2}$ 的符号取决于式（1.33）的分子 G 的符号。

我们进行如下讨论：

若关税 $t = t^* = \frac{p_1 F_L^2 - me_z\lambda_2}{mp^*(1-\gamma)}$，则 $G = 0$，此时有 $\frac{dU}{d\lambda_2} = 0$，这时，$\lambda_2$ 对效用 U 没有影响；

若关税 $t > t^* = \frac{p_1 F_L^2 - me_z\lambda_2}{mp^*(1-\gamma)}$，则 $G < 0$，此时有 $\frac{dU}{d\lambda_2} < 0$；

若关税 $t > t^* = \frac{p_1 F_L^2 - me_z\lambda_2}{mp^*(1-\gamma)}$，则 $G > 0$，此时有 $\frac{dU}{d\lambda_2} > 0$。

从上述讨论可以得知，治污技术水平变化对社会福利水平的影响与进口关税水平有关。当关税 $t > t^*$ 时，提升治污技术水平反而会降低社会福利水平，这与环境保护的宗旨相违背。另外，不失一般性地，考虑关税为正值时需要满足条件式（1.30），故此时的关税取值区间为 $[0, t^*]$，在此区间上，关税越高，社会福利水平就越高。综上所述，我们可以得到命题1.4。

命题1.4 治污技术水平变化对社会福利水平的影响与进口关税水平有关，在式（1.30）的条件下，关税取值区间为 $[0, t^*]$，并且：

（1）当关税 $t < t^*$ 时，提升治污技术水平能够提升社会福利水平；

（2）当关税 $t = t^*$ 时，提升治污技术水平不影响社会福利水平。

命题 1.3 和命题 1.4 的关税取值区间均为 $[0, t^*]$，但在这个区间上，无论是防污技术水平变化还是治污技术水平变化对社会福利水平的影响，都与进口关税的水平有关，这是因为在本章所设的经济中关税收入返还于民。

四、结　论

防污与治污是环境保护工作中的两个重要方面。本章在考虑治污商品消费的前提下，从劳动力转移的视角考察了我国环境保护工作中提高防污、治污水平对经济发展的影响。本章的模型考虑了长三角地区的经济特征，对全国经济也有一定的参考价值。我们共得到 4 个命题，这些命题都蕴涵了丰富的政策意义。例如，我们通过对命题 1.2 的论证过程便可得知，提升防污水平比提升治污水平可以在经济的许多方面取得更为有效的成果，但是，提升防污水平比提升治污水平会给经济带来更多的失业，故而实施提升防污水平的政策时要辅以扩大城市就业的举措，在失业问题比较严重的情况下则要慎用提升防污水平的政策。又如，我们明确了提升防污、治污水平都有利于我国的环境改善和农村劳动力转移，这个结论对我国现阶段的劳动力转移有着重要意义，因为就发展中国家而言，促进劳动力转移与保护环境不易兼得，但根据本章的结论，当经济中出现了治污商品消费的问题时，改善环境就能和促进劳动力转移统一起来。

最后需要指出的是，1978 年改革开放以来中国经济发展过程中，引进外资、出口导向作为基本国策一直贯穿至今。经历了 2008 ~ 2009 年的世界金融危机后，中国经济运行要向扩大内需方向转变，但中国经济已经融入国际经济社会，对外贸易和引进外资已经是中国经济中不可缺少的一部分。本章没有就对外贸易和引进外资对劳动力转移中环境保护工作的影响进行研究，这是我们今后要继续研究的课题。

参考文献

［1］李晓春：《劳动力转移和工业污染——在现行户籍制度下的经济分析》，载于《管理世界》2005 年第 6 期。

［2］Beladi, H. and R. Frascs, "Pollution Control Under an Urban Binding Minimum Wage", *The Annals of Regional Science*, 1999, 33：523 –533.

［3］Chao, Chi - Chur & Eden S. H. Yu, "Foreign Aid, the Environment, and Welfare", *Journal of Development Economics*, 1999, 59（2）: 553 - 564.

［4］Chao, Kerkvliet & Yu, "Environmental Preservation, Sectoral Unemployment and Trade in Resources", *Review of Development Economics*, 2000, 4（1）: 39 - 50.

［5］Daitoh, Ichiroh, "Environmental Protection and Urban Unemployment: Environmental Policy Reform in a Polluted Dualistic Economy", *Review of Development Economics*, 2003, 7（3）: 496 - 509.

［6］Daitoh, Ichiroh., "Environmental Protection and Trade Liberalization in a Small Open Dual Economy", *Review of Development Economics*, 2008, 12: 728 - 736.

［7］Dean, J. M. & S. Gangopadhyay, "Export Bans, Environmental Protection and Unemployment", *Review of Development Economics*, 1997, 1（3）: 324 - 336.

［8］Harris, J. R. & M. P. Todaro, "Migration, Unemployment and Development: A Two - Sector", *The American Economic Review*, 1970, 60（1）: 126 - 142.

［9］Zhang, Luqiang, "Environment Investment: Transition from End - investment to Multi - investment", *Ecological Economy*, 2006（2）: 77 - 80.

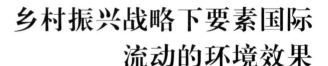

第二章

乡村振兴战略下要素国际流动的环境效果

一、引 言

党的十九大报告明确提出了乡村振兴战略，并同时提出实现产业振兴、推动农业全面升级的宏伟目标，其核心就是发展壮大现代农业、实现农业现代化。李和沈（Li & Shen, 2012）认为，现代农业是一种以市场导向为核心，引入现代生产设备和科学技术进行生产与管理，实现单位土地面积收益高于传统农业的新兴农业。要实现农业现代化仅凭劳动力的投入是不够的，还需要一定规模的资本投入，这是以家庭为经营单位的传统农业很难做到的，也是区别现代农业与传统农业的重要标志。由于资本的积累有一个由少到多的过程，故而乡村振兴、发展现代农业不会一蹴而就，它也有一个从初始到普及的发展过程。要实现乡村振兴，就一定要有现代农业的普及和壮大。

在经济全球化进程中，发展中国家特别是新兴经济体面临的要素国际流动问题十分突出。这是因为新兴经济体的经济活跃，是国际资本和劳动力等生产要素频繁进出之地。在经济快速增长的同时，越来越多的新兴经济体的企业开始寻求海外市场，更多地开始对国外进行资本投资。根据我国商务部、国家统计局、国家外汇管理局联合发布的《2016 年度中国对外直接投资统计公报》，2016 年我国对外直接投资流量创下 1 961.5 亿美元的历史新高，随着"一带一路"倡议的深入推进，我国要素的国际流动会进一步加快。在国际资本快速流动的同时，我们不能忽略另外一个生产要素——劳动力的国际间流动，它的流动也是双向的：一些发达国家的技术劳动力为寻求工作并期望取得更高的收入,向发展中国家转移。在我国,根据《2016 年度人力资源和社会保障事业发展统计公报》显示,到 2016 年底,有23.5 万外国人在中国获得就业许可证;另外,不少发展中国家的部分劳动力为了追求高收入、高生活水平,向海外流出的总量也很巨大。以我国的数据为例,根据《中国国际移民报告(2018)》统计,2015 年,世界各地有来自中国大陆的移民964.61 万人,美国、加拿大、日本以及"一带一路"沿线国家等是我国移民主要目的国。

众所周知,发展中国家大多面临严重的环境问题,而发达国家已经越过库兹涅茨曲线的拐点,走上了环境保护与经济发展并举的道路,其中有一些国家把本国落后的高能耗、高污染的"夕阳产业"转移到发展中国家,而许多发展中国家为了自身经济快速发展、降低社会失业率,会减少或者放弃对部分产业的环境管制,以牺牲环境为代价发展经济。进入 21 世纪,在经济一体化和国际产业大转移的背景下,我国曾着力扮演了"世界工厂"的角色,雾霾、酸雨等环境污染问题十分严重。虽然我国政府已经开始制定一系列政策措施以保护和治理环境,仍然无法完全避免经济快速增长带来的环境污染问题。

当我们将乡村振兴战略、要素的国际流动和环境保护联系在一起的时候,就会发现这三者都是当前我国经济工作中的重点。伴随着经济全球化和"一带一路"倡议的不断深入,生产要素的国际流动日趋频繁,要素国际流动的变化对工农业的生产规模产生作用,从而影响到环境。而乡村振兴战略使得农村和城市重新配置生产要素,在此情形下,一个问题自然形成:在乡村振兴战略的背景下,要素的国际流动会对环境产生什么样的影响?为了经济建设顺利发展,我们有必要厘清其中的作用机制。然而,既有的经济学研究成果中却很少将三者联系在一起。

理论经济学界对乡村振兴战略的关联研究主要体现在对现代农业发展的研究上。虽然当前许多发展中国家已将发展现代农业作为促进经济发展的重要方策,但国际理论经济学界对现代农业的理论研究却并不多见。主要成果有:乔杜里(Chaudhuri,2007)在存在现代农业部门的情况下,主要讨论了国际资本流入对于国家福利以及失业率的影响;李和沈(2012)考虑了政府对现代农业部门利息率和工资的补贴政策的经济效果;纳格和班纳吉(Nag & Banerjee,2014)则在农村二元经济下,考虑农业贸易自由化以及资本市场自由化对非技术劳动力和技术劳动力工资差异的影响;李和伍(Li & Wu,2018)讨论了现代农业发展的环境效果。以上这些研究都没有涉及要素的国际流动。我国学者对于现代农业的研究多始于 20世纪 90 年代,关注点大多集中于对现代农业的效益评价,并以实证研究为主流。例如,张九汉(1997)提出要优化农业结构、建设高效农业;王英姿(2014)建议提升农业发展质量和人力资源素质以实现从传统农业向现代农业的转型；王雅鹏等（2015）认为现代农业科技创新体系是实现我国农业现代化的重要战略支撑；等等。国内学者对现代农业的研究多从引进外资与现代农业角度分析（惠恩才，2010），但没有考虑劳动要素国际流动与资本流出问题。

作为国际经济学的一个传统课题，要素国际流动向来就为学者们所重视。近年来，在一般均衡理论模型下，有许多对要素国际流动的讨论，关注的相关问题也十分广泛。例如，卡尔和古哈—哈斯努比斯（Kar & Guha – Khasnobis，2006）讨论了资本流入、技术劳动力流动对发展中国家部门生产、非技术劳动力和技术劳动力工资差异的影响；薮内（Yabuuchi，2007）在城乡两部门经济结构下，讨论资本、非技术劳动力、技术劳动力的国际流动对发展中国家非技术劳动力失业率和福利的影响；贝拉迪等（Beladi et al.，2008）同样也是在城乡两部门经济结构下，讨论资本、非技术劳动力、技术劳动力的国际流动对发展中国家非技术劳动力和技术劳动力工资差异的影响；乔杜里和班纳吉（2010）在二元经济结构下，区分城市非技术产品生产部门和城市技术产品生产部门，讨论国际资本流入对非技术劳动力的失业率、非技术劳动力和技术劳动力工资差异的影响；乔杜里和古普塔（Chaudhuri & Gupta，2014）考虑了经济中存在非正式部门的情况，讨论了要素国际流动对非正式资本利息率的影响。但是，在诸多研究要素国际流动的研究成果中却几乎都没有涉及现代农业。

国外理论经济学界对于经济发展与环境保护问题的研究已经较为深入，在一般均衡的理论分析模型下讨论此类问题的文章也较多。例如，大东（2008）讨论了环境保护政策以及贸易自由化对发展中国家失业率和福利的影响；多和田、孙（Tawada & Sun，2010）讨论了污染治理技术对于失业率和劳动力福利的影响。大东（2008）以及多和田、孙（2010）着重于讨论环境保护政策、措施等对经济带来的影响，也有学者就不同经济因素对环境的影响进行了讨论，如察基里斯等（Tsakiris et al.，2008）讨论了国际资本流动以及税收政策对国家环境的影响。近年来，我国在全球经济舞台上发挥着越来越重要的作用，我国学者对国际贸易、经济一体化等课题给予了很大的关注，由此带来的环境研究成果也比较多。例如，包群等（2010）认为外商直接投资（FDI）的增长会使国内环境污染恶化，不利于经济的可持续发展；计志英等（2012）认为 FDI 与我国环境污染呈倒"U"型关系，即符合环境库兹涅茨曲线；而盛斌和吕越（2012）却认为 FDI 的增加有利于我国环境的改善。但是，与诸多研究资本国际流动对环境影响的文章不同，关于劳动要素的国际流动对于环境影响的分析却较为少见。我国学者分析探讨了劳动力转移对于环境的影响：理论研究方面，李晓春（2005）研究了农村劳动力转移与工业污染的关联机制以及农村劳动力转移的环境经济效果；实证研究方面，周密和徐爱燕（2013）在化肥等农业科技产品替代转出劳动力的前提下，研究了化肥平均吸收率的降低对水体造成的环境污染问题。

综上所述，我们不难看到，国际与国内理论经济学界目前都缺少将乡村振兴战略、国际要素流动和环境保护三者结合在一起研究的成果。造成这种状况的一个原因是，经济学的理论研究往往来自经济运行中的实际问题，在既往的各国经济发展中还很少出现乡村振兴战略、要素的国际流动和环境保护同时发挥重要作用的场景，而我国出现这样的场景与我国的经济规模、发展模式有关。我国正处于经济发展新时代，乡村振兴战略、国际要素流动和环境保护成为同一个时期经济工作的主旋律，缺少这方面的经济学理论规范研究与经济发展的政策需求不符。特别是，正当我国积极推动乡村振兴战略、发展现代农业和积极建设生态文明、美丽中国之时，需要处理好要素国际流动所引致的环境问题，需要在理论研究方面找出新的市场机制为乡村振兴战略的顺利实施保驾护航，从而使本章研究的积极意义得以彰显。

本章研究聚焦于实施乡村振兴战略过程中要素国际流动对于环境的影响，这不仅是对学术研究的新贡献，也是实际经济工作的需要。本章建立了一个包含城乡二元经济与农村二元经济的三部门一般均衡模型，将生产要素作为外生变量，将乡村振兴战略中现代农业发展分为初始阶段和普及阶段，考察这两阶段中要素国际流动对环境的影响。

二、乡村振兴战略实施的初始阶段

在乡村振兴战略实施的初始阶段，城乡融合刚刚起步，现代农业多是先在交通便利或城市周边地区发展起来。这些地区受城市部门的影响大，本节建立分析模型时将考虑这个特点。

（一）建模

本章考虑一个小国开放经济。经济中有三个生产部门，即城市部门、现代农业部门和传统农业部门。经济中存在三种生产要素，即劳动力 L、资本 K 和土地 T。城市部门 X_1 使用劳动力和资本生产进口竞争产品，现代农业部门 X_2 使用劳动力、资本和土地生产可进口产品①，传统农业部门 X_3 使用劳动力和土地生产可供出口的产品。

城市部门的生产函数如下：

$$X_1 = F^1(L_1, K_1) \tag{2.1}$$

对于环境污染问题，本章假定污染物只产生于城市部门的生产中，且其在生产过程中排放的废气、废渣、废水等有害物质，通过大气、河流等媒介使农业用水和土地受到污染，造成农业部门的生产效率下降。因此，本章假定 $\bar{E}$ 为环境的最优水平；μ 为城市部门生产单位产品排放污染物的比率，也代表了城市部门生产的技术水平，技术水平越高，单位产品污染物排放比率越小，即 μ 值越小；用 e 来衡量经济中的环境状况。则：

$$e = \frac{\bar{E} - \mu X_1}{\bar{E}} \tag{2.2}$$

其中，$0 \leq e \leq 1$，当 $e = 1$ 时，环境状况最佳，e 越小表示环境状况越差。在考虑环境污染的情况下，现代农业部门与传统农业部门的生产函数可表示为：

$$X_2 = e^{\varepsilon_1} F^2(L_2, K_2, T_2) \tag{2.3}$$

$$X_3 = e^{\varepsilon_2} F^3(L_3, T_3) \tag{2.4}$$

其中，$0 < \varepsilon_1$，$\varepsilon_2 < 1$，ε_1 和 ε_2 为常数，生产函数 $F^j(j = 1, 2, 3)$ 对每个生产要素都是增函数，且满足一阶齐次性和严格拟凹性。

在完全竞争的市场条件下，有：

$$a_{L1}\bar{w} + a_{K1}r = p_1 \tag{2.5}$$

$$\frac{a_{L2}\bar{w}}{e^{\varepsilon_1}} + \frac{a_{K2}r}{e^{\varepsilon_1}} + \frac{a_{T2}\tau}{e^{\varepsilon_1}} = p_2 \tag{2.6}$$

$$\frac{a_{L3}w}{e^{\varepsilon_2}} + \frac{a_{T3}\tau}{e^{\varepsilon_2}} = p_3 \tag{2.7}$$

其中，$a_{ij}(i = L, K, T; j = 1, 2, 3)$ 表示的是在第 j 部门，不考虑环境污染时，生产 1 单位产品所需投入的第 i 种生产要素的量（如 $a_{L1} = L_1/F^1$）；$\bar{w}$ 表示城市部门和现代农业部门劳动力的工资；w 表示传统农业部门劳动力的工资；r 表示城市部

---

① 在乡村振兴战略实施的初始阶段、现代农业发展初期，多选择生产经济价值较高的农产品，如油料作物和水果等。对发展中国家而言这类商品供给不足，故设为可进口。

门和现代农业部门资本的利息率；τ 表示现代农业部门和传统农业部门土地的地租；$p_j(j=1,2,3)$ 表示第 j 部门产品的市场价格，这里假定所有部门的产品均可贸易，产品价格就是国际产品价格。

在本章考虑的模型中，资本在城市部门与现代农业部门之间自由流动，其利息率为完全弹性；土地在两个农业部门之间自由流动，因而地租也为完全弹性。另外，注意到在乡村振兴战略的初始阶段，现代农业往往先从交通便利或城市周边地区发展起来，受城市部门的影响大，所以，现代农业部门和城市部门面对相同的劳动力市场，① 它们的工资存在向下刚性，即 $\bar{w}$ 为外生给定；而在传统农业部门中，劳动力的工资 w 为完全弹性。本节用 L_{U1} 表示城市部门以及现代农业部门存在的劳动力的失业人数，用 λ_1 表示这两个部门劳动力的失业率，因而有 $\lambda_1 = L_{U1}/(L_1 + L_2)$。在劳动力市场转移均衡时，传统农业部门劳动力的工资等于城市部门和现代农业部门劳动力的期望工资，即刚性工资 $\bar{w}$ 与在这两个部门找到工作的概率 $(L_1 + L_2)/(L_1 + L_2 + L_{U1})$ 的乘积，因此，劳动力的转移均衡式如下：

$$w = \frac{L_1 + L_2}{L_1 + L_2 + L_{U1}} \bar{w} \tag{2.8}$$

即：

$$w(1 + \lambda_1) = \bar{w} \tag{2.8'}$$

劳动力、资本和土地三个生产要素的市场出清条件可以表示如下：

$$a_{L1}X_1 + \frac{a_{L2}X_2}{e^{\varepsilon_1}} + \frac{a_{L3}X_3}{e^{\varepsilon_2}} + \lambda_1\left(a_{L1}X_1 + \frac{a_{L2}X_2}{e^{\varepsilon_1}}\right) = L \tag{2.9}$$

$$a_{K1}X_1 + \frac{a_{K2}X_2}{e^{\varepsilon_1}} = K \tag{2.10}$$

$$\frac{a_{T2}X_2}{e^{\varepsilon_1}} + \frac{a_{T3}X_3}{e^{\varepsilon_2}} = T \tag{2.11}$$

其中，L、K 和 T 分别为劳动力、资本和土地这三种生产要素的禀赋量，为外生给定。

至此，本章的基础理论模型构建完成：由式（2.2）、式（2.5）、式（2.6）、式（2.7）、式（2.8'）、式（2.9）、式（2.10）、式（2.11）这 8 个公式组成，包含 8 个内生变量 w、r、τ、λ_1、e、X_1、X_2 和 X_3。

―――――――――――

① 城市周边的农村劳动力进入城市的转移成本低，若是现代农业部门的工资低于城市部门的工资，就不能吸引劳动力。

（二） 要素的国际流动对环境影响的分析

对式（2.2）、式（2.5）、式（2.6）、式（2.7）、式（2.8'）、式（2.9）、式（2.10）、式（2.11）进行全微分，得到：

$$
\begin{pmatrix}
0 & \theta_{K1} & 0 & 0 & 0 & 0 \\
0 & \theta_{K2} & \theta_{T2} & \dfrac{\mu X_1}{\bar{E}} & 0 & 0 \\
\theta_{L3} & 0 & \theta_{T3} & \dfrac{\mu X_1}{\bar{E}} & 0 & 0 \\
A_1 & B_1 & C_1 & D_1 & (1+\lambda_1)\lambda_{L2} & \lambda_{L3} \\
0 & B_2 & C_2 & e\lambda_{K1} & \lambda_{K2} & 0 \\
A_3 & B_3 & C_3 & 0 & \lambda_{T2} & \lambda_{T3}
\end{pmatrix}
\begin{pmatrix}
\hat{w} \\ \hat{r} \\ \hat{\tau} \\ \hat{X}_1 \\ \hat{X}_2 \\ \hat{X}_3
\end{pmatrix}
=
\begin{pmatrix}
\hat{p}_1 \\ \hat{p}_2 \\ \hat{p}_3 \\ \hat{L} \\ \hat{K} \\ \hat{T}
\end{pmatrix}
\tag{2.12}
$$

其中，$\land$ 表示变化率（如 $\hat{w}=\mathrm{d}w/w$）；$\theta_{ij}(i=L,K,T;j=1,2,3)$ 是在 j 部门中，投入 i 要素的成本占产品价格的比重（如 $\theta_{K1}=ra_{K1}/p_1$）；$\lambda_{ij}(i=L,K,T;j=1,2,3)$ 是在 j 部门中，投入 i 要素的量占 i 要素禀赋量的比重（如 $\lambda_{L1}=X_1a_{L1}/L$）；$s_{ij}^h(i,j=L,K,T;h=1,2,3)$ 是在 h 部门中，i 要素和 j 要素的偏替代弹性 $\left(\text{如 } s_{LK}^1=\dfrac{\partial a_{L1}}{\partial r}\dfrac{r}{a_{L1}}\right)$，且存在 $s_{ij}^h>0(i\neq j)$、$s_{ij}^h<0(i=j)$；$A_1=\lambda_{L3}S_{LL}^3-(1+\lambda_1)(\lambda_{L1}+\lambda_{L2})<0$，$B_1=(1+\lambda_1)(\lambda_{L1}S_{LK}^1+\lambda_{L2}S_{LK}^2)>0$，$C_1=(1+\lambda_1)\lambda_{L2}S_{LT}^2+\lambda_{L3}S_{LT}^3>0$，$B_2=\lambda_{K1}S_{KK}^1+\lambda_{K2}S_{KK}^2<0$，$C_2=\lambda_{K2}S_{KT}^2>0$，$A_3=\lambda_{T3}S_{TL}^3>0$，$B_3=\lambda_{T2}S_{TK}^2>0$，$C_3=\lambda_{T2}S_{TT}^2+\lambda_{T3}S_{TT}^3<0$，$D_1=e(1+\lambda_1)\lambda_{L1}-[(1+\lambda_1)\lambda_{L2}+\lambda_{L3}-1]\mu X_1/\bar{E}$。

在已建立的模型下，模型的动态调整过程如下：

$$
\dot{X}_1=d_1(p_1-a_{L1}\bar{w}-a_{K1}r)
\tag{D1}
$$

$$
\dot{X}_2=d_2\left(p_2-\frac{a_{L2}\bar{w}}{e^{\varepsilon_1}}-\frac{a_{K2}r}{e^{\varepsilon_1}}-\frac{a_{T2}\tau}{e^{\varepsilon_1}}\right)
\tag{D2}
$$

$$
\dot{X}_3=d_3\left(p_3-\frac{a_{L3}w}{e^{\varepsilon_2}}-\frac{a_{T3}\tau}{e^{\varepsilon_2}}\right)
\tag{D3}
$$

$$
\dot{w}=d_4\left(a_{L1}X_1+\frac{a_{L2}X_2}{e^{\varepsilon_1}}+\frac{a_{L3}X_3}{e^{\varepsilon_2}}+\lambda_1\left(a_{L1}X_1+\frac{a_{L2}X_2}{e^{\varepsilon_1}}\right)-L\right)
\tag{D4}
$$

$$\dot{r} = d_5\left(a_{K1}X_1 + \frac{a_{K2}X_2}{e^{\varepsilon_1}} - K\right) \tag{D5}$$

$$\dot{\tau} = d_6\left(\frac{a_{T2}X_2}{e^{\varepsilon_1}} + \frac{a_{T3}X_3}{e^{\varepsilon_2}} - T\right) \tag{D6}$$

其中，·代表随时间的变化率；$d_j(j=1,\cdots,6)$ 表示调整速度，且 $d_j > 0$。在产品市场上，根据马歇尔调整过程，当需求方付出的价格不等于供给方所能接受的价格时，对产品数量进行调整；在要素市场上，由于要素禀赋量外生给定，则调整要素价格使要素需求等于要素供给。

式（D1）至式（D6）的雅可比矩阵的行列式值为：

$$|J| = \frac{d_1\cdots d_6 p_1 p_2 p_3 LKT}{wr\tau X_1 X_2 X_3}\begin{vmatrix} 0 & 0 & 0 & 0 & -\theta_{K1} & 0 \\ -\dfrac{\mu X_1}{\overline{E}} & 0 & 0 & 0 & -\theta_{K2} & -\theta_{T2} \\ -\dfrac{\mu X_1}{\overline{E}} & 0 & 0 & -\theta_{L3} & 0 & -\theta_{T3} \\ D_1 & (1+\lambda_1)\lambda_{I2} & \lambda_{I3} & A_1 & B_1 & C_1 \\ e\lambda_{K1} & \lambda_{K2} & 0 & 0 & B_2 & C_2 \\ 0 & \lambda_{T2} & \lambda_{T3} & A_3 & B_3 & C_3 \end{vmatrix}$$

由此可得：

$$|J| = \frac{d_1\cdots d_6 p_1 p_2 p_3 LKT}{wr\tau X_1 X_2 X_3}\Delta_1 \tag{D7}$$

其中，Δ_1 为式（2.12）中矩阵的行列式值。

根据劳斯—赫尔维茨（Routh–Hurwitz）定理，模型局部稳定的必要条件是 sign $|J| = (-1)^k$，其中，k 表示模型中的行数（也即列数）。所以，本章假定均衡是稳定的，则有 $|J| > 0$，根据式（D7）可知 $\Delta_1 > 0$。

1. 劳动力的国际流动对环境影响的分析

解式（2.12），可以得到：

$$\frac{\hat{X}_1}{\hat{L}} = \frac{\theta_{K1}\theta_{T2}\theta_{L3}\lambda_{K2}\lambda_{T3}}{\Delta_1} > 0 \tag{2.13}$$

对式（2.2）进行全微分可得 $\hat{e} = -\mu X_1/e\overline{E}\hat{X}_1$，并结合式（2.13）可知，$\hat{e}/\hat{L} < 0$。根据式（2.13），可得到命题 2.1。

命题2.1 乡村振兴战略实施的初始阶段，劳动要素流入会使环境状况变差；反之，劳动要素流出会使环境状况变好。

劳动力流入时，其中有部分劳动力会进入城市部门，城市部门的生产规模必会因此而扩张，该部门生产的扩大会导致污染排放增加，使环境状况变差；劳动力流出的情况可同理分析。

2. 资本的国际流动对环境影响的分析

解式（2.12），可以得到：

$$\frac{\hat{X}_1}{\hat{K}} = \frac{\theta_{K1}\theta_{T2}\theta_{L3}(\lambda_{T2}\lambda_{L3} - (1+\lambda_1)\lambda_{L2}\lambda_{T3})}{\Delta_1} \begin{cases} >0, & \dfrac{a_{T2}}{a_{L2}} > (1+\lambda_1)\dfrac{a_{T3}}{a_{L3}} \\[2mm] <0, & \dfrac{a_{T2}}{a_{L2}} < (1+\lambda_1)\dfrac{a_{T3}}{a_{L3}} \end{cases} \tag{2.14}$$

结合式（2.2）的全微分结果，可得：

$$\frac{\hat{e}}{\hat{K}} \begin{cases} <0, & \dfrac{a_{T2}}{a_{L2}} > (1+\lambda_1)\dfrac{a_{T3}}{a_{L3}} \\[2mm] >0, & \dfrac{a_{T2}}{a_{L2}} < (1+\lambda_1)\dfrac{a_{T3}}{a_{L3}} \end{cases} \tag{2.15}$$

根据式（2.14）和式（2.15），可得到命题2.2。

命题2.2 乡村振兴战略实施的初始阶段，当现代农业部门的人均土地密集度高于传统农业部门时，资本流入使环境状况变差，资本流出使环境状况变好；当现代农业部门的人均土地密集度低于传统农业部门或较为接近时，资本流入使环境状况变好，资本流出使环境状况变差。

当资本流入时，如果现代农业部门的人均土地密集度高于传统农业部门，意味着现代农业部门的生产较为依赖土地要素，考虑到只有城市部门和现代农业部门使用资本要素，加上乡村振兴战略实施处于初始阶段，现代农业尚为弱小，城市部门的人均资本密集度应该高于现代农业部门，根据雷布津斯基（Rybczynski）定理，大部分资本会进入城市部门，增加城市部门的生产规模，从而污染排放上升，环境状况变差。如果现代农业部门的人均土地密集度低于传统农业部门或者较为接近，就意味着现代农业部门的生产较为依赖劳动要素，此时流入资本的大部分进入城市部门，也会有一些资本进入现代农业部门，从而加大了现代农业部门对劳动力的需求，吸引城市部门和传统农业部门的劳动力进入现代农业部门。城市部门为求保持生产规模的稳定和增长，会使用更多的资本替代流出的劳动力，其结果必然是走向资本密集型生产，生产技术水平上升，μ 值下降，从而污染排放下降，环境得到改善。资本流出的情况可同理分析。

三、乡村振兴战略全面实施阶段

随着乡村振兴战略的全面实施，现代农业得到全面普及，现代农业部门将发生两个特质性变化：其一，随着现代农业的进一步发展，会深入远离城市的农村地区，这些地区受城市部门的影响逐渐减弱，因而在乡村振兴战略全面实施之后，现代农业部门的劳动力工资变为完全弹性；其二，现代农业生产已不再局限于经济附加值较高的产品，而是涵盖所有农产品类别，此时，可以设定两个农业部门分别以现代与传统技术生产相同产品，产品价格均为 $p(p = p_2 = p_3)$。

（一）建模

虽然乡村振兴战略已经发展到全面实施阶段，但三个部门的生产函数以及城市部门的生产对于环境的影响与前面模型相同，即为式（2.1）、式（2.2）、式（2.3）和式（2.4）。

城市部门劳动力工资仍旧为外生给定，但两个农业部门的劳动力工资为完全弹性，这一点与前面模型是不一样的。在完全竞争的市场条件下，有式（2.5）以及如下等式成立：

$$\frac{a_{L2}w_2}{e^{\varepsilon_1}} + \frac{a_{K2}r}{e^{\varepsilon_1}} + \frac{a_{T2}\tau}{e^{\varepsilon_1}} = p \qquad (2.16)$$

$$\frac{a_{L3}w_3}{e^{\varepsilon_2}} + \frac{a_{T3}\tau}{e^{\varepsilon_2}} = p \qquad (2.17)$$

其中，w_2 和 w_3 分别为现代农业部门和传统农业部门的劳动力工资，均为完全弹性，且一般而言 $w_2 > w_3$（Li & Wu，2018），否则，现代农业就没有足够的能力吸引劳动要素，使现代农业不断发展、振兴乡村战略得以全面实施。本节用 L_{U2} 表示此时城市部门存在的劳动力的失业人数，用 λ_2 表示城市部门劳动力的失业率，因而有 $\lambda_2 = L_{U2}/L_1$。在劳动力市场转移均衡时，传统农业部门劳动力的工资一方面等于城市部门劳动力的期望工资，即为城市部门的刚性工资 $\bar{w}$ 与在城市部门找到工作的机会 $L_1/(L_1 + L_{U2})$ 的乘积，根据哈里斯—托达罗模型进行劳动力转移；另一方面又等于现代农业部门劳动力的工资，根据刘易斯（Lewis）模型进行劳动力转移。[①]

---

① 此时，农民将权衡采用传统方式生产的工资与作为农业工人在现代农业部门的工资，只要现代农业部门的工资高于传统农业部门，农民就会向现代农业部门转移，只有当两部门工资相等时才停止转移。

因此，劳动力的转移均衡式如下：

$$w_3 = \frac{L_1}{L_1 + L_{l/2}} \bar{w} \tag{2.18}$$

即：

$$w_3(1 + \lambda_2) = \bar{w} \tag{2.18'}$$

$$w_3 = w_2 \tag{2.19}$$

其中，式（2.18）表示的是传统农业部门向城市部门劳动力转移的均衡式；式（2.19）表示的是传统农业部门向现代农业部门劳动力转移的均衡式。

劳动市场出清条件如下：

$$a_{L1}X_1 + \frac{a_{L2}X_2}{e^{\varepsilon_1}} + \frac{a_{L3}X_3}{e^{\varepsilon_2}} + \lambda_2 a_{L1}X_1 = L \tag{2.20}$$

资本和土地的市场出清条件仍同式（2.10）和式（2.11）。至此，本章的拓展理论模型构建完成，由式（2.2）、式（2.5）、式（2.16）、式（2.17）、式（2.18'）、式（2.19）、式（2.20）、式（2.10）和式（2.11）这 9 个公式组成，包含 9 个内生变量 w_2、w_3、r、τ、λ_2、e、X_1、X_2 和 X_3。

（二）要素的国际流动对环境影响的分析

对式（2.2）、式（2.5）、式（2.16）、式（2.17）、式（2.18'）、式（2.20）、式（2.10）和式（2.11）进行全微分，得到：

$$\begin{pmatrix} 0 & \theta_{K1} & 0 & 0 & 0 & 0 \\ \theta_{L2} & \theta_{K2} & \theta_{T2} & \dfrac{\mu X_1}{\bar{E}} & 0 & 0 \\ \theta_{L3} & 0 & \theta_{T3} & \dfrac{\mu X_1}{\bar{E}} & 0 & 0 \\ E_1 & F_1 & G_1 & H_1 & \lambda_{L2} & \lambda_{L3} \\ E_2 & F_2 & G_2 & e\lambda_{K1} & \lambda_{K2} & 0 \\ E_3 & F_3 & G_3 & 0 & \lambda_{T2} & \lambda_{T3} \end{pmatrix} \begin{pmatrix} \hat{w}_3 \\ \hat{r} \\ \hat{\tau} \\ \hat{X}_1 \\ \hat{X}_2 \\ \hat{X}_3 \end{pmatrix} = \begin{pmatrix} \hat{p}_1 \\ \hat{p} \\ \hat{p} \\ \hat{L} \\ \hat{K} \\ \hat{T} \end{pmatrix} \tag{2.21}$$

其中，$E_1 = \lambda_{L2}S_{LL}^2 + \lambda_{L3}S_{LL}^3 - (1+\lambda_2)\lambda_{L1}S_{LL}^1 < 0$，$F_1 = (1+\lambda_2)\lambda_{L1}S_{LK}^1 + \lambda_{L2}S_{LK}^2 > 0$，$G_1 = \lambda_{L2}S_{LT}^2 + \lambda_{L3}S_{LT}^3 > 0$，$E_2 = \lambda_{K2}S_{KL}^2 > 0$，$F_2 = \lambda_{K1}S_{KK}^1 + \lambda_{K2}S_{KK}^2 < 0$，$G_2 = \lambda_{K2}S_{KT}^2 > 0$，$E_3 = \lambda_{T2}S_{TL}^2 + \lambda_{T3}S_{TL}^3 > 0$，$F_3 = \lambda_{T2}S_{TK}^2 > 0$，$G_3 = \lambda_{T2}S_{TT}^2 + \lambda_{T3}S_{TT}^3 < 0$，$H_1 = e(1+\lambda_2)\lambda_{L1} - (\lambda_{L2}+\lambda_{L3}-1)\mu X_1/\bar{E}$。

在已建立的模型下，模型的动态调整过程如下：

$$\dot{X}_1 = d_7\left(p_1 - a_{L1}\bar{w} - a_{K1}r\right) \tag{D8}$$

$$\dot{X}_2 = d_8\left(p - \frac{a_{L2}w_2}{e^{\varepsilon_1}} - \frac{a_{K2}r}{e^{\varepsilon_1}} - \frac{a_{T2}\tau}{e^{\varepsilon_1}}\right) \tag{D9}$$

$$\dot{X}_3 = d_9\left(p - \frac{a_{L3}w_3}{e^{\varepsilon_2}} - \frac{a_{T3}\tau}{e^{\varepsilon_2}}\right) \tag{D10}$$

$$\dot{w} = d_{10}\left(a_{L1}X_1 + \frac{a_{L2}X_2}{e^{\varepsilon_1}} + \frac{a_{L3}X_3}{e^{\varepsilon_2}} + \lambda_2 a_{L1}X_1 - L\right) \tag{D11}$$

$$\dot{r} = d_{11}\left(a_{K1}X_1 + \frac{a_{K2}X_2}{e^{\varepsilon_1}} - K\right) \tag{D12}$$

$$\dot{\tau} = d_{12}\left(\frac{a_{T2}X_2}{e^{\varepsilon_1}} + \frac{a_{T3}X_3}{e^{\varepsilon_2}} - T\right) \tag{D13}$$

其中，$d_j(j=7,\cdots,12)$ 表示调整速度，且 $d_j > 0$。同样地，在产品市场上，根据马歇尔调整过程，当需求方付出的价格不等于供给方所能接受的价格时，对产品数量进行调整；在要素市场上，由于要素禀赋量外生给定，则调整要素价格使要素需求等于要素供给。

式（D8）至式（D13）调整方程的雅可比矩阵的行列式值为：

$$|J| = \frac{d_7\cdots d_{12}p_1p^2LKT}{w_3r\tau X_1X_2X_3}\begin{vmatrix} 0 & 0 & 0 & 0 & -\theta_{K1} & 0 \\ -\dfrac{\mu X_1}{\bar{E}} & 0 & 0 & -\theta_{L2} & -\theta_{K2} & -\theta_{T2} \\ -\dfrac{\mu X_1}{\bar{E}} & 0 & 0 & -\theta_{L3} & 0 & -\theta_{T3} \\ H_1 & \lambda_{L2} & \lambda_{L3} & E_1 & F_1 & G_1 \\ e\lambda_{K1} & \lambda_{K2} & 0 & E_2 & F_2 & G_2 \\ 0 & \lambda_{T2} & \lambda_{T3} & E_3 & F_3 & G_3 \end{vmatrix}$$

由此可得：

$$|J| = \frac{d_7\cdots d_{12}p_1p^2LKT}{w_3r\tau X_1X_2X_3}\Delta_2 \tag{D14}$$

其中，Δ_2 为式（2.21）中矩阵的行列式值。

根据劳斯—赫尔维茨定理，模型局部稳定的必要条件是 $\text{sign}|J| = (-1)^k$，其中，k 表示模型中的行数（也即列数）。所以，本章假定均衡是稳定的，则有 $|J| > 0$，

根据式（D14）可知 $\Delta_2 > 0$。

1. 劳动力的国际流动对环境影响的分析

解式（2.21），可以得到：

$$\frac{\hat{X}_1}{\hat{L}} = \frac{\theta_{K1}(\theta_{T2}\theta_{L3} - \theta_{L2}\theta_{T3})\lambda_{K2}\lambda_{T3}}{\Delta_2} \begin{cases} > 0, & \dfrac{a_{T2}}{a_{L2}} > \dfrac{a_{T3}}{a_{L3}} \\[2mm] < 0, & \dfrac{a_{T2}}{a_{L2}} < \dfrac{a_{T3}}{a_{L3}} \end{cases} \tag{2.22}$$

结合式（2.2）的全微分结果，可得：

$$\hat{e}/\hat{L} \begin{cases} < 0, & \dfrac{a_{T2}}{a_{L2}} > \dfrac{a_{T3}}{a_{L3}} \\[2mm] > 0, & \dfrac{a_{T2}}{a_{L2}} < \dfrac{a_{T3}}{a_{L3}} \end{cases} \tag{2.23}$$

根据式（2.22）和式（2.23），可得到命题 2.3。

命题 2.3 在乡村振兴战略全面实施阶段，当现代农业部门的人均土地密集度高于传统农业部门时，劳动要素流入使环境状况变差，劳动要素流出使环境状况变好；当现代农业部门的人均土地密集度低于传统农业部门时，劳动要素流入使环境状况变好，劳动要素流出使环境状况变差。

劳动要素流入时，如果现代农业部门相较于传统农业部门人均土地密集度较高，意味着现代农业部门的生产较为依赖土地要素，此时，劳动力会更多地流向城市部门与传统农业部门，两部门的生产规模增加，城市部门生产规模的扩张会导致更多的污染排放，使发展中国家环境状况变差。反之，如果现代农业部门的人均土地密集度较低，就意味着现代农业部门的生产较为依赖劳动力要素，现代农业部门和传统农业部门的劳动力要素本身就较为密集，因而根据雷布津斯基定理可知，劳动力会流向现代农业部门和传统农业部门，经济总资本禀赋量不变，则资本此时流向城市部门，城市部门用资本投入替代劳动力的流出以确保生产规模的稳定，此时城市部门生产技术水平上升，污染排放减少，从而环境得到改善。对于此阶段劳动要素国际流出的环境效果也可同理分析。

2. 资本的国际流动对环境影响的分析

解式（2.12），可以得到：

$$\frac{\hat{X}_1}{\hat{K}} = \frac{\theta_{K1}(\theta_{T2}\theta_{L3} - \theta_{L2}\theta_{T3})(\lambda_{T2}\lambda_{L3} - \lambda_{L2}\lambda_{T3})}{\Delta_2} < 0 \tag{2.24}$$

我们将工资与失业以外影响劳动力转移的因素用影响系数 3.778（基于转移方程的初始均衡推算得到）来表示。同理，发展中国家的资本并不能在城乡自由流动，我们考虑用影响系数 2 来表述现代农业利率大幅度高于城市。

（二）数值模拟

在参数校准的基础上，我们进行数值模拟分析，以检验在现实经济数据下模型的结论是否与理论分析一致。由于我国的乡村振兴战略还没有发展到全面实施阶段，故而我们用于校准参数的宏观数据只能适合于乡村振兴战略实施前或实施初始阶段，所以，本章仅对乡村振兴战略实施初始阶段要素国际流动的环境效果进行数值模拟，结果如图 2 - 1 所示。

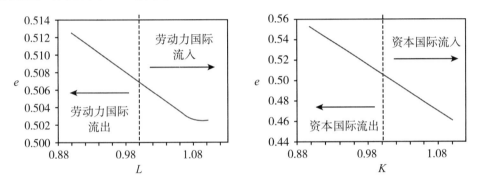

图 2 - 1 初始阶段模型的数值模拟

图 2 - 1 描绘了乡村振兴战略实施初始阶段的劳动和资本国际流动的环境效果，横轴为本国要素存量与初始值的比例，小于 1 部分表示要素国际流出，数值越小表示要素流出的越多，大于 1 部分表示要素国际流入，数值越大表示要素流入的越多；纵轴为环境质量，数值越大表示环境质量越好。当劳动要素流出时环境改善，而劳动力流入时环境恶化；资本国际流出时环境同样改善，而资本国际流入时环境恶化。考虑资本的国际流动对环境的影响时，结果依赖于 $a_{T2}/a_{L2} - (1 + \lambda_1) a_{T3}/a_{L3}$ 的符号，根据表 2 - 3，该式大于零，即：

$$a_{T2}/a_{L2} > (1 + \lambda_1) a_{T3}/a_{L3}$$

此时，理论分析要求资本与环境反方向变化，与数值模拟结果一致。可以看到，对乡村振兴战略实施初始阶段模型的模拟结果与命题 2.1 和命题 2.2 的结论一致。

另外，比较表 2 - 2 和表 2 - 3 的数值，可以看出，国际资本流入（流出）对环境的影响大于劳动力流入（流出）对环境的影响，从而获得命题 2.5。

表 2 - 2　　　乡村振兴战略实施初期阶段模型的劳动力国际流动数值模拟

L	0.90	0.92	0.94	0.96	0.98	1.00
e	0.512419	0.51131	0.510201	0.509092	0.507983	0.506874
L	1.00	1.02	1.04	1.06	1.08	1.10
e	0.506874	0.505765	0.504656	0.503546	0.502526	0.502513

表 2 - 3　　　乡村振兴战略实施初期阶段模型的资本国际流动数值模拟

K	e	$a_{T2}/a_{L2} - (1 + \lambda_1) a_{T3}/a_{L3}$
0.90	0.552436126	1.44435439
0.92	0.543324279	1.473857406
0.94	0.534212143	1.501308799
0.96	0.525099719	1.526932538
0.98	0.515986998	1.550914199
1.00	0.506873953	1.573416998
1.02	0.497760586	1.594581854
1.04	0.488646886	1.614535044
1.06	0.479532828	1.633385576
1.08	0.470418421	1.65123161
1.10	0.461303621	1.668160074

命题 2.5　乡村振兴战略实施初始阶段，国际资本流入（流出）对环境的影响大于劳动力流入（流出）对环境的影响。

（三）敏感性检验

在参数校准时，污染参数 δ 的计算是根据污染指数的权数与第二、第三产业增加值的相关系数进行的，而污染指数的权数以及第二、第三产业增加值相关系数的选取有一定的主观因素，未必准确。本部分将检验采用不同的污染参数是否会影响本章结论。

在前面的参数校准中，我们计算得到的污染参数 $\delta = 0.0000087357726$。在此，我们选择两个污染参数 $\delta = 0.000005$ 和 $\delta = 0.00001$，并用与前面相同的方法分别重新校准环境外部性参数：当 $\delta = 0.000005$ 时，$\varepsilon_1 = 0.019$、$\varepsilon_2 = 0.016$；当 $\delta =$

0.00001 时，$\varepsilon_1 = 0.008$、$\varepsilon_2 = 0.006$。表 2 - 4 描绘了不同污染参数下模拟的我国国际要素流动的环境效果。

表 2 - 4　　　　不同污染参数下我国国际要素流动的环境效果

| 环境效果 | $\delta = 0.000005$ | | | | $\delta = 0.000010$ | | | |
| | 初期 | | 普及期 | | 初期 | | 普及期 | |
	L	K	L	K	L	K	L	K
0.95	0.719341	0.73079	0.721087	0.729176	0.438684	0.461593	0.44212	0.458172
0.96	0.719024	0.728183	0.72042	0.726891	0.438049	0.456376	0.440797	0.453636
0.97	0.718707	0.725576	0.719753	0.724607	0.437414	0.45116	0.439474	0.449102
0.98	0.718389	0.722969	0.719087	0.722323	0.436779	0.445943	0.438151	0.44457
0.99	0.718072	0.720362	0.718421	0.720039	0.436144	0.440726	0.43683	0.440039
1.00	0.717755	0.717755	0.717755	0.717755	0.43551	0.43551	0.43551	0.43551
1.01	0.717437	0.715148	0.717089	0.715471	0.434875	0.430293	0.43419	0.430982
1.02	0.71712	0.712541	0.716424	0.713188	0.43424	0.425075	0.432871	0.426456
1.03	0.716803	0.709933	0.715759	0.710904	0.433605	0.419858	0.431553	0.421931
1.04	0.716486	0.707326	0.715094	0.708621	0.43297	0.414641	0.430236	0.417408
1.05	0.716168	0.704719	0.71443	0.706338	0.432335	0.409423	0.428904	0.412887

从表 2 - 4 可以看出，不同的污染参数对我们的模型结果没有影响，说明本章模型结果是稳健的。综上所述，敏感性检验表明本章结果对参数选择是稳健的，本章的理论模型可以解释在我国实施乡村振兴战略的情况下国际要素流动对环境的影响。

五、结　论

本章通过构建一个反映农村二元经济的理论模型，探讨在乡村振兴战略的实施中，资本与劳动力国际双向流动对发展中国家环境产生的影响。本章的主要观点为：在乡村振兴战略实施初始阶段，劳动力流入使环境状况变差，劳动力流出使环境状况变好；在乡村振兴战略全面实施阶段，资本流入使环境状况变好，资本流出使环境状况变差。据此，我们可以看出，在实施乡村振兴战略的背景下，要素的国际流动对我国的环境有较大影响，而且在乡村振兴战略实施的不同阶段其影响程度与方向均有所不同。

将乡村振兴战略、要素国际流动和环境联系在一起研究，既是我国现实经济发展的需要，又是本章与既有文献不同之处。乡村振兴战略、要素国际流动和环境三者的同时出现，不仅仅是我国独有的经济现象，也是一些发展中国家正在面对或将要面对的经济、环境现象。本章对其规律进行疏理和理论模型化，进而作分析研究，就是为了探明其内在的市场机制，为制定更为合理的经济、环境政策提供理论依据，使经济发展更有效率。本章的理论模型建立在一般均衡理论基础上，其结论对于与我国经济发展相类似的发展中国家均适用。本章的第四部分根据中国的宏观数据对理论模型的参数进行了校准，并对本章的理论模型进行了数值模拟和敏感性检验，结果表明，本章的模型可以解释我国乡村振兴战略下国际要素流动对环境的影响，本章的结论可以作为有关部门进行政策研判时的参考依据。最后，限于篇幅，本章没有讨论资本和土地为各部门专有的情况，这有利于考察短期要素流动的环境效果，将作为今后研究的一个方向。

参考文献

［1］包群、吕越、陈媛媛：《外商投资与我国环境污染——基于工业行业面板数据的经验研究》，载于《南开学报》（哲学社会科学版）2010 年第 3 期。

［2］惠恩才：《利用 FDI 发展中国现代农业的思考》，载于《农业经济问题》2010 年第 7 期。

［3］计志英、毛杰、赖小锋：《FDI 规模对我国环境污染的影响效应研究——基于 30 个省级面板数据模型的实证检验》，载于《世界经济研究》2012 年第 3 期。

［4］蒋和平、黄德林、郝利：《中国农业现代化发展水平的定量综合评价》，载于《农业经济问题》2005 年第 S1 期。

［5］李晓春：《劳动力转移和工业污染——在现行户籍制度下的经济分析》，载于《管理世界》2005 年第 6 期。

［6］全球化智库（CCG）和西南财经大学：《中国国际移民报告（2018）》，社会科学文献出版社 2018 版。

［7］商务部、国家统计局和国家外汇管理局：《2016 年度中国对外直接投资统计公报》，中国统计出版社 2017 版。

［8］盛斌、吕越：《外国直接投资对中国环境的影响——来自工业行业面板数据的实证研究》，载于《中国社会科学》2012 年第 5 期。

［9］王雅鹏、吕明、范俊楠、文清：《我国现代农业科技创新体系构建：特征、现实困境与优化路径》，载于《农业现代化研究》2015 年第 2 期。

［10］王英姿：《中国现代农业发展要重视舒尔茨模式》，载于《农业经济问题》2014 年第 2 期。

［11］张九汉：《优化农业结构建设高效农业》，载于《中国农村经济》1997 年第 3 期。

［12］周密、徐爱燕：《农村劳动力转移的水体环境效应研究——基于生产要素替代与化肥施用量的证据》，载于《南大商学评论》2013 年第 1 期。

［13］Beladi H.，S. Chaudhuri & S. Yabuuchi，"Can International Factor Mobility Reduce Wage Inequality in a Dual Economy?"，*Review of International Economics*，2008，16（5）：893 – 903.

［14］Chaudhuri S. & D. Banerjee，"Foreign Capital Inflow，Skilled – Unskilled Wage Inequality and Unemployment of Unskilled Labour in a Fair Wage Model"，*Economic Modelling*，2010，27（1）：477 – 486.

［15］Chaudhuri S. & M. R. Gupta，"International Factor Mobility，Informal Interest Rate and Capital Market Imperfection：A General Equilibrium Analysis"，*Economic Modelling*，2014，37（574）：184 – 192.

［16］Chaudhuri S.，"Foreign Capital，Welfare and Urban Unemployment in the Presence of Agriculture Dualism"，*Japan and the World Economy*，2007，19：149 – 165.

［17］Daitoh I.，"Environmental Protection and Trade Liberalization in a Small Open Dual Economy"，*Review of Development Economics*，2008，12（4）：728 – 736.

［18］Kar S. & B. Guha – Khasnobis，"Foreign Capital，Skill Formation，and Migration of Skilled Workers"，*Journal of Policy Reform*，2006，9（2）：107 – 123.

［19］Li X. & Q. Shen，"A Study on Urban Private Capital and the Transfer of Labor in the Modern Agriculture Sector"，*Journal of Economic Policy Reform*，2012，15（2）：135 – 152.

［20］Li X. & Y. Wu，"Environment and Economy in the Modern Agricultural Development"，*Asia – Pacific Journal of Accounting & Economics*，2018，25（1 – 2）：163 – 176.

［21］Nag R. N. & R. Banerjee，"Agricultural Dualism，Wage Inequality and Development Policies"，*International Journal of Sustainable Agricultural Research*，2014，1（1）：1 – 18.

［22］Tawada M. & S. Sun，"Urban Pollution，Unemployment and National Welfare in a Dualistic Economy"，*Review of Development Economics*，2010，14（2）：311 – 322.

［23］Tsakiris N.，P. Hatzipanayotou，& M. S. Michael，"Pollution，Capital Mobility and Tax Policies with Unemployment"，*Review of Development Economics*，2008，12（2）：223 – 236.

［24］Word Bank，"Ast of Pollution in China：Econonic Estimodes of Physical Doumages"，http：//www. alessandrobuzzi. it/download/files/China_Cost_of_Pollution. pdf，2007.

［25］Yabuuchi S.，"Unemployment and International Factor Movement in the Presence of Skilled and Unskilled Labor"，*Review of Development Economics*，2007，11（3）：437 – 449.

第三章

现代农业补贴政策的环境与经济效果

一、引　言

　　习近平在党的十九大报告中提出"加快推进农业农村现代化"。可以预见，今后中国农业现代化的进程将会加快。所谓现代农业，是指以市场机制为导向、以先进农业技术装备和基础设施为支撑，实现单位土地面积高经济收益和高生产效率的农业，所以，发展现代农业就是农业现代化的重要内容。近年来我国将发展现代农业作为经济发展的着力点，大力推进现代农业的普及工作。有学者对改革开放以来（1980 ~ 2008 年）中国农业现代化发展水平进行定量测算得出结论，认为全国农业现代化的发展水平整体上处于上升趋势，其中，2008 年全国农业现代化综合发展指数比 1980 年上升了 101.4%（辛岭和蒋和平，2010）。在现代农业蓬勃发展的同时，我国环境污染问题日益突出。以我国的二氧化碳排放量为例，这是化石燃料燃烧和水泥生产过程中产生的排放，是衡量环境污染排放的主要指标之一。我国二氧化碳人均排放量近 40 年来呈现逐年增长趋势：1978 ~ 1994 年平均人均排放量 1.933 吨，而 1995 ~ 2010 年就上升到平均人均排放量 3.840 吨，以平均每年 4.6% 的速度增长。图 3 - 1 展示了 1980 ~ 2008 年中国人均二氧化碳排放量与现代农业发展水平综合指数，可以明显看出，环境污染和现代农业在相同时期有着相似的增长趋势。

　　这里，我们并不是说现代农业是造成环境污染的隐蔽性因素，但要指出两者之间是相互影响的。众所周知，我国在过去较长的一段时期内比较

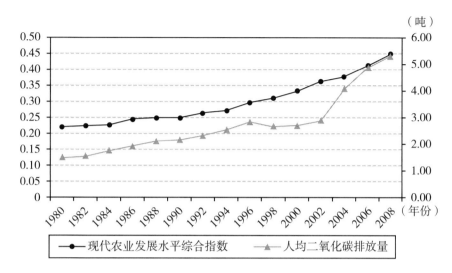

图 3 - 1　环境污染与现代农业发展趋势

资料来源：现代农业发展水平综合指数来源于辛岭和蒋和平（2010）；人均二氧化碳排放量来源于世界银行（2014）。

片面地追求经济增长，不太重视资源保护和生态环境建设，受污染的环境制约了现代农业的发展。随着环境问题的凸显，其逐渐成为理论研究和国家战略的重要议题。研究现代农业发展的国内外文献众多，其中，考虑现代农业发展与环境关系的主要集中于农业生态理论方面。例如，邓蓉（2010）全面系统地阐述了现代农业和循环经济方面的关系，论述了在我国如何发展农业循环经济；邓启明（2007）、尹昌斌和周颖（2008）也作了类似的研究。但是，现代农业来源于传统农业，发展现代农业需要农作物生长的自然环境，也需要劳动要素，现代农业发展水平越高、越壮大，对环境质量和要素数量的要求就越高；而工业生产中的劳动力也主要来自传统农业，现代农业在发展中吸引传统农业的劳动力，其实质是与工业争夺劳动资源，它从传统农业分流的劳动力数量直接影响工业生产，进而影响环境。所以，在经济运行中，现代农业的发展与劳动力转移、环境之间存在着紧密相关关系。然而，目前学术界还缺少从劳动力转移角度研究发展现代农业和工业污染的关联分析。

通过对既往研究的回顾，我们在相关领域中可以找到现代农业与劳动力转移，或者劳动力转移与环境污染的研究文献。将农村劳动力市场划分为现代农业和传统农业两个部门来研究经济发展及劳动转移的文献包括古普塔（1997a，1997b）、乔杜里（2006，2007）、李和沈（2012）、李等（Li et al.，2013）等。古普塔（1997a，1997b）考虑包含四个部门的小型开放经济，分别就商品价格、引入迁移成本等经济问题进行了分析，他的主要贡献在于第一次在理论研究中将现代农业部门从传统农业部门中分离出来建立模型。乔杜里（2006，2007）也将农业部门划分为现代农业部门和传统农业部门，乔杜里（2006）使用三部门一般均衡模型研究了发展中国家劳动力市场改革的合理性和重要性；乔杜里（2007）解释了为什么即便传统文献已预测引进外资将对发展中国家产生不利影响，而其仍然引进外资。李和沈（2012）以及李等（2013）将城市私有资本引进现代农业部门，分别在三部门和四部门的前提下研究政府发展政策的经济效果，他们设定现代农业部门的工资高于传统农业部门的工资，使研究前提更加接近现实经济。

在劳动力转移与环境污染方面，工业部门因吸纳劳动力使生产规模发生变化。而经济活动规模越大，对环境的不利影响越大（Grossman & Krueger，1995）。在劳动力转移基础上讨论环境问题的文献有很多，如贝拉迪和拉普（Beladi & Rapp，1993）、贝拉迪和弗拉斯卡（1999）等。贝拉迪和拉普（1993）在封闭经济下分析了农业部门不产生污染、工业部门产生污染、政府控制工业部门的污染要素使用量对经济的影响。贝拉迪和弗拉斯卡（1999）将贝拉迪和拉普（1993）的研究向前推进一步，构建了一个三部门模型，即经济由产生污染的工业部门、不产生污染的工业部门和农业部门组成，研究更为严格管制工业生产的污染要素的使用数量对于经济的影响。

可见，迄今为止的学术研究中，关于现代农业的成果忽略了劳动力转移引致的环境问题；而关于劳动力转移引致污染的成果中忽略了对现代农业问题的研究。要厘清现代农业、劳动力转移以及环境保护三者之间的关系，就必须将它们放在一个框架里进行周密而合理的研究。正因如此，本章对现代农业采用当前世界理论经济研究中的相同处理方法，即抽象为使用劳动和资本要素进行生产的农业，以发展中国家的背景建立一个一般均衡模型，利用比较静态分析方法研究促进现代农业发展政策的环境和经济效果。通过本章的研究可以发现，对现代农业部门的工资补贴政策不影响环境，而现代农业部门的利息补贴政策对环境却有改善作用。

二、建立模型

我们考虑一个由三部门构成的小国开放经济体，这三个部门分别是城市部门、现代农业部门和传统农业部门。设想其中的现代农业部门是一个正在发展中的部门，需要政府的补贴支持。城市部门和现代农业部门使用两种生产要素进行生产：劳动力和资本。传统农业部门只使用劳动力这一种生产要素；传统农业部门的劳动力向现代农业部门和城市部门转移，资本则在城市部门和现代农业部门间自由流动。根据科普兰和泰勒（Copeland & Taylor，1999）的设定，我们可以假设农业生产过程依赖于环境，而城市部门在生产中释放废气、废水和废渣等"三废"，并通过空气、水等媒介污染环境，使环境质量恶化，进而影响农业生产。经济中要素禀赋外生给定，所有市场是完全竞争的，各部门的生产函数分别为：

$$X_1 = F^1(L_1, K_1) \tag{3.1}$$

$$X_2 = E^{\varepsilon_2} F^2(L_2, K_2) \tag{3.2}$$

$$X_3 = E^{\varepsilon_3} F^3(L_3) \tag{3.3}$$

其中，$X_i(i=1,2,3)$ 分别代表城市部门、现代农业部门和传统农业部门的产出；F^i $(i=1,2,3)$ 是拟凹函数，且 $F^i(i=1,2)$ 为一阶齐次；$L_i(i=1,2,3)$ 分别代表三部门雇用的劳动力数量；K_1 和 K_2 分别代表城市部门和现代农业部门的资本投资，并且 K_2 是来自城市的资本流入[①]；E 表示环境质量，$E^{\varepsilon_i}(i=2,3)$ 分别表示环境对现代农业部门和传统农业部门生产的影响，其中 $0 < \varepsilon_i < 1(i=2,3)$。

$$E = \bar{E} - \mu X_1 \tag{3.4}$$

其中，$\bar{E}$ 表示环境最佳质量，是外生给定的；μ 表示城市部门生产一单位产品产生的污染数量系数。

各部门利润最大化时，可以得到下列等式：

$$p_1 F^1_L(L_1, K_1) = \bar{w}_1 \tag{3.5}$$

$$p_2 E^{\varepsilon_2} F^2_L(L_2, K_2) = w_2 \tag{3.6}$$

$$E^{\varepsilon_3} F^3_L(L_3) = w_3 \tag{3.7}$$

$$p_1 F^1_K(L_1, K_1) = r \tag{3.8}$$

$$p_2 E^{\varepsilon_2} F^2_K(L_2, K_2) = r \tag{3.9}$$

从此处开始，F^i 中的下标表示偏导数，如 $F^i_L = \partial F^i/\partial L_i$、$F^i_{LK} = \partial F^i_L/\partial K_i$。$p_1$ 和 p_2 分别表示城市部门、现代农业部门对传统农业部门产品的相对价格。使用 $\bar{w}_1$、w_2、w_3 分别表示城市部门、现代农业部门和传统农业部门工资，城市部门因有制度性因素，其工资 $\bar{w}_1$ 外生给定；设传统农业部门工资 w_3 为完全弹性；r 为资本收益率。

另外，设定劳动力从传统农业部门向现代农业部门的转移并不是无限制的，现

---

① 在发展中国家单一的传统农业的情况下，由于存在制度性障碍，城乡之间资本很难流通（Li & Shen 2012），而"现代农业"的发展使城市资本流向农村。

代农业部门吸收的劳动力的规模受制于资本流入规模。这样的假设与现实经济中的情况相符。因为现代农业是从无到有、从小到大逐渐发展起来的，其发展的关键在于资本投入，这里设想资本投入来自城市部门，而这个投入也是逐渐增加的，故而，现代农业部门发展规模受到资本投入的约束，其雇用劳动力的数量也受资本投入约束。使用的劳动力和资本之间的数量关系可以设定如下：

$$L_2 = A_1 K_2^\alpha \tag{3.10}$$

其中，A_1 是现代农业部门生产的品种系数，为外生给定；α 基于现代农业发展设定，这里只考虑刚刚建立的现代农业部门，因而只研究 $0 < \alpha < 1$ 情况。因此，现代农业部门工资 w_2 高于传统农业部门工资 w_3，设定现代农业部门工资为：

$$w_2 = w_2(w_3, K_2)$$

当 $K_2 = 0$ 时 $w_2 = w_3$，即没有资本投入时，现代农业部门退化成传统农业部门；当 $K_2 > 0$ 时 $w_2 > w_3$，这是因为现代农业部门使用资本要素生产，其劳动效率得到提高，劳动边际生产力高于传统农业部门，类似的设定请参考古普塔（1994）。这种设定与现有文献不同，它既能反映古普塔（1997a，1997b）研究的特点，也能反映李和沈（2012）以及李等（2013）研究的内涵。

令 $\bar{L}$ 表示该经济体中的劳动禀赋；L_μ 代表城市失业数。那么，充分就业条件可以如下表示：

$$L_1 + L_2 + L_3 + L_u = \bar{L} \tag{3.11}$$

令 $\lambda = L_u / L_1$ 表示城市失业率，那式（3.11）可以表示为：

$$(1 + \lambda)L_1 + L_2 + L_3 = \bar{L} \tag{3.11'}$$

令 $\bar{K}$ 表示该经济体中的资本禀赋，资本在城市部门和现代农业部门中被完全雇用：

$$K_1 + K_2 = \bar{K} \tag{3.12}$$

包含工资水平各不相同的三部门的经济体应该采用三部门的哈里斯—托达罗（1970）类型的转移均衡条件。由于城市部门存在失业，传统农业部门劳动力转移出该部门有失业的风险。虽然现代农业部门的工资比传统农业部门高，但劳动力不能完全转移。因而，传统农业部门的劳动力会比较在本部门的实际工资与转移出该部门的期望工资，如果期望工资更高，劳动力就会转移到另外两个部门。所以，在均衡处有：

$$w_3 = \frac{L_1}{(1+\lambda)L_1 + L_2}\bar{w}_1 + \frac{L_2}{(1+\lambda)L_1 + L_2}w_2 \tag{3.13}$$

将式（3.13）变形可得到：

$$\bar{w}_1 L_1 + w_2 L_2 = w_3(\bar{L} - L_3) \tag{3.13'}$$

至此，我们建立好了模型。在式（3.1）至式（3.10）以及式（3.11'）、式（3.12）和式（3.13'）共13个等式中，共有13个内生变量，分别是 X_1、X_2、X_3、E、L_1、L_2、L_3、K_1、K_2、λ、w_2、w_3 和 r；并有6个外生变量，分别是 $\bar{E}$、$\bar{L}$、$\bar{K}$、$\bar{w}_1$、p_1 和 p_2。

三、理论分析

我们从环境开始分析。首先，对式（3.4）进行全微分，可得到：

$$dE = -\mu F_L^1 dL_1 - \mu F_K^1 dK_1 \tag{3.14}$$

环境质量受城市部门的劳动力雇用数量和资本雇佣量影响。另外，对一个部门的发展政策通常关注的是对该部门的生产要素价格的补贴政策。因此，以下我们分别从对现代农业部门进行工资补贴和利息补贴两个方面考察现代农业发展政策的环境和经济影响。

（一）对现代农业部门进行工资补贴的影响效果

如果政府以 s_1 的比率对现代农业部门进行工资补贴，式（3.6）可改写为：

$$P_2 E^{\varepsilon_2} F_L^2(L_2, K_2) = w_2(1 - s_1) \tag{3.6*}$$

将式（3.4）、式（3.5）、式（3.10）和式（3.12）代入式（3.6*），并设定在补贴的初始情况下 $s_1 = 0$。那么对式（3.6*）进行全微分，可得到：

$$\Phi \frac{dK_1}{ds_1} + \frac{1}{w_2}\frac{dw_2}{ds_1} = 1 \tag{3.15}$$

其中，$\Phi = \varepsilon_2 \mu X_1 / E K_1 + (1-\alpha)K_2 F_{LK}^2 / F_L^2 K_2 > 0$。即，对现代农业部门进行工资补贴不仅影响其工资水平，同时还可能通过资本流通影响城市部门资本雇佣量。因而，我们转向资本市场。

利用式（3.5）、式（3.8）、式（3.10）和式（3.12），对式（3.9）进行全微分，有：

$$\Psi \mathrm{d}K_1 = 0 \tag{3.16}$$

其中，$\Psi = \varepsilon_2 \mu X_1 / EK_1 + (1-\alpha)F_{KK}^2/F_K^2$。由于 $0 < \alpha < 1$，Ψ 的第一部分 $\varepsilon_2 \mu X_1 / EK_1$ 为正值，Ψ 的第二部分 $(1-\alpha)F_{KK}^2/F_K^2$ 为负值，所以 Ψ 的符号不能确定。记 $\theta_{KK} = F_{KK}^2 K_2/F_K^2$，用以测度现代农业部门生产函数的偏曲率。在现代农业部门发展过程中急需资本投入，因而资本的边际产出（或者利息）对于资本变化非常敏感，故而这里可以假设 θ_{KK} 的绝对值足够大，即 $|\theta_{KK}| > aK_2 X_1/K_1 E$，其中，$a = \varepsilon_2 \lambda/(1-\alpha) > 0$。或者说，$a$ 足够小。因而有 $\Psi < 0$。故而，从式（3.16）可知 $\mathrm{d}K_1 = 0$，因而式（3.15）有 $\mathrm{d}w_2/\mathrm{d}s_1 = w_2 > 0$。

将上述结果代入模型并计算对现代农业部门进行工资补贴对其他内生变量的影响。计算结果如表3-1所示。

表 3 -1　　　　　　　　对现代农业部门进行工资补贴的效果

变量	dL₁	dL₂	dL₃	dK₁	dK₂	dλ	dE
ds₁	0	0	−	0	0	+	0
变量	dw₂	dw₃	dr	dX₁	dX₂	dX₃	
ds₁	+	+	0	0	0	−	

注：+ 和 − 分别表示 s_1 的变化使对应的内生变量同方向和反方向变动；0 代表 s_1 的变化对对应的内生变量无影响。

综上所述，我们可以获得命题3.1。

命题3.1　对现代农业部门进行工资补贴对环境没有影响，但使传统农业部门劳动力雇佣数量减少、城市失业率上升，并使农业部门的工资增加，而传统农业部门产出下降。

需要注意的是，对现代农业部门进行工资补贴实质上降低了其劳动雇佣成本，现代农业部门可以提高工资以吸引更多劳动力，因而雇用劳动力数量本应该增加，但由表3-1可知现代农业部门劳动力雇用数量无变化。这是因为，现代农业部门的劳动力雇用数量由资本决定，资本市场不受影响，现代农业部门的工资补贴政策对其劳动力雇用数量也没有影响。另外，只要资本不变，现代农业部门的工资补贴政策对城市部门生产就没有影响。进而，因为环境质量由城市生产决定，所以该政策不影响环境。并且，现代农业部门的工资率上升使传统农业部门劳动力对其他部门的预期工资上升，劳动力流出，然而现代农业部门吸纳劳动力数量不变，城市部门生产也不受影响，因而传统农业部门流出的劳动力全部加入了城市失业队伍。同时，由于传统农业部门工资为完全弹性，因而劳动力流出使该部门工资上升而产量下降。

（二）对现代农业部门进行利息补贴的经济影响

如果政府以 s_2 的比率对现代农业部门进行利息补贴，式（3.9）可改写为：

$$p_2 E^{\varepsilon_2} F_K^2(L_2, K_2) = r(1 - s_2) \tag{3.9*}$$

将式（3.4）、式（3.5）、式（3.8）、式（3.10）和式（3.12）代入式（3.9*），并设定初始情况下 $s_2 = 0$，对式（3.9*）进行全微分，有：

$$\frac{\mathrm{d}K_1}{\mathrm{d}s_2} = \frac{1}{\Psi} < 0 \tag{3.17}$$

其中，$\Psi < 0$。显然，对现代农业部门进行利息补贴将提高该部门资本需求量，通过资本的自由流动，使城市部门资本的雇佣量减少。将式（3.17）代入模型并计算对现代农业部门进行利息补贴对其他内生变量的影响。计算结果如表 3-2 所示。

表 3-2　　　　　　　对现代农业部门进行利息补贴的效果

变量	$\mathrm{d}L_1$	$\mathrm{d}L_2$	$\mathrm{d}L_3$	$\mathrm{d}K_1$	$\mathrm{d}K_2$	$\mathrm{d}\lambda$	$\mathrm{d}E$
$\mathrm{d}s_2$	−	+	[−]	−	+	[+]	+
变量	$\mathrm{d}w_2$	$\mathrm{d}w_3$	$\mathrm{d}r$	$\mathrm{d}X_1$	$\mathrm{d}X_2$	$\mathrm{d}X_3$	
$\mathrm{d}s_2$	+	[+]	0	−	+	[−]	

注：+ 和 − 分别表示 s_2 的变化使对应内生变量同方向和反方向变动；0 代表 s_2 的变化使对应内生变量无影响；[ ] 代表在一定条件下成立。

命题 3.2　对现代农业部门进行利息补贴能够改善环境并产生以下效果：
（1）使城市部门资本使用量、劳动力雇用数量和产量均减少。
（2）使现代农业部门资本使用量、劳动力雇用数量和产量均增加，且工资水平上升。

根据表 3-2，还有一些结论可以在一定条件下得出：当 $\frac{\varepsilon_2}{\varepsilon_3} > 1 + \frac{\bar{w}_1 L_1}{w_2 L_2}$ 且 $\alpha > \frac{\bar{w}_1 k_2}{w_2 k_1}$ 时，其中，$R_1 = K_1 / KL_1$，$R_2 = K_2 / L_2$，传统农业部门劳动力雇用数量减少、工资水平上升；当 $\frac{\varepsilon_2}{\varepsilon_3} > 1 + \frac{\bar{w}_1 L_1}{w_2 L_2} - \frac{\Theta X_3}{w_2 L_2 w_3}$ 且 $\alpha > \frac{\bar{w}_1 k_2}{w_2 k_1}$ 时，其中，$\Theta = (\bar{L} - L_3) E^{\varepsilon_2} F_{LL}^3 - W_3 < 0$，传统农业部门产量下降；当 $\frac{\varepsilon_2}{\varepsilon_3} > 1 + \frac{\bar{w}_1 L_1}{w_2 L_2}$ 且 $\frac{k_2(1 + \mu)}{k_1 \alpha} > \alpha > \frac{\bar{w}_1 k_2}{w_2 k_1}$ 时，城市失业率

上升。

对现代农业部门进行利息补贴的环境效果优于工资补贴的效果，其实质上使现代农业部门利息率低于城市部门，降低了现代农业部门资本使用成本。因而，该政策使更多的资本由城市部门流向现代农业部门，从而能够吸引更多的劳动力，而现代农业部门的劳动力需求增加，需要提高工资才能吸引劳动力流入。此举同时使城市部门雇佣劳动减少，因而对现代农业部门进行利息补贴使城市部门劳动力和资本使用量都下降，产量也随之下降，从而环境得到改善。该机制可以由图 3 - 2 表示。横轴左半轴表示城市部门产量，右半轴表示现代农业资本；纵轴上半轴表示城市部门资本，下半轴右边表示现代农业部门利息补贴，下半轴左边表示环境改善。我们以直线 a 表示式（3.9*）中对现代农业部门的利息补贴与资本雇佣 K_2 之间的关系，直线 K 表示式（3.12）中 K_2 与 K_1 的关系，直线 b 表示式（3.1）中 K_1 与 X_1 的关系，直线 C_1 表示式（3.4）中 X_1 与环境质量 E 的关系。对现代农业部门的利息补贴由 s_2^* 增加到 s_2^{**}，相应的现代农业部门资本雇佣量由 K_2^* 增加到 K_2^{**}，而城市部门资本雇佣量则由 K_1^* 减少到 K_1^{**}，对应的城市部门产量则由 X_1^* 减少到 X_1^{**}，因而环境改善，环境质量由 E^* 增加到 E^{**}。另外，由于环境改善和要素使用增加的双重影响，现代农业部门产量得到提高。

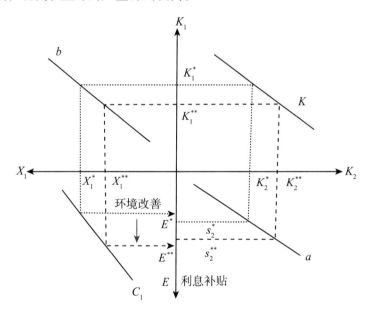

图 3 - 2   对现代农业部门的利息补贴对环境的影响

李和沈（2012）使用三部门模型分析了城市民营资本进入现代农业部门后对现代农业发展政策的经济影响，他们的结论是：对现代农业部门进行利息补贴有减少传统农业部门劳动力雇用数量的效果，但考虑环境时传统农业部门的劳动力雇用数量就变得不清楚了。其中的不同可以作如下解释：对现代农业部门的利息补贴政策使环境得到改善，有利于农业生产，使现代农业部门和传统农业部门都有增加劳动力雇用数量的需求，由于现代农业部门工资较高，劳动力会首选现代农业部门，故而传统农业部门劳动力雇用数量增加与否取决于现代农业部门吸收劳动力能力的强弱。

四、数值模拟分析

本节采用数值模拟方法，就外生变量中补贴政策的变化对内生变量的影响进行分析，以检验命题的数值特征。为了对命题 3.1 和命题 3.2 进行数值模拟，本节将一般均衡模型中的生产函数改写成柯布—道格拉斯形式，因而式（3.1）、式（3.5）和式（3.8）写作：

$$X_1 = \rho L_1^{\delta} K_1^{1-\delta} \tag{3.18}$$

$$X_2 = E^{\varepsilon_2} \varphi L_2^{\sigma} K_2^{1-\sigma} \tag{3.19}$$

$$X_3 = E^{\varepsilon_3} \psi L_3^{\eta} \tag{3.20}$$

其中，ρ、φ、$\psi > 0$ 且 δ、σ、$\eta \in (0,1)$。基础模型中，考虑资本可以在城市部门和现代农业部门之间自由流动，现代农业部门吸纳劳动力数量受流入资本量的约束。因此，本节设定一组参数作为基准值，分别为 $\rho = 5$、$\varphi = 2$、$\psi = 1$、$\delta = 0.6$、$\sigma = 0.5$、$\eta = 1$①、$\varepsilon_2 = 0.75$、$\varepsilon_3 = 0.5$、$\bar{E} = 25$、$\mu = 1$、$\bar{w}_1 = 6$、$A_1 = 4$、$\alpha = 0.5$、$\bar{K} = 10$、$\bar{L} = 40$、$p_1 = 2$、$p_2 = 1$。

（一）现代农业部门工资补贴政策的环境和经济影响

假定现代农业部门资本的边际产出对于资本变化非常敏感，θ_{KK} 的绝对值足够大。除利息率不变可以确定外，其他命题皆在该假定下成立。接下来，我们在上述参数条件下验证命题 3.1。以每次提升 0.1 的幅度将现代农业部门的工资补贴率 s_1 从 0 提升至 1，可以得到表 3 - 3。从表 3 - 3 可以看出，模拟结果与命题 3.1 的符号

---

① 函数非凹性并不影响主要结果，只对传统农业部门工资变化造成影响。但是，如果知道传统农业部门劳动力雇用数量的变化，其工资变化情况是显而易见的。因此，为了计算简便，这里设定 $\eta = 1$。

相同。模拟的直观解释如下：对现代农业部门进行工资补贴实质上降低了其劳动雇佣成本，但是这对城市部门的产量没有影响，从表3-3的第3~5列可以看出，环境质量不发生变化。另外，由于对现代农业部门进行工资补贴不影响城市部门，即城市部门的资本不会流向农村部门，从而现代农业部门的资本使用量不变。而现代农业部门的劳动力雇用数量受资本使用量约束，因而劳动力雇用数量也不变。环境质量不变，要素使用量不变，因而产量也不发生变化。同时，由于资本市场不受影响，因而利息率（第13列）不变。所以，工资补贴将全部转移给现代农业部门劳动力，使他们工资（第11列）上升。现代农业部门的工资上升使劳动力转移发生变化，更多劳动力流出传统农业部门（第9列），而流出的劳动力只能流入城市变成城市失业人口，这对传统农业部门的影响是巨大的。当现代农业部门的工资由于补贴而上升到一定水平后，传统农业部门将消失，而此时现代农业部门的产量不足以补偿传统农业部门的产量。这和现实中的情况相一致：许多农村地区田地荒芜无人种植，劳动力都流入城市，在城市打工或者等待就业机会，传统农业部门只剩下老弱妇孺。

表3-3　　　　　　　　提升现代农业部门的工资补贴率的效果

s_1	E	L_1	K_1	X_1	L_2	K_2	X_2	L_3	X_3	w_2	w_3	r	L_U
0.0	4.56	4.09	4.09	20.44	9.73	5.91	47.29	17.43	37.20	2.43	2.13	4.00	8.76
0.1	4.56	4.09	4.09	20.44	9.73	5.91	47.29	16.20	34.58	2.70	2.13	4.00	9.99
0.2	4.56	4.09	4.09	20.44	9.73	5.91	47.29	14.66	31.29	3.04	2.13	4.00	11.53
0.3	4.56	4.09	4.09	20.44	9.73	5.91	47.29	12.68	27.07	3.47	2.13	4.00	13.50
0.4	4.56	4.09	4.09	20.44	9.73	5.91	47.29	10.04	21.44	4.05	2.13	4.00	16.14
0.5	4.56	4.09	4.09	20.44	9.73	5.91	47.29	6.35	13.56	4.86	2.13	4.00	19.83
0.6	4.56	4.09	4.09	20.44	9.73	5.91	47.29	0.81	1.74	6.08	2.13	4.00	25.37
0.7	4.56	4.09	4.09	20.44	9.73	5.91	47.29	-8.42	-17.97	8.10	2.13	4.00	34.60
0.8	4.56	4.09	4.09	20.44	9.73	5.91	47.29	-26.88	-57.37	12.16	2.13	4.00	53.07
0.9	4.56	4.09	4.09	20.44	9.73	5.91	47.29	-82.27	-175.60	24.31	2.13	4.00	108.45
1.0	4.56	4.09	4.09	20.44	9.73	5.91	47.29	/	/	/	2.13	4.00	/

注：$\rho=5$，$\varphi=2$，$\psi=1$，$\delta=0.6$，$\sigma=0.5$，$\eta=1$，$\varepsilon_2=0.75$，$\varepsilon_3=0.5$，$\overline{E}=25$，$\mu=1$，$\overline{w}_1=6$，$A_1=4$，$\alpha=0.5$，$\overline{K}=10$，$\overline{L}=40$，$p_1=2$，$p_2=1$。

命题3.1中，城市部门产量不受影响依赖于 $\psi=\varepsilon_2\mu X_1/EK_1+(1-\alpha)F_{KK}^2/F_K^2<$

0，这里有必要对 ε_2 和 α 赋予不同的值进行模拟。$\varepsilon_2 = 0.75$，以每次提升0.1的幅度将 α 从0提升至1，可以得到表3-4。从表3-4可知，对于不同的 α 值，K_1 在不同补贴率 s_1 下都为定值，即对现代农业部门进行工资补贴不影响城市部门的资本使用量，这与式（3.16）符合，从而与命题3.1的其他结果也相符。接着，设定环境污染对现代农业部门和传统农业部门的外部性相同，即令 $\varepsilon_2 = 0.5$。以每次提升0.1的幅度将 α 从0提升至1，可以得到表3-5。从表3-5可知，当 $\varepsilon_2 = 0.5$ 时，对于不同的 α 值，对现代农业部门进行工资补贴也不影响城市部门的资本使用量，这也与式（3.16）符合。而且，α 值足够小时，即现代农业部门资本对劳动力的约束能力 $(1-\alpha)$ 足够大时，城市部门资本使用量为负，即在资本要素投入方面，现代农业部门有足够的竞争力。也就是说，依赖于资本发展现代农业时，每单位资本吸纳劳动力数量较少的地区，可以吸引足够的资本来进行投资。

表3-4 　　　 不同 α 对应的城市部门资本使用量（$\varepsilon_2 = 0.75$）

α	0.0	0.1	0.2	0.3	0.4	0.5	0.6	0.7	0.8	0.9	1.0
K_1	3.19	3.44	3.65	3.82	3.97	4.09	4.19	4.29	4.37	4.43	4.50

注：$\rho = 5$，$\varphi = 2$，$\psi = 1$，$\delta = 0.6$，$\sigma = 0.5$，$\eta = 1$，$\varepsilon_2 = 0.75$，$\varepsilon_3 = 0.5$，$\overline{E} = 25$，$\mu = 1$，$\overline{w}_1 = 6$，$A_1 = 4$，$\overline{K} = 10$，$\overline{L} = 40$，$p_1 = 2$，$p_2 = 1$。表中第二行表示对应 α 值下不同 s_1 得到的城市部门资本使用量。

表3-5 　　　 不同 α 对应的城市部门资本使用量（$\varepsilon_2 = 0.5$）

α	0.0	0.1	0.2	0.3	0.4	0.5	0.6	0.7	0.8	0.9	1.0
K_1	-15.0	-3.11	-0.08	1.39	2.27	2.86	3.29	3.60	3.85	4.04	4.20

注：$\rho = 5$，$\varphi = 2$，$\psi = 1$，$\delta = 0.6$，$\sigma = 0.5$，$\eta = 1$，$\varepsilon_2 = 0.5$，$\varepsilon_3 = 0.5$，$\overline{E} = 25$，$\mu = 1$，$\overline{w}_1 = 6$，$A_1 = 4$，$\overline{K} = 10$，$\overline{L} = 40$，$p_1 = 2$，$p_2 = 1$。表中第二行表示对应 α 值下不同 s_1 得到的城市部门资本使用量。

因此，在此情况下，对现代农业部门进行工资补贴对环境没有影响，但使传统农业部门劳动力雇用数量减少、城市失业率上升，并使农业部门的工资增加，而传统农业部门产量下降。命题3.1的数值特征得以验证。

（二）现代农业部门利息补贴政策的环境和经济影响

命题3.2也是在条件 $\psi = \varepsilon_2 \mu X_1 / EK_1 + (1-\alpha)F_{KK}^2 / F_K^2 < 0$ 的假定下成立的，需

要 ε_2 和 α 足够小。通过模拟分析可以发现，在 $\varepsilon_2=0.75$ 的条件下，不同的 α 值对应的模拟结果与关键的式（3.17）的结果相反。那么，我们再改变 ε_2 的值，在 $\varepsilon_2=0.5$ 的条件下改变 α 的值进行模拟，以每次提升 0.1 的幅度将 α 的值从 0 提升至 1，可以得到表 3-6。由表 3-6 可以看出，随着现代农业部门的利息补贴率 s_2 从 0 提升至 1，城市部门资本使用量是逐渐降低的。也就是说，在 $\varepsilon_2=0.5$ 的条件下的模拟结果与式（3.17）相符。

表 3-6　　　　　　　不同 α 和 s_2 对应的城市部门资本使用量

$\varepsilon_2=0.5$		α										
		0.0	0.1	0.2	0.3	0.4	0.5	0.6	0.7	0.8	0.9	1.0
s_2	0.0	7.22	7.09	6.95	6.80	6.65	6.50	6.34	6.19	6.05	5.92	5.80
	0.1	6.97	6.83	6.69	6.54	6.40	6.25	6.12	5.98	5.86	5.75	5.65
	0.2	6.69	6.56	6.42	6.28	6.15	6.02	5.90	5.79	5.69	5.59	5.51
	0.3	6.41	6.28	6.15	6.03	5.91	5.80	5.70	5.61	5.53	5.46	5.39
	0.4	6.12	6.00	5.89	5.79	4.17	5.60	5.52	5.45	5.39	5.34	5.29
	0.5	5.83	5.74	5.65	5.57	5.49	5.43	5.37	5.32	5.27	5.23	5.20
	0.6	5.57	5.50	5.43	5.37	5.32	5.28	5.24	5.20	5.18	5.15	5.13
	0.7	5.34	5.29	5.25	5.22	5.18	5.16	5.14	5.12	5.10	5.08	5.07
	0.8	5.16	5.13	5.11	5.10	5.08	5.07	5.06	5.05	5.04	5.04	5.03
	0.9	5.04	5.03	5.03	5.02	5.02	5.02	5.02	5.01	5.01	5.01	5.01
	1.0	5.00	5.00	5.00	5.00	5.00	5.00	5.00	5.00	5.00	5.00	5.00

注：$\rho=5$，$\varphi=2$，$\psi=1$，$\delta=0.6$，$\sigma=0.5$，$\eta=1$，$\varepsilon_2=0.5$，$\varepsilon_3=0.5$，$\bar{E}=25$，$\lambda=1$，$\bar{w}_1=6$，$A_1=4$，$\bar{K}=10$，$\bar{L}=40$，$p_1=2$，$p_2=1$。

式（3.17）可以写作：$(-F_{KK}^2/F_K^2+\alpha F_{KK}^2/F_K^2-\varepsilon_2\mu X_1/EK_1)\,dK_2=ds_2$，其中，$-\varepsilon_2\mu X_1/EK_1$ 表示利息补贴通过影响环境对现代农业部门的生产条件从而对资本使用量造成的影响，而 $-(1-\alpha)F_{KK}^2/F_K^2$ 表示的是利息补贴通过要素市场传导对资本使用量造成的影响。通过对上述改变参数的影响效果的比较分析，可以知道，利息补贴对现代农业部门资本使用量的影响主要通过环境质量变化产生，对要素市场的影响是较小的。解释如下：第一，对现代农业部门进行利息补贴实质上降低了其资本使用成本，现代农业部门可以使用更多的资本进行生产，即 $-F_{KK}^2/F_K^2 dK_2$ 部分；第二，由于现代农业部门劳动力吸收量由资本量决定，资本使用量增加会引起劳动力雇用数量增加，这会挤占一部分用于补贴利息的资金，因而现代农业部门的资本使用量又可能下降，即 $\alpha F_{KK}^2/F_K^2 dK_2$ 部分；第三，由于现代农业部门资本使用量呈上升趋势，引起城市部门资本雇佣量下降，因而城市部门生产规模下降，从而环境质量得到改善。在不降低产量的情况下，现代农业部门可以使用更少的要素投入进行生产，因而资本有可能流回城市，即 $-\varepsilon_2 \mu X_1/EK_1 dK_2$ 部分。由上面的模拟比较分析可以知道：劳动力使用对资本使用的挤占作用是可以忽略的，然而，通过环境质量改善引起资本回流城市部门的作用不能忽视。只有当现代农业部门的环境外部性较小时，即 ε_2 的值较小时，利息补贴可以促进现代农业部门的发展，同时环境质量得以改善。

以下验证命题3.2。令 $\varepsilon_2 = 0.5$，其他参数采用上面设定的基准值[1]，以每次提升0.1的幅度将现代农业部门的利息补贴率 s_2 从0提升至1，可以得到表3–7。由表3–7可知，模拟结果与式（3.17）相符。模拟的直观解释如下：对现代农业部门进行利息补贴实质上降低了其资本使用成本，当现代农业部门的环境外部性较小时，会使该部门资本使用量增加（第7列），从而城市部门资本使用量下降，导致对城市部门的生产产生负向影响，因而城市部门劳动力雇用数量和产量均下降，环境质量得以改善，这由表3–7的第1~4列可以看出。另外，由于现代农业部门的资本使用量增加，因而可以吸纳更多的劳动力。但是，可以发现，此时现代农业部门的工资比传统农业部门的工资低，这是由设定 $\varepsilon_2 = \varepsilon_3$ 且 $\eta = 1$ 造成的，可以推断，只有提高现代农业部门的工资才能吸引劳动力进入该部门，因而现代农业部门的工资提高。并且，由于要素使用量和环境质量均有正向变化，从而现代农业部门的生产得到改善。至于其他变量，由于参数设置与命题3.2中预设结果所需条件相反，因而结果相反，这与命题3.2亦相符。直观的解释为：由于传统农业部门面对更有利的环境条件，因而生产条件改善，从而工资水平上升，使劳动力更愿意留在该部门。另外，由于城市劳动力雇用数量减少，劳动力留在城市的就业机会下降，因而城市失业劳动力也会返回农村。这与现阶段我国出现的现代农业部门吸引劳动力返乡的情况是相一致的。

---

[1]　由于 $\bar{E} = 25$ 时候 E 会得到负值，从而无法进行之后的计算，这里将 $\bar{E}$ 设定为35。

表 3 – 7 提升现代农业部门的利息补贴率的效果

s_2	E	L_1	K_1	X_1	L_2	K_2	X_2	L_3	X_3	w_2	w_3	r	L_U
0.0	2.50	6.50	6.50	32.50	7.48	3.50	16.18	10.22	16.15	1.08	1.58	4.00	15.80
0.1	3.75	6.25	6.25	31.25	7.75	3.75	20.87	15.25	29.52	1.35	1.94	4.00	10.76
0.2	4.90	6.02	6.02	30.10	7.98	3.98	24.95	18.05	39.95	1.56	2.21	4.00	7.95
0.3	6.00	5.80	5.80	29.00	8.20	4.20	28.75	19.93	48.81	1.75	2.45	4.00	6.08
0.4	7.00	5.60	5.60	28.00	8.39	4.40	32.15	21.22	56.15	1.92	2.65	4.00	4.79
0.5	7.85	5.43	5.43	27.15	8.55	4.57	35.03	22.12	61.98	2.05	2.80	4.00	3.90
0.6	8.60	5.28	5.28	26.40	8.69	4.72	37.56	22.79	66.84	2.16	2.93	4.00	3.24
0.7	9.20	5.16	5.16	25.80	8.84	4.84	39.59	23.27	70.57	2.25	3.03	4.00	2.77
0.8	9.65	5.07	5.07	25.35	8.88	4.93	41.11	23.59	73.28	2.31	3.11	4.00	2.46
0.9	9.90	5.02	5.02	25.10	8.93	4.98	41.96	23.76	74.76	2.35	3.15	4.00	2.29
1.0	10.00	5.00	5.00	25.00	8.94	5.00	42.29	23.83	75.34	2.36	3.16	4.00	2.23

注：$\rho = 5$，$\varphi = 2$，$\psi = 1$，$\delta = 0.6$，$\sigma = 0.5$，$\eta = 1$，$\varepsilon_2 = 0.5$，$\varepsilon_3 = 0.5$，$\overline{E} = 35$，$\lambda = 1$，$\overline{w}_1 = 6$，$A_1 = 4$，$\alpha = 0.5$，$\overline{K} = 10$，$\overline{L} = 40$，$p_1 = 2$，$p_2 = 1$。

因此，在此情况下，对现代农业部门进行利息补贴使环境改善，并使城市部门资本使用量、劳动力雇用数量和产量均减少；使现代农业部门资本使用量、劳动力雇用数量和产量均增加，且工资水平上升；并在一定条件下使传统农业部门劳动力雇用数量增加、产量上升、工资水平上升，使城市失业率下降。至此，命题 3.2 的数值特征得以验证。

五、结　论

本章研究为现代农业的可持续发展提供了一个有益的参考。我们通过建立一个一般均衡模型，将现代农业、劳动力转移和环境保护三者联系在一起，进行理论与数值模拟研究。通过本章的研究可以发现，发展现代农业的过程中首先要解决资本问题，有了资本要素投入，现代农业就能从传统农业中分化出来。故而，本章着眼于资本在现代农业生产中的作用，利用比较静态分析方法分析了对现代农业进行补贴政策的环境效果和经济影响，共得到两个命题，通过这两个命题我们可以知道：利息补贴的环境效果要优于对其他要素价格补贴的效果。所以，对于环境问题比较突出的发展中国家，本章给我们的政策启示是：利息补贴政策应该优先于其他要素的价格补贴政策。至于相关的经济效果，则请读者对照有关的命题。

另外，本章除立意具有新意外，在研究方法上，本章对现代农业部门的工资设定 $w_2 = w_2(w_3, K_2)$ 亦具有创新性，这是在现代农业部门劳动要素的投入效率优于传统农业部门的基础上，对传统农业部门工资具有完全弹性的一般性假设的一种发展，希望对于今后相应的研究能够有所帮助。

参考文献

［1］邓启明：《基于循环经济的现代农业研究》，浙江大学出版社 2007 年版。

［2］邓蓉：《现代农业与循环经济：管理篇》，中国轻工业出版社 2010 年版。

［3］辛岭、蒋和平：《我国农业现代化发展水平评价指标体系的构建和测算》，载于《农业现代化研究》2010 年第 6 期。

［4］尹昌斌、周颖：《循环农业发展理论与模式》，中国农业出版社 2008 年版。

［5］Beladi, H. & R. Frasca, "Pollution Control under an Urban Binding Minimum Wage", *The Annals of Regional Science*, 1999, 33: 523 – 533.

［6］Beladi, H. & J. Rapp, "Urban Unemployment and the Backward Incidence of Pollution Control", *The Annals Of Regional Science*, 1993, 27: 153 – 163.

［7］Chaudhuri, S., "Labour Market Reform, Welfare and Unemployment in a Small Open Economy", *Keio Economic Studies*, 2006, 43: 1 – 17.

［8］Chaudhuri S., "Foreign Capital, Welfare and Urban Unemployment In The Presence of Agricultural Dualism", *Japan & the World Economy*, 2007, 19: 149 – 165.

［9］Copeland, B. & M. Taylor, "Trade, Spatial Separation, and the Environment", *Journal of International Economics*, 1999, 47: 137 – 168.

［10］Grossman, G. M. & A. B. Krueger, "Economic Growth and the Environment", *Quarterly Journal Of Economics*, 1995, 110: 353 – 377.

［11］Gupta, M. R., "Foreign Capital, Income Inequality and Welfare in Harris – Todaro Model", *Journal of Development Economics*, 1994, 45: 407 – 414.

［12］Gupta, M. R., "Informal Sector and Informal Capital Market In A Small Open Less – Developed Economy", *Journal of Development Economics*, 1997a, 52: 409 – 428.

［13］Gupta, M. R., "Foreign Capital and the Infornal Seetor: Comnents on chandra and Khan", Economics, 1997b, 64: 353 – 363.

［14］Harris, J. & M. Todaro, "Migration, Unemployment and Development: A Two – Sector Analysis", *American Economic Review*, 1970, 60: 126 – 142.

［15］Li X. & Q. Shen, "A Study on Urban Private Capital and the Transfer of Labor in the Modern Agriculture Sector", *Journal of Economic Policy Reform*, 2012, 15: 135 – 152.

［16］Li X. , Q. Shen, C. Gu & M. Ni, "Analyzing the Effect of Advanced Agriculture Development Policy", *Journal of Economic Policy Reform*, 2013, 16: 349 – 367.

［17］World Bank, "World Development Indicators: Energy Dependency, Efficiency and Carbon Dioxide Emissions", http: //data. worldbank. org. cn/indicator/EN. ATM. CO2E. PC/countries/A5 – CN? display = graph, 2014.

第四章
农业技术水平提升的环境效果分析

一、引 言

农业是中国国民经济的基础，农业生产技术在农业的发展历程中起着举足轻重的作用。自 20 世纪 70 年代以来，中国引入了一系列使用化肥、农药、农膜等要素的农业生产技术，农业技术水平开始显著提升并极大地提高了农业产量。党的十九大报告指出，"三农"问题是关系国计民生的根本性问题，必须始终把解决好"三农"问题作为全党工作重中之重，加快推进农业现代化。这对中国农业生产技术发展提出了进一步的要求。但是，在农业生产技术进一步发展的同时，随之而来的可能是更为严重的农业污染。

中国目前的农业污染相比工业污染形势更加严峻。从 2010 年《第一次全国污染源普查公报》来看，农业生产已经成为中国面源污染的第一大贡献者。其中，种植业总氮流失量、总磷流失量和地膜残留量分别为 159.78 万吨、10.87 万吨和 12.1 万吨，其中的地膜就是农业技术进步的产物。一方面，农业和技术的进步可观地提升了生产效率，促使农业现代化进程加快；另一方面，农业技术进步带来的污染性生产要素投入增多也可能造成更严重的环境污染。要进一步发展农业技术、推进农业现代化、解决"三农"问题，就必须研究农业技术水平提升的环境效应，为接下来的农业现代化进程提出政策性建议。本章拟利用 C–D 生产函数参数估计法测算全国各省份的技术进步率，结合统计资料，从农业技术水平提升的环境效果这一角度进行研究。

二、文献综述

在中国，有关农业污染的研究滞后于农业技术的发展。从 20 世纪 70 年代起，中国逐渐引进先进农业技术，但直到 80 年代才有学者注意到可能存在的问题。宋新民（1981）指出，氮磷化肥会对土壤造成硝化污染和放射性污染，农药会通过食物链带来污染。

20 世纪 80 年代到 2003 年是中国农业污染防治的重要发展时期，这期间农业"面源污染"的概念被提出。农业面源污染指的是农业生产过程中化肥、农药等污染性生产要素过度使用而形成的污染。2004 年，中国科学家在多年研究的基础上提出了"农业立体污染"这一全新的概念，意指农业系统中水体—土壤—生物—大气的立体交叉污染（章力建等，2005）。

农业技术水平的提升会对环境造成怎样的影响，近年来，有些文献关注了这个问题。大多数研究认为农业技术进步有利于改善环境。例如，葛继红、周曙东（2011）把农业面源污染的影响因素细分为经济规模、农业结构、技术进步、政策规制，结合江苏省 1978～2009 年的数据进行研究，得出技术进步总体上会减轻环境污染的结论；葛继红等（2012）又以化肥为例，得出技术进步对化肥面源污染具有负向影响，但不显著的结论；杨钧（2013）测算了 9 种能源消耗以及农药、农膜、化肥生产导致的碳排放量，得出农业技术进步显著增加了农业碳排放量，但显著降低了碳排放强度的结论。

事实上，农业技术进步对环境的影响可能是多方面的。虽然少有学者从农业的角度构建技术进步与环境污染之间关系的理论模型，但有一些研究是从广义或是工业的角度分析两者间的关系的。樊海潮（2019）把生产技术分为污染型和清洁型，在经济发展初期，污染型生产技术占主导地位，环境因而不断恶化，只有当经济发展达到一定阶段后，政府进行环境规制，清洁型技术才会发展，环境才会好转。白俊红、聂亮（2017）结合 2000～2012 年 30 个省份的面板数据，利用门槛回归模型，验证了工业技术进步与环境污染之间存在倒"U"型关系的假说。陈阳等（2019）把中国 285 个城市 2003～2016 年的数据作为研究样本，得出近年来中国技术进步属于绿色技术创新，因而具有能源节约、产业升级、人口集聚三种效应，可以有效减少环境污染的结论。

本章认为，与工业相比，农业的情况有一些特殊之处。工业污染主要是点污染，有源头可循，政府较容易采取罚款、收税等方式进行环境规制，逼迫企业研发环境友好型技术。农业污染则多为面源污染或立体污染，作用时间长、扩散范围大，政府无法有针对性地进行环境规制。因此，本章认为，在当今中国，农业技术进步仍然以污染型技术进步为主，农业技术水平提升总体上具有负向的环境效果。

与之前的研究相比，本章的不同之处在于：（1）以往的研究大都认为技术进步对环境具有改善作用，但本章通过实证研究发现，近年来农业技术进步总体上只能减轻化肥污染，而会加重农药、农膜残留的污染，这就需要国家今后完善农药、农膜的相关政策，同时采取补贴等方式，促进环境友好型生产技术的发展。（2）以往的研究重点关注化肥、农药流失带来的农业污染，而对农膜残留造成的污染关注度不足，本章同时对这三者进行了研究。（3）在农业污染的指标选取方面，本章还使用了熵权法，引入了一个更加客观和综合的农业环境污染指标，能更全面地表示农业污染。

三、农业技术进步率的测算

（一）农业技术进步率测算方法

由于本章研究的对象是农业技术水平提升的环境效果，因此，首先需要对农业技术进步率进行测算。基于顾焕章（1994）对于各种测定方法的评价，本章采用C－D生产函数参数估计法进行测算。

一个农业 C－D 生产函数的一般形式为：

$$Y = AK^{\alpha}L^{\beta}D^{\gamma}$$

其中，Y 为农业实际总产值；K 为投入的资本；L 为投入的劳动力；D 为投入的土地要素；A 为表示技术进步的项。

对生产函数两边取对数，可得：

$$\ln Y = \ln A + \alpha \ln K + \beta \ln L + \gamma \ln D \tag{4.1}$$

式（4.1）两边分别对时间 t 求导，可得：

$$\frac{1}{Y}\frac{dY}{dt} = \frac{1}{A}\frac{dA}{dt} + \alpha\frac{1}{K}\frac{dK}{dt} + \beta\frac{1}{L}\frac{dL}{dt} + \gamma\frac{1}{D}\frac{dD}{dt} \tag{4.2}$$

当计算各项前后两年的变化率时，取 $t=1$，式（4.2）变为：

$$\frac{\mathrm{d}Y}{Y} = \frac{\mathrm{d}A}{A} + \alpha\frac{\mathrm{d}K}{K} + \beta\frac{\mathrm{d}L}{L} + \gamma\frac{\mathrm{d}D}{D}$$

即：

$$\frac{\mathrm{d}A}{A} = \frac{\mathrm{d}Y}{Y} - \alpha\frac{\mathrm{d}K}{K} - \beta\frac{\mathrm{d}L}{L} - \gamma\frac{\mathrm{d}D}{D} \qquad (4.3)$$

式（4.3）中，$\frac{\mathrm{d}A}{A}$ 为全要素生产率的年增长率，用来表示相比前一年的农业技术进步率；$\frac{\mathrm{d}Y}{Y}$、$\frac{\mathrm{d}K}{K}$、$\frac{\mathrm{d}L}{L}$、$\frac{\mathrm{d}D}{D}$ 分别为农业实际总产值、资本投入量、劳动力投入量、土地投入量的年增长率；α、β、γ 分别为资本、劳动力、土地的要素产出弹性。

因此，根据式（4.1），需要建立以下回归方程估计 α、β、γ 的取值：

$$\ln Y = C + \alpha\ln K + \beta\ln L + \gamma\ln D + \varepsilon \qquad (4.4)$$

其中，C 为回归方程常数项；α、β、γ 为待估计的参数；ε 为回归方程误差项。

（二）变量选取与数据来源

本章使用的数据均来自 2000～2018 年的《中国农村统计年鉴》以及全国 31 个省份的省级统计年鉴。考虑到年鉴中的数据是前一年的统计资料，所以本章采用的实际上是中国 31 个省份 1999～2017 年的数据。

回归方程式（4.4）中变量的数据选取方式如下：

农业实际总产值（Y）利用《中国农村统计年鉴》中的历年农林牧渔业总产值和相应的价格指数，统一折算成以 1990 年不变价计算的农林牧渔业总产值。

资本投入量（K）采用《中国农村统计年鉴》中的农业中间投入物质消耗指标。考虑到它属于总产出的一部分，价格指数变动方向和总产出大致相同，本章参考蒋和平（2001）的做法，利用以下公式折算：

$$资本投入量 = \frac{以\ 1990\ 年不变价格计算的农业总产值}{以当年价格计算的农业总产值} \times \begin{array}{c} 以当年价格计算的 \\ 物质消耗 \end{array}$$

由于从 2003 年起，物质消耗项下的"对物质生产部门的服务支出"调至"生产服务支出"项下，为了保持统计口径，本章对 1999～2002 年度的物质消耗数据进行该项的扣除处理。而自 2010 年起，《中国农村统计年鉴》中不再统计各省份的物质消耗，只有全国层面的指标，所以只能通过全国物质消耗占中间投入的占比乘以各地区的中间投入估算得到。

劳动力投入量（L）采用各省份历年统计年鉴中的农林牧渔业从业年底人数近

似表示。

土地投入量（D），虽然顾焕章（1994）指出采用耕地面积比播种面积更好，但鉴于国土资源部每10年统计一次各省份的耕地面积，1999～2017年间该指标变化不大，所以退而求其次，用《中国农村统计年鉴》中的各省份作物总播种面积来代替。

在参数估计完成后，将所得的结果代入式（4.3），计算出每年的全要素生产率增长率，作为表示农业技术进步率的指标。

回归方程式（4.4）中涉及的变量描述性统计分析如表4-1所示。

表4-1　　　　　　　　主要变量描述性统计分析（1）

变量名称	农业实际总产值（亿元）	农业物质资本消耗（亿元）	农林牧渔业年底从业人数（万人）	农作物总播种面积（千公顷）
平均值	729.96	260.09	987.40	5 128.68
标准差	580.68	215.71	750.24	3 593.37
最大值	3 162.06	1 160.08	3 564.00	14 767.60
最小值	27.20	6.16	37.09	120.90
截面数	19	19	19	19
观察值	589	589	589	589

（三）农业技术进步率测算结果

本章用来测算农业技术进步率的数据为省级面板数据。面板数据的回归方法包括混合回归、固定效应、随机效应模型三种，需要进行统计检验，以确定使用哪种模型。

F检验和豪斯曼（Hausman）检验所得的p值都大于0.05，所以应当选择固定效应模型。回归结果如表4-2所示。

根据表4-2中的回归结果（1），固定效应模型的R^2-within为0.9728，非常接近1；资本、土地对数项的系数都在5%的显著性水平下显著，而劳动对数项的系数不显著。因此，将劳动对数项去除，重新回归，得到的结果如表4-2中回归结果（2）所示。

可以看出，重新回归后资本对数、土地对数、截距项的系数变化不大，说明之前设定的生产函数是稳健的，指标选取是有效的，应该在模型中放入劳动力变量，采用表4-2中的回归结果（1）。

表 4 - 2 参数估计结果

变量名称	回归结果（1）	回归结果（2）
lnK	0.5528742 ** (0.1306716)	0.5779048 *** (0.1283071)
lnL	0.0610332 (0.060141)	
lnD	0.1971561 *** (0.083608)	0.2047974 ** (0.0822485)
Cons	1.128443 ** (0.5321306)	1.348559 *** (0.4489824)
R^2-within	0.9728	0.9725
F-statistic	123.47	184.41
Prob > F	0.0000	0.0000

注：括号中的数字为稳健标准误；*、**、*** 分别表示回归系数在 10%、5%、1% 的显著性水平下显著。下同。

因此，可以认为参数估计所得的 α、β、γ 分别约为 0.55、0.06、0.20，即农业生产函数中资本、劳动力、土地的产出弹性分别为 0.55、0.06、0.20。这和中国的农业要素禀赋现实较为一致，因为中国人均耕地面积稀缺，而农业也已经过了刘易斯拐点，农村劳动力成本逐渐上升，所以中国农业生产主要靠的是资本投入，资本产出弹性在所有要素中最高。

将估算所得系数代入式（4.3），即可计算出 2000 ~ 2017 年各省份每年的技术进步率，进而转换为以 1999 年为基准的技术进步率指数。

用式（4.3）测得的 2000 ~ 2017 年技术进步率描述性统计如表 4 - 3 所示。

表 4 - 3 　　2000 ~ 2017 年农业技术进步率指数描述性统计分析
（设 1999 年 =1）

年份	平均值	标准差	最小值	最大值	观察值
2000	1.026	0.068	0.912	1.343	31
2001	1.045	0.075	0.901	1.384	31
2002	1.078	0.080	0.975	1.414	31
2003	1.114	0.107	0.845	1.427	31
2004	1.147	0.115	0.975	1.516	31
2005	1.166	0.111	1.027	1.507	31
2006	1.197	0.125	0.959	1.577	31

续表

年份	平均值	标准差	最小值	最大值	观察值
2007	1.229	0.133	1.009	1.649	31
2008	1.245	0.134	1.034	1.673	31
2009	1.251	0.138	1.025	1.665	31
2010	1.273	0.136	0.973	1.727	31
2011	1.298	0.139	0.986	1.748	31
2012	1.332	0.146	0.999	1.802	31
2013	1.363	0.153	1.015	1.838	31
2014	1.396	0.158	1.033	1.881	31
2015	1.421	0.167	1.050	1.923	31
2016	1.446	0.168	1.089	1.938	31
2017	1.494	0.189	1.082	1.996	31

表4－3显示，2000～2017年中国各省份农业技术进步率指数的平均值从1.026稳步上升为1.494，呈现逐年提升的趋势。此外，标准差也由一开始的0.068逐渐扩大为0.189，说明在这18年间，各省份间农业生产技术水平的发展程度不均，并且差距有越来越大的趋势。

考虑到中国在地理上分为华北、华南、华中、华东、东北、西北、西南七大行政区域，这七大区域内部自然地理条件大致相近，所以，可以在七大区域内各取一个代表性省份，用以代表该区域的农业技术进步情况。

部分代表性省份的技术进步率指数如表4－4所示。

表4－4　　七大区域代表性省份农业技术进步率指数（设1999年=1）

年份	北京	广东	湖北	江苏	辽宁	陕西	四川
2000	1.062654	0.993906	1.014166	1.342923	0.978454	1.026931	1.04809
2001	1.095453	1.036966	1.030801	1.383902	0.989139	1.051901	1.063514
2002	1.1683	1.054361	1.05916	1.414476	1.036476	1.084602	1.091499
2003	1.224405	1.149055	1.069465	1.427137	1.08911	1.114663	1.077558
2004	1.225691	1.171602	1.102672	1.516059	1.126967	1.160214	1.099931
2005	1.229762	1.200025	1.119116	1.506661	1.155769	1.198041	1.120772
2006	1.251232	1.256469	1.158913	1.577381	1.21041	1.253857	1.138891
2007	1.219402	1.27485	1.187821	1.649412	1.224359	1.304943	1.160159

续表

年份	北京	广东	湖北	江苏	辽宁	陕西	四川
2008	1.197525	1.286306	1.221899	1.67285	1.257101	1.338522	1.15578
2009	1.225414	1.284159	1.185844	1.664686	1.235389	1.332992	1.184195
2010	1.242807	1.293375	1.215295	1.727173	1.235035	1.376109	1.263218
2011	1.257983	1.312222	1.240376	1.748208	1.268427	1.414558	1.28296
2012	1.300948	1.340886	1.253341	1.801614	1.301096	1.458404	1.314908
2013	1.360483	1.362966	1.286601	1.837788	1.334289	1.494401	1.344383
2014	1.420947	1.390541	1.32099	1.880948	1.355408	1.535271	1.37632
2015	1.391149	1.416635	1.367666	1.9225	1.381324	1.570186	1.35954
2016	1.371723	1.438667	1.418897	1.937575	1.351779	1.60276	1.385584
2017	1.402954	1.505377	1.459857	1.996374	1.370709	1.661874	1.505137
几何平均值	1.254426	1.257097	1.199728	1.655057	1.209971	1.318165	1.213733
年均技术进步率（%）	1.65	2.47	2.17	2.36	2.00	2.87	2.15

从表4－4可以看出，江苏农业技术进步率指数的几何平均值最大，而江苏农业在整个华东地区具有较强的代表性，所以一定程度上可以认为华东地区的农业技术进步率最高。这和现实情况也是符合的，华东地区的经济发展水平在全国相对是最高的，有更多的资金去研究和改进农业技术，因而农业技术水平高。其他省份的情况也和现实基本符合，说明用式（4.3）测算得到的农业技术进步率可信度比较高，可以用该指标进行下一步的分析。

此外，从时间维度上来看，2000～2017年，虽然个别省份的农业技术进步率指数有些波动，但这些代表性省份的指数总体上呈现平稳上升的趋势，年均农业技术进步率都在2%左右，因此，可以认为在这18年间，中国七大地理区域的农业技术水平总体是上不断进步的。

四、农业技术水平提升的环境效果假说及实证分析

（一）农业技术水平提升的环境效果机制及假说

在测算完农业技术进步率后，接下来需要研究农业技术进步和农业环境污染之

间的关系，所以先要分析两者之间可能的作用机制。

以往并未有学者直接研究农业领域的技术对环境的作用机制，但有一些学者研究了广义层面上的技术进步与环境质量之间的关系。其中，樊海潮（2009）假设经济中存在生产技术和污染减排技术这两种技术，把劳动力作为唯一的生产要素，在消费者效用理论和一般均衡分析的基础上，得出了两条均衡增长路径：一是在经济发展初期，技术进步仅仅表现为环境污染型生产水平的进步，环境质量持续恶化；二是当经济增长达到一定水平，环境质量也恶化到一定水平，此时消费者环境质量的边际效用增加，对环境质量的要求变得严格，从而向政府施压，在政府的规制作用下，污染减排技术得到发展，环境质量逐渐好转。

在农业领域，生产技术可分为作物品种选育技术、生物化学增产技术、节水灌溉技术、农业科技信息服务技术等类型，其中，一部分属于环境污染型生产技术，另一部分则为环境友好型生产技术。根据顾焕章（2003）的论述，不同的农业技术的公共属性不同。常规技术，如化肥、农药的技术，已经普遍公开，公共品属性强，普通农户普遍会使用这类技术；高新技术，如农业科技信息服务技术和转基因育种技术，其私人物品属性更强，需要企业帮助研发投入，而且知识产权对此类技术的保护力度大，因而普通农户较少使用高新技术。

结合中国现实情况以及樊海潮（2009）、顾焕章（2003）的理论研究，本章对农业技术进步对农业环境污染的作用方向提出以下假说：由于各类农业技术的公共属性程度各不相同，农户使用这些技术的频率也各不相同。目前中国的农业技术进步仍然以生物化学增产技术进步为主，即依靠化肥、农药、农膜投入的污染性生产技术的进步占主导地位，所以农业技术进步总体上使环境不断恶化。

除了农业技术进步，其他一些因素也会对农业环境污染造成影响，包括地区人均经济水平、农业结构、农村人力资本水平等。本章对于这些变量对环境可能的影响，提出以下假说：

（1）在农业中，环境库兹涅茨曲线（EKC）假说也能得到验证，即农业污染随着地区人均经济水平不断增长，呈现先加重后逐渐减轻的趋势。

（2）随着种植业在农业总产值中比重的增加，农民对化肥、农药、农膜的需求量逐渐增多，因此，这些污染性生产要素的单位面积施用量会增加，农业环境污染也会随之加重。

（3）随着农村人力资本水平的提升，农民对农业污染的认知程度逐渐加深，同时，也有资质使用更具效率的环境保护型高新农业技术来替代常规生产技术。因此，农民将不再一味地使用农药、无机肥等环境污染型生产要素，环境污染会逐渐减轻。

（二）使用的模型及数据

综上所述，将计算出的农业技术进步率作为解释变量，将农业环境污染作为被解释变量，可以建立以下回归方程：

$$Pollution = \delta tech + \theta_1 \ln(p\_gdp) + \theta_2 \ln^2(p\_gdp) + \theta_3 ind\_s + \theta_4 \ln(h\_cap) + \mu$$

$$(4.5)$$

其中，$Pollution$ 为农业环境污染；$tech$ 为农业技术进步率；δ 为 $tech$ 项前面的系数，表示农业技术进步对环境污染的作用方向；$\ln(p\_gdp)$ 为地区人均经济水平的对数项；θ_1、θ_2 用来验证农业中环境库兹涅茨曲线是否成立，ind_s 表示农业产业结构；θ_3 为产业结构项的系数；h_cap 表示农村人力资本水平；θ_4 为人力资本项的系数；μ 为回归误差项。

回归方程式（4.4）中变量的选取方式如下：

（1）农业环境污染（$Pollution$）。根据学术界主流观点，农业污染主要包括种植业带来的农药、农膜、化肥污染，以及养殖业带来的饲料流失、动物粪便排放，前者占主导地位。但这些污染存在质的差异，并不能简单相加，所以本章根据袁平（2010）的研究，把单位农作物播种面积的化肥施用量（$fertil$）、农膜施用量（$plastic$）、农药施用量（$pesticide$）分别作为农业环境污染的代理变量。

（2）农业技术进步率（$tech$）。因为由式（4.3）计算出的 TFP 每年增长率是以上一年为基准的，所以还要统一折算成以 1999 年为基准的 TFP 增长率。设 1999 年的基准为 1，将每年的增长指数相乘即可获得具有可比性的农业技术进步率指数。

（3）经济发展水平（p_gdp）。用各省份统计年鉴中的人均生产总值表示，统一用指数平减成以 1999 年不变价表示的人均生产总值。为了减轻异方差可能造成的回归偏误问题，要取对数分析。

（4）农业产业结构（ind_s）。考虑到农业面源污染主要来自种植业，所以用各省份以 1990 年不变价计算的种植业总产值占农业总产值的比重表示。

（5）人力资本（h_cap）。基于《中国农村统计年鉴》中的"各地区农村居民家庭劳动力文化状况"指标得到。为了使指标更具可比性，本章将"不识字或识字很少"设为 0，"小学程度"设为 6，"初中程度"设为 9，"高中程度"和"中专程度"设为 12，"大专及大专以上"设为 16，使用以下公式进行折算：

$$各地区农村家庭平均受教育年限 = 不识字人数 \times 0 + 小学程度人数 \times \frac{6}{100}$$

$$+ 初中程度人数 \times \frac{9}{100} + \frac{高中和中专}{程度人数} \times \frac{12}{100} + \frac{大专及以上}{程度人数} \times \frac{16}{100}$$

因为《中国农村统计年鉴》中只统计了该指标 2013 年之前的情况，2013 年之后年份的数据无法经过别的统计资料估算得到，所以只能使用 2000～2012 年的数据进行回归。为了减少异方差，也需要对该变量取对数值进行回归。

回归方程式（4.5）中涉及的变量描述性统计分析如表 4－5 所示。

表 4－5　　　　　　主要变量描述性统计分析（2）

变量名称	平均值	标准差	最大值	最小值	截面数	观察值
人均实际生产总值（亿元）	16 891.92	12 787.02	78 279.28	2 648.25	13	403
农业产业结构（%）	48.35	9.64	74.74	29	13	403
农村家庭平均受教育年限（年）	7.92	1.22	10.58	2.28	13	403
单位面积化肥施用量（万吨/千公顷）	0.0325	0.0179	0.0108	0.312	13	403
单位面积农药施用量（吨/千公顷）	11.2	15.72	281.7	1.44	13	403
单位面积农膜施用量（吨/千公顷）	14.31	11.94	60.49	0.55	13	403

从表 4－5 可以看出，各个指标的最小值和最大值之间差异较大，这是因为各省份的各指标之间水平差异大，并且各指标在 2000～2012 年发生了比较大的变化，因此在回归的时候可能需要同时考虑到个体效应和时间效应。

（三）农业技术水平提升的环境效果实证分析

1. 农业技术水平提升的环境效果回归分析

要分析农业技术水平提升的环境效果，可以先把化肥、农膜、农药单位面积施用量作为环境污染的代理变量进行回归。由于控制变量中的人力资本 2013～2017 年数据缺失，所以只能用 2000～2012 年的数据进行分析。

在对面板数据进行回归之前，需要先对数据作平稳性检验，以防出现伪回归。本章使用的面板数据时期为 13 年，每一年有 31 个省份，属于短面板数据，针对这种数据较为成熟的检验方法有 LLC 检验法，检验所得的 p 值如表 4－6 所示。

表 4－6　　　　　　　　　变量平稳性检验

检验方法	tfp	$\ln(p\_gdp)$	$\ln^2(p\_gdp)$	ind_s	$\ln(h\_cap)$
LLC	0.0000	0.0000	0.0000	0.0000	0.0001

所有解释变量的 p 值都在 1% 的置信度下拒绝了原假设，说明解释变量均不存在单位根，可以直接进行回归，无须进行差分运算。

另外，在回归之前，仍然要在三种模型之间进行择优。

首先，在混合回归和固定效应模型之间选择，以化肥、农药、农膜的单位面积施用量为被解释变量的 F 检验值如表 4－7 所示。

表 4－7　　　　　　　　　F 检验结果

检验统计量	化肥	农药	农膜
F-statistic	43.29	60.90	41.25
p 值	0.000	0.000	0.000

其次，需要决定选用固定效应模型还是随机效应模型，检验结果如表 4－8 所示。

表 4－8　　　　　　　　　Hausman 检验结果

检验统计量	化肥	农药	农膜
chi-statistic	8.19	33.96	25.63
p 值	0.9622	0.0085	0.0814

根据表 4－7，三者的 p 值都小于 0.05，因此个体间的固定效应十分明显，应当使用固定效应模型。

根据表 4－8，只有农药作为被解释变量的 p 值大于 0.05，在 5% 的显著性水平下可以拒绝原假设，说明使用固定效应模型更好。而化肥、农膜的 p 值都大于 0.05，不能拒绝原假设，即认为使用两种模型没有显著差别。但考虑到本章使用的是省级面板数据，而中国幅员辽阔，各省份之间在地理条件、人文风俗等方面存在较大差异，所以应当考虑各省份之间存在的个体效应，使用固定效应模型更为合适。

除了考虑各省份间的个体效应，为了减少回归偏误，还应该考虑时间效应。因为 2000～2012 年间存在 13 年的跨度，所以还应当在回归方程中加入 12 个时间虚拟变量，代表不同的年份。本章分别用 $d2001$、$d2002$、$\cdots$、$d2012$ 来表示时间虚拟变量，取值为 1 则代表是当年的数据，取值为 0 则代表不是。因此，回归方程可以进一步变为：

$$Pollution = \delta tech + \theta_1 \ln(p\_gdp) + \theta_2 \ln^2(p\_gdp) + \theta_3 ind\_s + \theta_4 \ln(h\_cap) + D'\mu + e$$

$$(4.6)$$

其中，$D = (d2001, d2002, d2003, \cdots, d2012)$，为一个 12 维向量；$D'$ 为 D 的转置向量；μ 为一个 12 维的系数向量，对应各时间虚拟变量项的系数；e 为回归误差项。

加入时间虚拟变量的回归结果如表 4 - 9 所示。

表 4 - 9 固定效应回归结果

变量名称	（1）化肥	（2）农药	（3）农膜
$tech$	− 0. 323453 ** （0. 1549319）	0. 7701932 *** （0. 1705786）	1. 811835 *** （0. 2611345）
$\ln(p\_gdp)$	0. 9930274 *** （0. 3578937）	2. 137379 *** （0. 3940375）	1. 24687 ** （0. 6032223）
$\ln^2(p\_gdp)$	− 0. 024904 （0. 019138）	− 0. 0985132 *** （0. 0210707）	− 0. 0661444 ** （0. 0322567）
ind_s	0. 2284982 （0. 3724271）	0. 3006229 （0. 4100387）	3. 393014 *** （0. 627718）
$\ln(h\_cap)$	0. 0353986 （0. 2227313）	− 0. 9409043 *** （0. 245255）	2. 272828 *** （0. 3754089）
$d2001 \sim d2012$	*	**	**
$Cons$	− 10. 41907 *** （1. 842705）	− 10. 08603 *** （2. 028801）	− 12. 15939 *** （3. 105841）
R^2-within	0. 4215	0. 5480	0. 5810
F-statistic	15. 21	25. 32	28. 96
Prob > F	0. 0000	0. 0000	0. 0000

表 4 - 9 的第（1）列至第（3）列分别给出了以化肥、农药、农膜单位播种面积施用量为解释变量的回归结果。

先分析表 4 - 9 第（1）列的结果，技术进步项的系数约为 - 0. 323，并且在 5% 的水平下显著，因此，可以认为农业生产技术每进步 1%，化肥单位面积施用量会减少约 0. 323% 。这和葛继红等（2012）的研究结论一致。而人均生产总值对数项的系数约为 0. 993 并且显著，对数平方项的系数约为 - 0. 025 但不显著，说明随着地区经济水平的提升，化肥污染会增加，但是否到达某个转折点后会减少则不清楚。农业产业结构项的系数约为 0.228，人力资本对数项的系数约为 0.035，但都不显著。

表 4-9 第（2）列、第（3）列的研究是葛继红等（2012）没有涉及的。根据第（2）列的结果，我们发现，技术进步项的系数约为 0.770，且在 1% 的水平下显著，说明农业技术水平的提升会显著增加农药污染。人均生产总值对数项的系数约为 2.137，对数平方项的系数约为 -0.099，二者均在 1% 的水平下显著。这说明对于农药污染来说，环境库兹涅茨曲线是成立的，即随着地区经济水平的提升，农药污染先逐渐上升达到顶峰，再逐渐下降。农业产业结构的系数约为 0.301，但不显著。人力资本对数项的系数约为 -0.941，表明随着农民受教育程度的增加，农药污染会显著减少。

表 4-9 第（3）列的结果中，技术进步项的系数约为 1.811，在 1% 的水平下显著，表明农业技术进步也会显著增加农膜污染。人均生产总值对数项的系数约为 1.247，对数平方项的系数约为 -0.066，且都在 1% 的水平下显著。这说明和农药污染类似，农膜污染也与环境库兹涅茨曲线的理论相符，存在一个开口向下的"U"型曲线关系。对于农膜污染来说，农业产业结构和农村人力资本的影响都是在 1% 的水平下显著为正的，即随着种植业在农业中比重的增加，或是农民受教育程度的提升，农膜污染会显著增加。

那么，造成以上结果的原因是什么呢？首先，分析农业技术水平提升存在上述环境效果的原因。农业技术进步会显著减少化肥污染，这可能是因为随着化肥施用量的逐年增多，化肥对农作物产量的边际效应逐渐减少，这迫使农民改进生产方式，如采用"精准施肥"的方式，铺设导管，在农作物的根部直接滴入化肥、促进吸收，这样一来，就提高了化肥的使用效率，从而减少未能被利用的化肥带来的面源污染。相反，农业技术进步会显著增加农药和农膜污染，这可能是因为大多数农作物具有经济价值的部分都在叶片和果实，分布面积大，农药无法像化肥一样做到精准滴灌，只能粗放式地投入，因而农业技术进步对农药利用效率的改善作用很小。此外，近年来，农业技术进步有很大一部分集中在信息化温室栽培技术的改进上，如用大量的塑料薄膜建成农业生产基地，并用先进的设备布置成管理网，对温室中的农作物进行全方位监测和智能化管理。这些技术手段能极大地提高生产效率，实现农业的机械化、智能化、信息化，但前期也需要投入大量的基础建设材料，其中就包括农膜。

其次，分析其他变量对环境污染的影响及原因。在三种回归结果中，人均生产总值对数项的系数都为正，而其对数的平方项系数都为负，说明环境库兹涅茨曲线假说在农业污染中也得到了验证，和许多学者的研究结论一致。产业结构和农村人力资本对化肥、农药、农膜污染的影响各不相同。回归分析显示，种植业在农业中的占比增加对化肥、农药污染的影响为正，且都不显著，但能显著增加农膜污染的程度，这和现实中的情况是相符的，因为种植业对化肥、农药、农膜的需求程度在农业中最高，并且现代化农业需要使用大量农膜。农村人力资本对化肥污染的影响为正，但不显著，这可能是因为化肥在当今农业生产中是必需品，不管农业生产者受教育程度多高，都因为土地肥力的缺失而不得不使用化肥辅助生产。农村人力资本对农药污染的影响显著为负，这可能是因为近年来"绿色农产品"的概念开始兴起，人们对于健康食品的需求猛增，而受教育程度高的农民对农药的危害有更为全面的认识，所以在生产过程中有意识地减少了农药的使用。农村人力资本对农膜污染的影响显著为正，可能是由于之前提到的信息化温室栽培技术的推进，而受教育程度高的农业生产者能更为熟练地使用先进的生产技术，所以随着人均受教育水平的提高，对于农膜的需求会越来越强。

2. 使用熵权法的环境效果回归分析

已有文献大多采用单元调查法（葛继红、周曙东，2011）、单位播种面积的化肥投入量（葛继红、周曙东，2012）或污染系数法（李雪娇等，2017）作为农业污染的测算指标，这些方法有些单一，还应使用更为综合的指标来分析农业技术进步对农业污染的影响。由于化肥、农药、农膜这三种污染源的性质和量纲不同，无法简单相加，所以本章采用一种客观的赋权法——熵权法，根据各指标的变异程度给它们分别赋以权重，得到一个农业环境污染综合指标。

研究使用的数据有 13 个截面，由于各变量时间效应的存在，所以对面板数据总体赋权不太合适，而应该对每个截面的数据分别赋以权重。

首先，对一个截面内 31 个省份的化肥、农药、农膜单位面积施用量指标分别作标准化处理：

$$X_{ij} = \frac{\alpha_{ij} - \min(\alpha_j)}{\max(\alpha_j) - \min(\alpha_j)} + 1$$

等式右边加 1 是因为后期需要对 X_{ij} 取对数，防止出现值为 0 无法取对数的情况。其中，i 表示每一年的 31 个省份编号，j 表示第 j 种农业污染源，$j = 1,2,3$。

其次，计算出第 j 种污染源的熵值：

$$p_j = -\frac{1}{\ln(31)} \sum_{i=1}^{31} \frac{X_{ij}}{S_{ij}} \ln \frac{X_{ij}}{S_{ij}}$$

其中，$S_{ij} = \sum_{i=1}^{31} X_{ij}$，即 31 个省份第 j 种农业污染源的总和。

最后，计算出第 j 种污染源的熵权：

$$w_j = \frac{1 - p_j}{\sum_{j=1}^{3}(1 - p_j)}，满足 \sum_{j=1}^{3} w_j = 1$$

计算出熵权 w_j 后，可对 j 种污染源分别赋以权重 w_j，计算出第 i 个省份的农业污染综合指标：

$$e_i = \sum_{j=1}^{3} w_j \frac{X_{ij}}{\sum_{i=1}^{31} X_{ij}}$$

计算得到的各省份农药污染综合指标 e_i 在 1% 的显著性水平下通过了平稳性检验。面板数据 F 检验在 5% 的水平下显著，豪斯曼检验不能拒绝原假设，因此将 e_i 作为被解释变量，分别建立固定效应和随机效应模型，回归结果如表 4 – 10 所示。

表 4 – 10　　　　　　　　环境污染综合指标回归结果

变量名称	（1）固定效应	（2）随机效应
tech	0.0058609 *** (0.0015055)	0.0057977 *** (0.0014362)
ln（*p_gdp*）	0.019135 *** (0.0034776)	0.0180113 *** (0.0034807)
$\ln^2$（*p_gdp*）	– 0.0009334 *** (0.000186)	– 0.0007312 *** (0.00018)
ind_s	0.0037897 (0.0036189)	0.0028191 (0.0032912)
ln（*h_cap*）	– 0.000289 (0.0021643)	– 0.0029009 * (0.0017563)
*d*2001 ~ *d*2012	**	***
cons	– 0.0717696 *** (0.0179055)	– 0.0830314 *** (0.0173818)
R^2-within	0.1291	0.1132
R^2-between	0.2470	0.5914
R^2-overall	0.2224	0.5512
F-statistic	3.10	—
Prob > F	0.0000	—
chi2-statistic	—	79.79
Prob > chi2	—	0.0000

从表 4 - 10 可以看出，固定效应模型和随机效应模型中，各回归项的系数十分接近，显著性水平也差别不大。在两个模型中，农业技术进步项的系数都显著为正，这说明 2000～2012 年，中国农业技术进步还是以环境污染型生产技术为主，总体上给环境带来的是负外部性。人均实际生产总值对数项和对数平方项的系数都显著，为一正一负，又一次验证了环境库兹涅茨曲线的存在。根据回归项的系数，可大致算出固定效应模型和随机效应模型的转折点分别为 28 282.5 元和 233 281.2 元。如果按前一个标准算，截至 2017 年，仍有 8 个省份没有达到这个水平，集中在中国的中西部地区；如果按后一个标准算，目前暂时没有省份达到这个水平；如果按对数的折中水平算，即 80 000 元左右，截至 2017 年，也仅有 2 个省份达到了这个经济发展水平，分别是天津和上海。虽然这只是粗略的计算，但也可以看出，在将来很长一段时间里，中国农业污染还会继续加剧。

另外，种植业在农业中所占比例的系数虽然不显著，但都为正，而农村人力资本积累系数在 10% 的显著性水平下为负，这也和本章第三部分的假设一致。所以，总的来说，本章第三部分的假设都得到了验证，农业技术水平提升对环境质量总体上有一个负向的影响。

五、结　论

本章通过 C - D 生产函数参数估计法，首先测算了 2000～2017 年中国 31 个省份的农业技术进步率；其次使用带有时间虚拟变量的固定效应模型，分别将化肥、农药、农膜单位面积施用量作为被解释变量，分析了 2000～2012 年农业技术水平提升对环境的影响；最后使用熵权法，得出了一个较为客观的农业污染综合指数，以此作为被解释变量进行回归，也得到了与之前类似的回归结果。

因此，我们可以得到以下初步认识：（1）目前中国农业技术进步的关注点集中于农产品产量的提升，却忽略了技术进步可能对环境带来的负面影响；（2）虽然随着经济水平的发展，各省份农业污染可能会达到一个水平后逐渐下降，但目前大部分省份的经济发展水平离这个转折点还很远；（3）农业产业结构的变化和农村人力资本水平的提升对减轻农业污染有一定的作用，但不够明显。总体而言，目前中国农业污染形势不容乐观。

本章的研究也有一些不足之处。第一，由于 2013～2017 年部分数据的缺失，本章的研究只涵盖了 2000～2012 年，由此得出的结论可能不够全面。第二，本章采用 C - D 生产函数法测算出的农业技术进步率，是建立在技术进步中性的前提上的，但实际生活中，农业技术进步也有很大一部分是资本偏向型或土地偏向型技术进步，本章未能对这些偏向性技术进步进行分解，因此测得的技术进步率不够精确，对回归系数可能造成一定的影响。第三，本章使用的数据是省级面板数据，样本量有限，回归分析只能得到各省份或全国层面的总效应。

党的十九大报告指出，日前中国的"三农"问题仍未得到解决，在接下来5～10年的时间里仍然是国家工作的重点，因此，在进一步推进农业现代化的同时，我们也要加快研发环境友好型农业生产技术，通过教育提高农业人力资本积累，采用一些预防性措施减轻农业环境污染，避免走上与中国工业发展类似的"先污染后治理"的老路。

参考文献

［1］白俊红、聂亮：《技术进步与环境污染的关系——一个倒 U 形假说》，载于《研究与发展管理》2017 年第 29 卷第 3 期。

［2］陈阳、逯进、于平：《技术创新减少环境污染了吗？——来自中国 285 个城市的经验证据》，载于《西安交通大学学报》（社会科学版）2019 年第 39 卷第 1 期。

［3］樊海潮：《技术进步与环境质量：个体效用的作用分析》，载于《世界经济文汇》2009 年第 1 期。

［4］葛继红、周曙东：《农业面源污染的经济影响因素分析——基于 1978～2009 年的江苏省数据》，载于《中国农村经济》2011 年第 5 期。

［5］葛继红、周曙东：《要素市场扭曲是否激发了农业面源污染——以化肥为例》，载于《农业经济问题》2012 年第 33 卷第 3 期。

［6］顾焕章、王培志：《农业技术进步贡献率测定及其方法研究》，载于《江苏社会科学》1994 年第 6 期。

［7］蒋和平、苏基才：《1995—1999 年全国农业科技进步贡献率的测定与分析》，载于《农业技术经济》2001 年第 5 期。

［8］李雪娇、邓金钱、安梦天：《中国农业污染的理论与实证分析——政治经济学视角下的经验证明》，载于《西部论坛》2018 年第 28 卷第 4 期。

［9］宋新民：《来自农业技术措施的环境污染》，载于《河南农林科技》1981 年第 11 期。

［10］王秦、顾焕章：《农业科学研究的经济学性质与分类问题探析》，载于《南京农业大学学报（社会科学版）》2003 年第 4 期。

［11］杨钧：《农业技术进步对农业碳排放的影响——中国省级数据的检验》，载于《软科学》2013 年第 27 卷第 10 期。

［12］袁平：《农业污染及其综合防控的环境经济学研究》，中国农业科学院博士学位论文，2008 年。

〔13〕章力建、蔡典雄、王小彬等：《农业立体污染及其防治研究的探讨》，载于《中国农业科学》2005 年第 2 期。

〔14〕Abler，D.　& Shortle，J.，"Technology as an Agricultural Pollution Control Policy"，*American Journal of Agricultural Economics*，1995，77（1）：20 – 32.

〔15〕Grossman，G.　& Krueger，A.，"Economic Growth and the Environment"，*The Quarterly Journal of Economics*，1995，110（2）：353 – 377.

对农业生产性服务业和对农业的
补贴政策：环境效果的比较

一、引　言

　　党的十九大报告中明确提出，实施乡村振兴战略需要"构建现代农业产业体系、生产体系、经营体系，完善农业支持保护制度，发展多种形式适度规模经营，培育新型农业经营主体，健全农业社会化服务体系，实现小农户和现代农业发展有机衔接"。以往我们提到生产性服务业时，更多是指工业生产性服务业，而"健全农业社会化服务体系"的实质，就是要在全社会建立起农业生产性服务业。农业生产性服务业是乡村振兴战略的重要组成部分，它通过向农业提供生产性服务、为农业生产提供中间品投入，将科学信息技术、资金设备和人才等现代化生产元素融入农业生产，以提高农业生产效率、促进农产品市场供求衔接、提升农业价值。在学术研究上农业生产性服务业（以下简称"生产性服务业"）不是新概念，近年来，我国学术界有一些与生产性服务业相关的研究成果，从内容上主要分为以下几类：（1）基于省情探讨其发展现状的，如吴宏伟等（2011）、张振刚等（2011）、肖卫东和杜志雄（2012）；（2）研究农业生产性服务业发展水平和绩效的，如汪建丰和刘俊威（2011）、韩苗苗等（2013）；（3）研究农业生产性服务业与农业之间关系的，如李启平（2009）、潘锦云等（2011）、郝爱民（2013a，2013b）、魏修建和李思霖（2015）。

　　本章关注的另一个方面是环境，即在实施乡村振兴战略、发展农业生产性服务业的过程中环境会受到什么影响。党的十九大报告明确地指出乡村振兴战略包括"产业兴旺、生态宜居、乡风文明、治理有效、生活富裕"五个方面。其中，生态宜居，就是要加强农村资源环境保护，有效治理土壤重金属污染和农村面源污染等环境问题（郭晓明等，2018）。我国农业污染情况严重，已经超过工业污染，占全部污染的47%，成为最主要的污染形式。究其原因，与农业生产过程中不可避免地使用农药、化肥和地膜等污染性要素（以下简称"污染要素"）有直接关联。农业生产中污染要素使用的越多，对环境的破坏就越大。由于有效利用率低，大量污染要素未被利用的部分弥散进入土壤、水体、空气甚至食物中，形成面源污染，既对人们的健康形成威胁，也造成土地退化板结。面对不断恶化的环境，人们通常会采用"污染消费"进行应对（李晓春和董哲昱，2017），即在预防和治疗污染疾病上增加支出来防治或减轻污染对健康带来的负面影响，是一种被动的消费行为。生产性服务业越发达，对于农业生产的促进作用就越大，农业生产的规模就越大，使用的污染要素就越多，农业污染就会越严重。问题是，我们能不能找到一种对环境和污染消费的负面影响尽可能小的促进乡村振兴、农业发展的路径呢？

与农业污染有关的既有研究大致分为以下几类：（1）从国家战略和制度层面指出农业环境问题的严峻性的，如徐更生（1993）、陈锡文（2002）、栗战书（2011）；（2）考虑环境污染因素情况下的农业生产率和农业技术效率的，如张永成（2009）、李谷成等（2011）、杨俊和陈怡（2011）、法拉维尼亚等（Falavigna et al.，2013）、杜江（2014）、张可和丰景春（2016）；（3）检验农业环境库兹涅茨曲线的，如李太平等（2011）；（4）研究农业污染对社会福利的影响的，如塔赫里普尔等（Taheripour et al.，2010）。可见，以往学者多着眼于农业污染与农业经济之间相互影响的实证研究，从理论上进行机制探讨的研究不多，已有的理论研究也不是立足于中国当下乡村振兴、着力发展生产性服务业的实情。

在此，我们不妨回顾一下关于发展中国家工业污染对环境影响机制的研究状况。国际理论学术界在这个方面已经有了比较长期的研究积累。科普兰和泰勒（1999）进行了有代表性的研究，认为发展中国家工业污染的路径是：工业部门生产过程中释放的废水、废气和废渣等"三废"通过空气和河流等自然媒介对一些环境敏感部门（如农业部门）的生产力水平造成负面影响，且随着工业部门的扩大，工业污染也会更加严重。在这样的分析框架下，农业部门常被看作工业污染的"受害者"。这是理论研究工业污染影响的主要方式，影响了以后许多文献，近年来与此相关的文献有福山和内藤（Fukuyama & Naito，2007）、近藤和薮内（Kondoh & Yabuuchi，2012）、李和伍（Li & Wu，2018）等。但是，我们注意到一个事实，工业污染和农业污染对经济的影响路径不一样，工业污染对经济的影响路径主要体现于产业之间的环境影响，而农业污染的特征在于它直接对生产要素产生影响。现有文献大多忽略了从理论上研究农业污染的机制和路径，然而，这是一件非常重要的工作，只有明确了农业污染的传播路径，我们才有可能对症下药，缓解农业污染造成的负面影响。总之，目前的状况是农业生产性服务业在我国还没有形成完整的产业，又缺乏这方面的研究，我们并不清楚当这个产业发展起来后，对环境会有什么样的影响，更不清楚以什么方式可以实现以较小的环境代价来获得振兴乡村战略的顺利实施。如果我们对建立健全农业生产性服务业造成的环境影响不认知，又不加以研究，就有可能走上过去"先发展、后治理"的老路，损失的将是社会福祉和人民的幸福生活。

基于上述考虑，本章建立了一个包含农业部门和生产性服务业部门的一般均衡模型，在考虑农业部门存在污染的情况下，对生产性服务业和农业补贴政策的环境效果进行比较分析，力求能够找到一种对环境有利，或对环境不利但负面影响较小的发展路径。采用这样的研究思路，是因为在建立健全农业生产性服务业的过程中，补贴政策成本低、见效快，是最常见的经济政策之一；对农业补贴政策进行比较研究，是因为在反哺农业的大环境下，补贴农业已经是我国较长时期以来实施的国策，并且这个政策在今后的一段时间里不会改变，形成了进行涉农补贴政策研究的基础。通过本章分析得到主要结论是：不论对农业部门还是对生产性服务业部门进行的补贴均使污染要素使用量增加，农村污染消费上升；在工资补贴中，对生产性服务业的工资补贴的环境效果较好；在利息补贴中，对农业的利息补贴的环境效果较好。

二、模型及比较静态分析

本章考虑一个小国开放的两部门经济，即经济由农业部门和农业生产性服务业部门两个部门组成。农业部门使用劳动力、资本、污染要素和生产性服务业部门的产品四种要素生产农产品，其中，污染要素的使用具有不可替代性；生产性服务业部门使用劳动力和资本两种要素生产农产品。两个部门雇用的劳动力均为农村劳动力，且农村劳动力可完全被两个部门雇用，不存在失业。资本可以在两个部门间自由流动。

本章设想在环境污染中存在被动的污染消费，这是由于消费者食用了用污染要素生产的农产品导致患病，不得已用于防治该疾病的支出。因而，从支出角度看，经济中两个部门的工资可分为"污染消费部分"和"其他消费部分"。

（一）农业部门的补贴政策

1. 模型

两部门的生产函数分别为：

$$Y_1 = F^1(hL_1, Y_2, K_1, Z) \tag{5.1}$$

$$Y_2 = F^2(hL_2, K_2) \tag{5.2}$$

其中，Y_1 和 Y_2 分别表示农业部门和生产性服务业部门的产出；F^1 和 F^2 为一次齐次的强准凹函数；L_1、K_1、L_2、K_2 分别是农业部门和生产性服务业部门使用的劳动力和资本；h 表示摄入有污染要素投入的农产品后劳动力的效率；h 取决于污染要素的投入量 Z：$h = h(Z)$。对于不摄入污染要素的劳动力而言，其健康状况不受影响，故工作效率为 1，即 $h(0) = 1$；随着农业生产过程中污染要素使用量的上升，人们由于摄入越来越多的污染要素，健康状况下降，导致工作效率降低，但降低的速率又随该要素摄入量的增加而逐渐减小，故有 $h' < 0$、$h'' > 0$。

我们用 N_i（$i = 1$，2，分别对应农业部门和生产性服务业部门）来表示对应部门 i 的"污染消费"，则有 $N_i = \lambda(1-h)L_i(i=1,2)$。其中，$(1-h)L_i$ 表示对应部门由于摄入污染要素而损失的劳动要素投入；λ 表示修复每单位损失的劳动要素投入所需要花费的金额。

在对农业部门进行补贴时，考虑这样一种政策，即政府出于人文关怀，将对该部门的补贴全部用于污染消费。于是得到：

$$w_1 L_1 s_{11} + r_1 K_1 s_{21} = \lambda(1-h)L_1 \tag{5.3}$$

其中，s_{11} 和 s_{21} 分别表示政府对农业部门的工资补贴率和利息补贴率。由于我们需要分别考察两种补贴的环境与经济效果，考察工资补贴的效果时，$s_{21} = 0$；考察利息补贴的效果时，$s_{11} = 0$。根据部门生产的利润最大化，可得：

$$hF_L^1 = w_1 \tag{5.4}$$

$$F_{Y_2}^1 = p_2 \tag{5.5}$$

$$F_K^1 = r_1 \tag{5.6}$$

$$F_Z^1 = \tau \tag{5.7}$$

$$p_2 F_L^2 h = w_2 + \lambda(1-h) \tag{5.8}$$

$$p_2 F_K^2 = r_2 \tag{5.9}$$

其中，p_2 是以农业产品价格为基准的生产性服务业产品的相对价格；r 为利率水平；$F_L^1 = \partial F^1/\partial hL_1, F_{Y_2}^1 = \partial F^1/\partial Y_2, F_K^1 = \partial F^1/\partial K_1, F_Z^1 = \partial F^1/\partial Z, F_L^2 = \partial F^2/\partial hL_2, F_K^2 = \partial F^2/\partial K_2$。

劳动力市场出清表示为：

$$L_1 + L_2 = L \tag{5.10}$$

由于经济中不考虑失业，两部门工资相等，即：

$$w_1 = w_2 \tag{5.11}$$

资本市场出清可以表示为：

$$K_1 + K_2 = K \tag{5.12}$$

由于资本在部门间自由流动，两部门利率相等，即：

$$r_1 = r_2 \tag{5.13}$$

至此，模型构建完毕。

2. 比较静态分析

对式（5.3）至式（5.13）进行全微分，在初始状态下 $s_{11} = s_{21} = 0$，可以得到：

$$
\begin{pmatrix}
F_{LL}^1 h^2 & F_{LY_2}^1 F_L^2 h^2 & F_{LK}^1 h & F_{LY_2}^1 F_K^2 h & F_L^1 h' & 0 & 0 & -1 & 0 \\
F_{Y_1L}^1 h & F_{Y_1Y_2}^1 F_L^2 h & F_{Y_1K}^1 & F_{Y_1Y_2}^1 F_K^2 & 0 & -1 & 0 & 0 & 0 \\
F_{KL}^1 h & F_{KY_2}^1 F_L^2 h & F_{KK}^1 & F_{KY_2}^1 F_K^2 & 0 & 0 & 0 & 0 & -1 \\
0 & 0 & 0 & 0 & F_{ZZ}^1 & 0 & -1 & 0 & 0 \\
\lambda(1-h) & 0 & 0 & 0 & -\lambda L_1 h' & 0 & 0 & 0 & 0 \\
0 & p_2 F_{LL}^2 h^2 & 0 & p_2 F_{LK}^2 h & (p_2 F_L^2 + \lambda) h' & F_L^2 h & 0 & -1 & 0 \\
0 & p_2 F_{KL}^2 h & 0 & p_2 F_{KK}^2 & 0 & F_K^2 & 0 & 0 & -1 \\
1 & 1 & 0 & 0 & 0 & 0 & 0 & 0 & 0 \\
0 & 0 & 1 & 1 & 0 & 0 & 0 & 0 & 0
\end{pmatrix}
\begin{pmatrix}
\mathrm{d}L_1 \\
\mathrm{d}L_2 \\
\mathrm{d}K_1 \\
\mathrm{d}K_2 \\
\mathrm{d}Z \\
\mathrm{d}p_2 \\
\mathrm{d}\tau \\
\mathrm{d}w_1 \\
\mathrm{d}r_1
\end{pmatrix}
$$

$$
=
\begin{pmatrix}
0 \\ 0 \\ 0 \\ 0 \\ w_1 L_1 \\ 0 \\ 0 \\ 0 \\ 0
\end{pmatrix}
\mathrm{d}s_{11} +
\begin{pmatrix}
0 \\ 0 \\ 0 \\ 0 \\ K_1 r_1 \\ 0 \\ 0 \\ 0 \\ 0
\end{pmatrix}
\mathrm{d}s_{21} \tag{5.14}
$$

假设： $2F_{KL}^1 F_{KL}^2 < F_{LL}^1 F_{KK}^2 + F_{KK}^1 F_{LL}^2$。

本章用 Δ_1 表示式（5.14）系数矩阵的行列式，则有：$\Delta_1 = \lambda \left[(1-h)A + L_1 h' B \right]$。

其中，$A = \dfrac{\lambda}{h} h' \left(F_{KK}^1 + F_{Y_1Y_2}^1 (F_K^2)^2 + p_2 F_{KK}^2 - 2F_{KY_2}^1 F_K^2 \right) > 0$，$B < 0$，由此可知，$\Delta_1 > 0$。

$$B = \begin{vmatrix} F^1_{LL}h^2 & F^1_{LY_2}F^2_L h^2 & F^1_{LK}h & F^1_{LY_2}F^2_K h & 0 & -1 & 0 \\ F^1_{Y_2L}h & F^1_{Y_2Y_2}F^2_L h & F^1_{Y_2K} & F^1_{Y_2Y_2}F^2_K & -1 & 0 & 0 \\ F^1_{KL}h & F^1_{KY_2}F^2_L h & F^1_{KK} & F^1_{KY_2}F^2_K & 0 & 0 & -1 \\ 0 & p_2 F^2_{LL}h^2 & 0 & p_2 F^2_{KL}h & F^2_L h & -1 & 0 \\ 0 & p_2 F^2_{KL}h & 0 & p_2 F^2_{KK} & F^2_K & 0 & -1 \\ 1 & 1 & 0 & 0 & 0 & 0 & 0 \\ 0 & 0 & 1 & 1 & 0 & 0 & 0 \end{vmatrix}$$

$$= h^2 \{ p_2^2 [(F^2_{KL})^2 - F^2_{LL}F^2_{KK}] + p_2 (F^2_K F^2_{KL} - F^2_{KK}F^2_L)(F^1_{Y_2Y_2}F^2_L - 2F^1_{LY_2})$$
$$+ p_2 (F^2_L F^2_{KL} - F^2_{LL}F^2_K)(F^1_{Y_2Y_2}F^2_K - 2F^1_{KY_2}) - 2F^2_L F^2_K (F^1_{LY_2}F^1_{KY_2} - F^1_{Y_2Y_2}F^1_{KL})$$
$$+ 2F^2_L (F^1_{LY_2}F^1_{KK} - F^1_{KY_2}F^1_{KL}) + 2F^2_K (F^1_{LL}F^1_{KY_2} - F^1_{LY_2}F^1_{KL}) - (F^2_2)^2 [F^1_{Y_2Y_2}F^1_{KK} - (F^1_{KY_2})^2]$$
$$- (F^2_K)^2 [F^1_{Y_2Y_2}F^1_{LL} - (F^1_{LY_2})^2] - [F^1_{LL}F^1_{KK} - (F^1_{KL})^2] + p_2 (2F^1_{KL}F^2_{KL} - F^1_{LL}F^2_{KK} - F^1_{KK}F^2_{LL}) \}$$
$$< 0$$

根据式（5.14），由克莱姆（Cramer）法则得：

$$\frac{dL_1}{ds_{11}} = \frac{1}{\Delta_1} w_1 L_1 A > 0 \qquad \frac{dL_1}{ds_{11}} = \frac{1}{\Delta_1} w_1 L_1 A > 0$$

$$\frac{dL_2}{ds_{11}} = -\frac{1}{\Delta_1} w_1 L_1 A < 0 \qquad \frac{dL_2}{ds_{21}} = -\frac{1}{\Delta_1} r_1 K_1 A < 0$$

$$\frac{dZ}{ds_{11}} = -\frac{1}{\Delta_1} w_1 L_1 B > 0 \qquad \frac{dZ}{ds_{21}} = -\frac{1}{\Delta_1} r_1 K_1 B > 0$$

$$\frac{dN}{ds_{11}} = -\lambda L h' \frac{dZ}{ds_{11}} > 0 \qquad \frac{dN}{ds_{21}} = -\lambda L h' \frac{dZ}{ds_{21}} > 0$$

其中，$N = N_1 + N_2 = \lambda(1-h)(L_1 + L_2) = \lambda(1-h)L$，为污染消费总量。

将上述结果归纳、整理，得到表5-1。

表5-1　　　　　　　　　农业部门的补贴政策效果

项目	dL_1	dL_2	dK_1	dK_2	dZ	dN
ds_{11}、ds_{21}	+	−	/	/	+	+

注：+和−分别表示s_{11}和s_{21}的变化使对应内生变量向相同和相反方向变化；/表示s_{11}和s_{21}变化时，对应变量的变化不明。

综上所述，可以得到命题5.1。

命题5.1　不论对农业部门实施工资补贴还是利息补贴，均使农村污染消费增加、农业污染要素使用量增加、农业部门劳动力数量增加、生产性服务业部门劳动力数量减少。

实施补贴政策，根据式（5.3）可知，由于补贴金额可以足额支付污染消费，农业部门对其劳动力健康消除了后顾之忧，从而促进了污染消费，增加了污染要素的使用。同时，农村劳动力将补贴看成一种信号（福利），一旦对农业进行补贴，出于对自己健康的考虑，劳动力会从生产性服务业向农业转移，以便享受这种福利。我们可以通过图5-1对这一传导机制进行分析。首先，由式（5.3）可以得到，若 s_{11} 升高，污染消费总量 $N = \lambda(1-h)L$ 也会升高，二者呈正相关，可由 SN 线表示。$dN/dZ = -\lambda Lh' > 0$，所以 N 和 Z 呈正相关，可由 NZ 线表示。由式（5.8）可知，Z 和 L_2 呈反向关系，可由 ZL 线表示。由式（5.10）可知，L_1 和 L_2 呈反向关系，可由 LL 线表示。故当政府将补贴率从 s_{11}^* 提高到 s_{11}^{**} 时，污染消费总额从 N^* 提高到 N^{**}，污染要素使用量从 Z^* 提高到 Z^{**}，生产性服务业部门劳动力数量从 L_2^* 减少到 L_2^{**}，农业部门劳动力数量从 L_1^* 增加到 L_1^{**}。

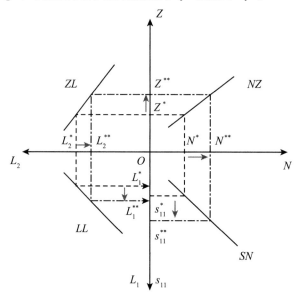

图 5-1　农业部门工资补贴的环境效果的传导机制

（二）农业生产性服务业部门的补贴政策

1. 模型

对生产性服务业部门进行补贴时，两部门生产函数均保持不变，故保留式（5.1）、式（5.2）。采用和前面同样的政策，使对生产性服务业部门的补贴等于该部门的污染消费，则有：

$$w_2 L_2 s_{12} + r_2 K_2 s_{22} = \lambda(1-h)L_2 \tag{5.15}$$

其中，w_2 表示工资除去污染消费后的剩余部分；s_{12}、s_{22} 分别为对农业部门工资和利息的补贴率。

由两个部门的利润最大化，得：

$$hF_L^1 = w_1 + \lambda(1-h) \tag{5.16}$$

$$F_{Y_2}^1 = p_2 \tag{5.17}$$

$$F_K^1 = r_1 \tag{5.18}$$

$$F_Z^1 = \tau - \lambda h'L_1 \tag{5.19}$$

$$p_2hF_L^2 = w_2 \tag{5.20}$$

$$p_2F_K^2 = r_2 \tag{5.21}$$

劳动力市场和资本市场出清、工资水平和利息水平均衡条件均不发生改变，故保留式（5.10）至式（5.13）。

2. 比较静态分析

对式（5.15）至式（5.21）、式（5.10）至式（5.13）进行全微分，初始状态下令 $s_{12} = s_{22} = 0$，可以得到：

$$
\begin{pmatrix}
F_{LL}^1 h^2 & F_{LY_2}^1 F_L^2 h^2 & F_{LK}^1 h & F_{LY_2}^1 F_K^2 h & (F_L^1 + \lambda)h' & 0 & 0 & -1 & 0 \\
F_{Y_2L}^1 h & F_{Y_2Y_2}^1 F_L^2 h & F_{Y_2K}^1 & F_{Y_2Y_2}^1 F_K^2 & 0 & -1 & 0 & 0 & 0 \\
F_{KL}^1 h & F_{KY_2}^1 F_L^2 h & F_{KK}^1 & F_{KY_2}^1 F_K^2 & 0 & 0 & 0 & 0 & -1 \\
\lambda h' & 0 & 0 & 0 & F_{ZZ}^1 + \lambda L_1 h'' & 0 & -1 & 0 & 0 \\
0 & \lambda(1-h) & 0 & 0 & -\lambda L_2 h' & 0 & 0 & 0 & 0 \\
0 & p_2 F_{LL}^2 h^2 & 0 & p_2 F_{LK}^2 h & p_2 F_L^2 h' & F_L^2 h & 0 & -1 & 0 \\
0 & p_2 F_{KL}^2 h & 0 & p_2 F_{KK}^2 & 0 & F_K^2 & 0 & 0 & -1 \\
1 & 1 & 0 & 0 & 0 & 0 & 0 & 0 & 0 \\
0 & 0 & 1 & 1 & 0 & 0 & 0 & 0 & 0
\end{pmatrix}
\begin{pmatrix}
\mathrm{d}L_1 \\
\mathrm{d}L_2 \\
\mathrm{d}K_1 \\
\mathrm{d}K_2 \\
\mathrm{d}Z \\
\mathrm{d}p_2 \\
\mathrm{d}\tau \\
\mathrm{d}w_2 \\
\mathrm{d}r_2
\end{pmatrix}
=
$$

$$
\begin{pmatrix}
0 \\ 0 \\ 0 \\ 0 \\ w_2 L_2 \\ 0 \\ 0 \\ 0 \\ 0
\end{pmatrix}
\mathrm{d}s_{12}
+
\begin{pmatrix}
0 \\ 0 \\ 0 \\ 0 \\ K_2 r_2 \\ 0 \\ 0 \\ 0 \\ 0
\end{pmatrix}
\mathrm{d}s_{22}
\tag{5.22}
$$

用 Δ_2 表示式（5.22）系数矩阵的行列式，则有：$\Delta_2 = \lambda\left[(1-h)A + L_2 h'B\right] > 0$。

根据式（5.22），由克莱姆法则得：

$$\frac{dL_1}{ds_{12}} = -\frac{1}{\Delta_2}w_2 L_2 A < 0 \qquad \frac{dL_1}{ds_{22}} = -\frac{1}{\Delta_2}r_2 K_2 A < 0$$

$$\frac{dL_2}{ds_{12}} = \frac{1}{\Delta_2}w_2 L_2 A > 0 \qquad \frac{dL_2}{ds_{22}} = \frac{1}{\Delta_2}r_2 K_2 A > 0$$

$$\frac{dZ}{ds_{12}} = -\frac{1}{\Delta_1}w_2 L_2 B > 0 \qquad \frac{dZ}{ds_{22}} = -\frac{1}{\Delta_1}r_2 K_2 B > 0$$

$$\frac{dN}{ds_{12}} = -\lambda L h'\frac{dZ}{ds_{12}} > 0 \qquad \frac{dN}{ds_{22}} = -\lambda L h'\frac{dZ}{ds_{12}} > 0$$

将上述结果归纳、整理，得到表 5-2。

表 5-2　　　　　　　　　生产性服务业补贴政策的效果

项目	dL_1	dL_2	dK_1	dK_2	dZ	dN
ds_{12}、ds_{22}	−	+	/	/	+	+

注：+ 和 − 分别表示 s_{11} 和 s_{21} 的变化使对应内生变量向相同和相反方向变化；/ 表示 s_{11} 和 s_{21} 变化时，对应变量的变化不明。

综上所述，可以得到命题5.2。

命题5.2　不论对生产性服务业部门实施工资补贴还是利息补贴，均使农村污染消费增加、污染要素使用量增加、农业部门劳动力数量减少、生产性服务业部门劳动力数量增加。

对生产性服务业部门实施补贴政策，由于补贴的金额可以足额支付污染消费，生产性服务业部门对其劳动力健康消除了后顾之忧，从而有增加污染消费的倾向，也可以容忍农业部门更多污染要素的使用。同时，农村劳动力将补贴看成一种信号（福利），一旦对生产性服务业部门进行补贴，出于对自己健康的考虑，劳动力会从农业部门向生产性服务业部门转移，以便享受这种福利。与农业部门补贴不同，生产性服务业部门不同种补贴的传导机制有所差异。对工资补贴而言，由式（5.15）可知，若 s_{21} 升高，污染消费总量 $N = \lambda(1-h)L$ 也会升高，二者呈正相关，可由 SN_2 线表示；$dN/dZ = -\lambda L h' > 0$，$N$ 和 Z 呈正相关，可由 NZ 线表示；由式（5.20）可知，尽管 Z 和 L_2 呈反向关系，以 ZL_2 线表示，但如前所述，由于该部门的补贴可以足额抵消污染消费，同样多的污染要素 Z 可以吸引到更多的劳动力 L_2，故 ZL_{20} 线向左上方移动到 ZL_{21} 线，均衡处的 Z 和 L_2 呈正向关系；由式（5.10）可知，L_1 和 L_2 呈反向关系，可由 LL 线表示（见图5-2）。故当政府将补贴率从 s_{21}^* 提高到 s_{21}^{**} 时，污染消费总额从 N^* 提高到 N^{**}，污染要素使用量从 Z^* 提高到 Z^{**}，生产性服务业部门劳动力数量从 L_2^* 增加到 L_2^{**}，农业部门劳动力数量从 L_1^* 减少到 L_1^{**}。

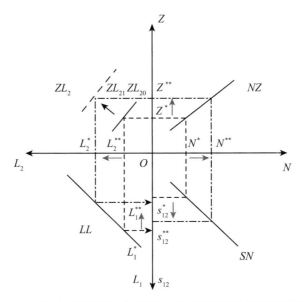

图 5 - 2　农业生产性服务业部门工资补贴环境效果的传导机制

利息补贴的市场机制与工资补贴的市场机制类似，不同之处仅在于 Z 和 L_2 的关系同时由式（5.15）和式（5.20）决定，两式中 Z 和 L_2 均呈负向关系，分别用 ZL_{10} 和 ZL_{20} 表示，交点为均衡点；同样由于补贴的效应，使在同样多的污染要素情况下可以吸引更多的劳动力 L_2，故两线均向左上方移动到 ZL_{11}、ZL_{21}，其交叉点亦向左上方移动，故均衡的 Z 和 L_2 呈正向关系（见图 5 - 3）。

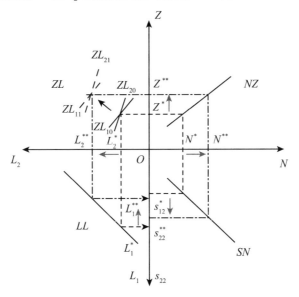

图 5 - 3　农业生产性服务业部门利息补贴环境效果的传导机制

三、不同补贴的环境效果比较

如前所述，不论对农业还是对生产性服务业进行补贴，不论补贴是针对工资还是利息，农村的总污染消费和农业的污染要素使用量均上升。本部分我们考察哪种补贴带来的污染消费和污染要素使用量上升得更少，也即哪种补贴的环境效果更好。

（一）对农业部门的两种补贴的环境效果比较

以 $\dfrac{\mathrm{d}Z}{\mathrm{d}s_{21}}-\dfrac{\mathrm{d}Z}{\mathrm{d}s_{11}}$ 和 $\dfrac{\mathrm{d}N}{\mathrm{d}s_{12}}-\dfrac{\mathrm{d}N}{\mathrm{d}s_{11}}$ 考察对农业部门的利息补贴和工资补贴的环境效果差异，得到：

$$\frac{\mathrm{d}Z}{\mathrm{d}s_{21}}-\frac{\mathrm{d}Z}{\mathrm{d}s_{11}}=-\frac{1}{\Delta_1}B(r_1K_1-w_1L_1)$$

$$\frac{\mathrm{d}N}{\mathrm{d}s_{12}}-\frac{\mathrm{d}N}{\mathrm{d}s_{11}}=\frac{1}{\Delta_1}B\lambda Lh'(r_1K_1-w_1L_1)$$

注意到差值的符号取决于代数式 $(r_1K_1-w_1L_1)$ 的符号，即其结果取决于用于"其他消费"的资本成本、人工成本的大小比较，故而可以得到命题5.3。

命题5.3 对农业部门进行补贴时，如果 $w_1L_1<r_1K_1$，工资补贴的环境效果更好；如果 $w_1L_1>r_1K_1$，利息补贴的环境效果更好。

（二）对农业生产性服务业部门的两种补贴的环境效果比较

以 $\dfrac{\mathrm{d}Z}{\mathrm{d}s_{22}}-\dfrac{\mathrm{d}Z}{\mathrm{d}s_{12}}$ 和 $\dfrac{\mathrm{d}N}{\mathrm{d}s_{22}}-\dfrac{\mathrm{d}N}{\mathrm{d}s_{11}}$ 考察对生产性服务业部门的利息补贴和工资补贴的环境效果差异，得到：

$$\frac{\mathrm{d}Z}{\mathrm{d}s_{22}}-\frac{\mathrm{d}Z}{\mathrm{d}s_{12}}=-\frac{1}{\Delta_1}B(r_2K_2-w_2L_2)$$

$$\frac{\mathrm{d}N}{\mathrm{d}s_{22}}-\frac{\mathrm{d}N}{\mathrm{d}s_{11}}=\frac{1}{\Delta_1}B\lambda Lh'(r_2K_2-w_2L_2)$$

注意到差值的符号取决于代数式 $(r_2K_2-w_2L_2)$ 的符号。考虑到在资本自由流动的情况下各部门人均资本持有量为定值，故而可以得到命题 5.4。

命题 5.4　对生产性服务业部门进行补贴时，如果 $w_2L_2 < r_2K_2$，工资补贴的环境效果更好；如果 $w_2L_2 > r_2K_2$，则利息补贴的环境效果更好。

（三）对不同部门的工资补贴的环境效果比较

以 $\dfrac{\mathrm{d}Z}{\mathrm{d}s_{12}} - \dfrac{\mathrm{d}Z}{\mathrm{d}s_{11}}$、$\dfrac{\mathrm{d}N}{\mathrm{d}s_{12}} - \dfrac{\mathrm{d}N}{\mathrm{d}s_{11}}$ 考察对两个部门的工资补贴的环境效果差异，有：

$$\frac{\mathrm{d}Z}{\mathrm{d}s_{12}} - \frac{\mathrm{d}Z}{\mathrm{d}s_{11}} = \frac{-\lambda(1-h)w_2AB}{\Delta_1\Delta_2}(L_2 - L_1) < 0$$

$$\frac{\mathrm{d}N}{\mathrm{d}s_{12}} - \frac{\mathrm{d}N}{\mathrm{d}s_{11}} = -\lambda Lh'\left(\frac{\mathrm{d}Z}{\mathrm{d}s_{12}} - \frac{\mathrm{d}Z}{\mathrm{d}s_{11}}\right) < 0$$

可得到命题 5.5。

命题 5.5　对生产性服务业部门的工资补贴所导致的污染要素使用量增幅和污染消费增幅均小于对农业部门的工资补贴所导致的相应增幅，故对生产性服务业部门的工资补贴的环境效果更好。

（四）对不同部门的利息补贴的环境效果比较

以 $\dfrac{\mathrm{d}Z}{\mathrm{d}s_{22}} - \dfrac{\mathrm{d}Z}{\mathrm{d}s_{21}}$、$\dfrac{\mathrm{d}N}{\mathrm{d}s_{22}} - \dfrac{\mathrm{d}N}{\mathrm{d}s_{21}}$ 考察对两个部门的利息补贴的环境效果差异，有：

$$\frac{\mathrm{d}Z}{\mathrm{d}s_{22}} - \frac{\mathrm{d}Z}{\mathrm{d}s_{21}} = \frac{-\lambda r_2B}{\Delta_1\Delta_2}\left[(1-h)A(K_2 - K_1) + Bh'(K_2L_1 - K_1L_2)\right] > 0$$

$$\frac{\mathrm{d}N}{\mathrm{d}s_{22}} - \frac{\mathrm{d}N}{\mathrm{d}s_{21}} = -\lambda Lh'\left(\frac{\mathrm{d}Z}{\mathrm{d}s_{22}} - \frac{\mathrm{d}Z}{\mathrm{d}s_{21}}\right) > 0$$

可得到命题 5.6。

命题 5.6　对农业部门的利息补贴所导致的污染要素使用量增幅和污染消费增幅均小于对生产性服务业部门的利息补贴所导致的相应增幅，故对农业部门的利息补贴的环境效果更好。

四、数值模拟

为了验证本章理论模型的有效性，考察污染要素使用量及污染消费随补贴的变化情况。本部分将根据我国经济宏观数据对模型中的参数进行校准，并基于校准的参数对模型进行数值模拟。考虑到前述模型中的生产函数 $F^1(hL_1, Y_2, K_1, Z)$ 和 $F^2(hL_2, K_2)$ 以及劳动力效率函数 $h(Z)$ 皆为抽象函数形式，这里按可计算一般均衡模型给定函数的具体形式。生产性服务业的生产函数采用规模报酬不变的柯布—道格拉斯生产函数形式。考虑到污染要素使用的不可替代性，农业的生产函数由两部分相加得到，前一部分为考虑有效劳动力、资本和生产性服务业部门产出三种要素的规模报酬不变的柯布—道格拉斯生产函数；后一部分为污染要素的指数函数形式。劳动力效率函数为污染要素的指数形式。函数的具体形式如表 5 - 3 所示。

表 5 - 3 两部门生产函数和劳动力效率函数的具体形式

名称	函数形式
农业部门生产函数	$F^1(hL_1, Y_2, K_1, Z) = (hL_1)^{\alpha_1} K_1^{\alpha_2} Y_2^{1-\alpha_1-\alpha_2} + m \dfrac{Z^{-\alpha_3}}{\alpha_3}$, $0 < \alpha_1, \alpha_2 < 1, m > 0, \alpha_3 > 0$
生产性服务业部门生产函数	$F^2(hL_2, K_2) = (hL_2)^{\beta} K_2^{1-\beta}, 0 < \beta < 1$
劳动力效率函数	$h(Z) = (1+Z)^{-\gamma}, \gamma > 0$

（一）参数校准

模型的主要参数包括：农业部门生产函数中劳动力成本和资本成本的份额 α_1、α_2，以及污染要素的指数参数 α_3 和系数参数 m；生产性服务业部门生产函数中劳动力成本份额 β；劳动力效率函数中的指数参数 γ。校准采用的原始数据来源于《中国统计年鉴（2017）》《中国农村统计年鉴（2017）》以及相关行业报告和研究报告。

首先对 γ 进行校准。根据《2016 年全民中医健康指数研究报告》数据，农村居民已病状态比例为 13.6%，从而得到农村居民健康状态比例为 86.4%，并以此作为 h 的取值。对污染要素 Z，我们只考虑农药和化肥两种要素，并取化肥（折纯量）和农药的使用量之和作为其取值，为 0.616 亿吨。计算得到 $\gamma = 0.305$。

其次对 α_1 和 α_2 参数进行校准。采用农林牧渔业附加值 6 3672.8 亿元作为农业部门产出 Y_1，年末乡村第一产业就业人员数 21 496 万人作为农业部门劳动力人数 L_1，农村居民人均可支配收入 12 363.4 元作为人均总劳动报酬；农业的资本存量根据田友春（2016）的测算结果，运用永续盘存法计算得到，为 86 517.1 亿元（当年价格计算），同时考虑到污染要素（农药和化肥）使用量总价值 10 308.05 亿元，这其实是资本的一部分，故农业资本水平 K_1 应当采用农业资本存量扣除其使用量的总价值，以示区别；生产性服务业的产值为 7 247 亿元。考虑本章农业部门生产函数具体形式设定的特殊性，劳动力成本份额 α_1 和资本成本份额 α_2 应当分别为劳动力成本和资本成本占农业产出与污染要素使用量价值之差的比例，分别为 49.8% 和 36.6%；计算得到农业部门的利率水平 $r_1 = 25.6\%$。

生产性服务业部门中，根据陈宗胜和吴婷（2013）的测算结果，"现代服务业"的劳动报酬占比为 11.7%，这里取 $\beta = 0.12$。由于目前生产性服务业部门的劳动力人数以及资本数量均没有统计数据，故需要进行计算。选取统计年鉴中城镇单位"交通运输、仓储和邮政业""信息传输、计算机服务和软件业""批发和零售业""金融业""租赁和商务服务业""科学研究、技术服务和地质勘查业"六个行业的加权平均工资近似作为生产性服务业部门的劳动总报酬水平，约 87 455.45 元/人，推算得到生产性服务业部门就业人数 L_2 为 99.438 万人。考虑到生产性服务业部门可以在正规金融市场获得贷款支持，2016 年个人贷款基准利率为 4.35%，农村信用社贷款利率下限为基准利率的 0.9 倍，最大上浮系数为贷款基准利率的 2.3 倍，这里取上浮系数的中间值 1.6，可得生产性服务业部门的利率水平 r_2 约为 7%，由此可得该部门的资本 K_2 为 91 628.736 亿元。至此，由生产函数计算可得生产性服务业部门的产出水平 $Y_2 = 39\,689.521$，进而其相对于农业部门的价格水平 $p_2 = 0.183$。根据农村人均医疗保健消费支出水平为 929.2 元，可以得到两个部门用于生活支出的工资水平 w_1 和 w_2，以及外生变量 $\lambda = 6\,832.353$。

最后对农业部门生产函数中污染要素的系数参数 m 和指数参数 α_3 进行校准。由污染要素使用量的价值、服务业部门产出 Y_2 及第一部门其他内生变量可得 $\alpha_3 = 0.354$，进而可以求得 $m = 8\,683.71$。

鉴于还有诸多没有考虑到的因素导致了 w_1 和 w_2、r_1 和 r_2 之间的不相等，为了使经济达到均衡，分别增加调整系数 $\frac{w_1}{w_2} = 0.132$ 和 $\frac{r_1}{r_2} = 3.684$。各参数值如表 5-4 所示。

表 5-4　　　　　　　　　所有参数的校准值

项目	α_1	α_2	α_3	m	β	γ
校准值或取值	0.498	0.366	0.354	8683.71	0.12	0.305

（二）数值模拟

为考察补贴对污染要素使用量及污染消费的影响，我们以横轴为补贴率、纵轴为污染要素使用量（单位：亿吨），以 s_{12}、s_{22}、s_{11}、s_{21} 分别表示对生产性服务业部门的工资补贴、对生产性服务业部门的利息补贴、对农业部门的工资补贴、对农业部门的利息补贴，以 $Z\text{-}s_{12}$、$Z\text{-}s_{22}$、$Z\text{-}s_{11}$、$Z\text{-}s_{21}$ 分别表示对应情况下污染要素的使用量，分别绘制其变化趋势的折线图。

1. 对生产性服务业部门的两种补贴

根据命题 5.2，随着补贴率的升高，污染要素使用量和污染消费均增加；显然，在 $\beta = 0.12$ 的情况下，$r_2 K_2 > w_2 L_2$，根据命题 5.4，对生产性服务业部门的工资补贴带来的环境效果更好。假设前述经济已经达到均衡，则均衡的工资补贴率和利息补贴率分别约为 1% 和 0.1%，在考虑模拟误差的情况下，皆可近似看作没有补贴。从图 5-4 可以看出，随着补贴率的升高，污染要素使用量也在增加，且工资补贴的污染要素使用量曲线始终位于利息补贴的污染要素使用量曲线下方，从而与理论模型分析相吻合。

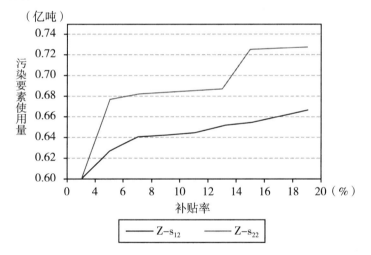

图 5-4 对生产性服务业部门的两种补贴分别对污染要素使用量的影响

2. 对农业部门的两种补贴

根据命题 5.1，随着补贴率的升高，污染要素使用量和污染消费均增加；在 $\alpha_1 = 0.498$、$\alpha_2 = 0.366$ 的情况下，$r_1 K_1 < w_1 L_1$，根据命题 5.3，对农业部门的利息补贴带来的环境效果更好。假设前述经济已经达到均衡，则均衡的工资补贴率和利息补贴率分别约为 7.5% 和 10%。从图 5-5 可以看出，随着补贴率的升高，污染要素也在增加，且利息补贴的污染要素使用量曲线始终位于工资补贴的污染要素使用量曲线下方，从而与理论模型分析同样相吻合。

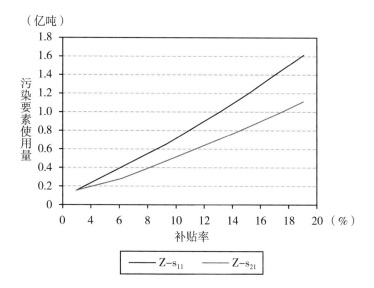

图 5 - 5 对农业部门的两种补贴分别对污染要素使用量的影响

3. 对不同部门的工资补贴

考虑到当前经济中均衡的生产性服务业部门工资补贴率约为 7.5%，故我们将分析的起点调整至 8%，考察增加补贴带来的环境效果。从图 5 - 6 可以看出，同等补贴率情况下，对生产性服务业部门的工资补贴带来的污染要素使用量曲线始终位于对农业部门的工资补贴带来的污染要素使用量曲线下方，与命题 5.5 所述情形一致。

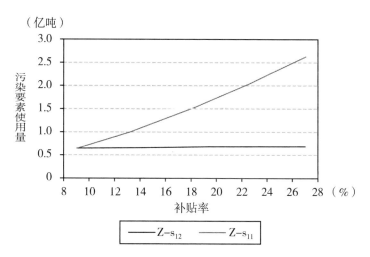

图 5 - 6 对不同部门的工资补贴对污染要素使用量的影响

4. 对不同部门的利息补贴

考虑到当前经济中均衡的生产性服务业部门利息补贴率约为10%，故我们将分析的起点调整至10%，考察增加补贴带来的环境效果。从图5-7可以看出，同等补贴率情况下，当补贴率小于20%时，对农业部门的利息补贴带来的污染要素使用量与对生产性服务业部门的利息补贴带来的污染要素使用量相近；一旦补贴率超过20%，对农业部门的利息补贴带来的污染要素使用量曲线始终位于对生产性服务业部门的利息补贴带来的污染要素使用量曲线下方，这与命题5.6所述情形一致。

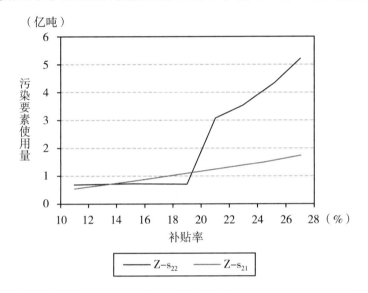

图5-7　对不同部门的利息补贴对污染要素使用量的影响

五、结　论

本章建立一般均衡模型，在存在农业污染的背景下，从污染消费的角度研究比较了对生产性服务部门和农业部门的补贴的环境和经济效果。本章首次在理论模型中将农业污染的传导路径区别于工业污染，这样做的意义在于能够使理论研究更加贴近实际，也是学术研究上的创新。本章的主要结论有：考虑发展生产性服务业时，也必须注意到环境效果，当劳动要素成本低于资本成本时，工资补贴的环境效果要优于利息补贴的环境效果，反之亦然；考虑到环境保护问题时，对农业生产性服务业部门的工资补贴的环境效果要优于对农业部门的工资补贴的环境效果，对农业部门的利息补贴的环境效果要优于对农业生产性服务业部门的利息补贴的环境效果。这些结论在相关领域的研究中是第一次得出，可供有关部门在推进乡村振兴战略或进行经济决策时参考。在本章的第四部分，我们用中国经济的宏观数据对模型的参数进行了校准并进行了数值模拟，验证了本章理论模型解释对农业部门和农业生产性服务业部门的补贴政策对环境影响的有效性。

参考文献

［1］陈锡文：《环境问题与中国农村发展》，载于《管理世界》2002年第1期。

［2］陈宗胜、吴婷：《沙漏型初次分配结构与产业结构调整——基于我国42部门投入产出表的分析》，载于《经济社会体制比较》2013年第5期。

［3］杜江：《中国农业增长的环境绩效研究》，载于《数量经济技术经济研究》2014年第11期。

［4］郭晓鸣、张克俊、虞洪等：《实施乡村振兴战略的系统认识与道路选择》，载于《农村经济》2018年第1期。

［5］韩苗苗、乐永海、孙剑：《我国农业社会化服务水平测评与制约因素解构》，载于《统计与决策》2013年第3期。

［6］郝爱民：《农业生产性服务业外溢效应和溢出渠道研究》，载于《中南财经政法大学学报》2013年第6期a。

［7］郝爱民：《农业生产性服务业对农业的外溢效应与条件研究》，载于《南方经济》2013年第5期b。

［8］孔祥智、周振：《"三个导向"与新型农业现代化道路》，载于《江汉论坛》2014年第7期。

［9］李谷成、范丽霞、闵锐：《资源、环境与农业发展的协调性——基于环境规制的省级农业环境效率排名》，载于《数量经济技术经济研究》2011年第10期。

［10］李启平：《生产性服务业与农业的互动发展：基于投入产出表的分析》，载于《科技进步与对策》2009年第13期。

［11］李太平、张锋、胡浩：《中国化肥面源污染EKC验证及其驱动因素》，载于《中国人口·资源与环境》2011年第11期。

［12］李晓春、董哲昱：《污染消费与污染治理技术水平的进步：环境、失业和福利》，载于《中国经济问题》2017年第6期。

［13］栗战书：《文明激励结构分析：基于三个发展角度》，载于《管理世界》2011年第5期。

［14］潘锦云、汪时珍、李晏墅：《现代服务业改造传统农业的理论与实证研究——基于产业耦合的视角》，载于《经济学家》2011年第12期。

［15］汪建丰、刘俊威：《中国农业生产性服务业发展差距研究——基于投入产出表的实证分析》，载于《经济学家》2011 年第 11 期。

［16］魏修建、李思霖：《我国生产性服务业与农业生产效率提升的关系研究——基于 DEA 和面板数据的实证分析》，载于《经济经纬》2015 年第 3 期。

［17］吴宏伟、侯为波、卓翔芝：《传统农业区农业生产性服务业现状、问题和发展思路——以安徽省为例的实证分析》，载于《农村经济》2011 年第 91 期。

［18］肖卫东、杜志雄：《农业生产性服务业发展的主要模式及其经济效应——对河南省发展现代农业的调查》，载于《学习与探索》2012 年第 9 期。

［19］徐更生：《持续农业及其对我国的挑战》，载于《世界经济》1993 年第 6 期。

［20］杨俊、陈怡：《基于环境因素的中国农业生产率增长研究》，载于《中国人口·资源与环境》2011 年第 6 期。

［21］张可、丰景春：《强可处置性视角下中国农业环境效率测度及其动态演进》，载于《中国人口·资源与环境》2016 年第 1 期。

［22］张永成：《基于环境效应调整的农业生产力绩效评价研究》，载于《管理世界》2009 年第 2 期。

［23］张振刚、陈志明、林春培：《农业生产性服务业模式研究——以广东农业专业镇为例》，载于《农业经济问题》2011 年第 9 期。

［24］Copeland B. R. & M. S. Taylor, "Trade, Spatial Separation, and the Environment", *Journal of International Economics*, 1999, 47 (1)：137 – 168.

［25］Falavigna G., A. Manello & S. Pavone, "Environmental Efficiency, Productivity and Public Funds：The Case of the Italian Agricultural Industry", *Agricultural Systems*, 2013, 121 (4)：73 – 80.

［26］Fukuyama H. & T. Naito, "Unemployment, Trans – boundary Pollution, and Environmental Policy in a Dualistic Economy", *Review of Urban & Regional Development Studies*, 2010, 19 (2)：154 – 172.

［27］Kondoh K. & S. Yabuuchi, "Unemployment, Environmental Policy, and International Migration", *Journal of International Trade & Economic Development*, 2012, 21 (5)：677 – 690.

［28］Li X. & Y. Wu, "Environment and Economy in the Modern Agricultural Development", *Asia – Pacific Journal of Accounting and Economics*, 2018, 25 (1 – 2)：163 – 176.

［29］Taheripour F., M. Khanna & C. H. Nelson, "Welfare Impacts of Alternative Public Policies for Agricultural Pollution Control in an Open Economy：A General Equilibrium Framework", *American Journal of Agricultural Economics*, 2008, 90 (3)：701 – 718.

第六章 ◀

农业污染背景下征收工业污染税补贴农业的环境效果

一、引　言

　　1999 年科普兰和泰勒就环境与工农业生产的关系进行了研究，认为农业生产对自然环境有较强的外部依赖性，工业污染通过空气、水流等影响农业的生产能力，造成农业产出的损失，此后国内外出现了许多根据他们提出的工业污染路径进行的理论研究。正是因为工业污染对农业生产造成的负外部性，考虑污染企业对农业的补偿应该是理所当然的，但在既有的经济学理论研究中，几乎找不到以工业污染税为农业补偿源的研究，使我们不了解相关的市场机制，不能科学地制定一个顺应经济发展的合理的环境保护政策。我国农业面源污染在环境污染中所占的比重越来越大，已经超过工业污染，成为主要的污染形式。2016 年中国废水排放量达 735.32 亿吨，同比增长 2.67%，其中，主要污染物化学需氧量（COD）工业污染源排放 293.45 万吨、农业污染源排放 1 068.58 万吨，农业源排放相当于工业源排放的 3.64 倍；废水中氨氮工业污染源排放 21.74 万吨，农业污染源排放 72.61 万吨，农业源排放相当于工业源排放的 3.34 倍。[①] 然而，经济学理论研究却很少将农业污染纳入环境问题的研究框架。农业污染与工业污染对经济和环境的影响路径不同，农业污染主要来自流失的农药化肥、秸秆焚烧、土壤中的农用膜等，对环境造成有害残留和生态破坏

[①] 中华人民共和国国家统计局编：《中国统计年鉴（2017）》，中国统计出版社 2017 年版。

的同时，农药残留超标通过食物链的累积还会影响到人体健康，故而，我们不能以针对工业污染的措施来治理农业污染。我们认为，农业污染在环境问题中所起的作用不应该被经济理论研究忽视，在将农业面源污染纳入理论研究框架的基础上，探究对工业污染课税补贴农业的环境效果是一个重要的理论和现实问题。

随着工业化、城镇化发展的加快，经济发展和资源环境的矛盾日益突出。在环境保护上，对环境污染征税是常见的措施。在对工业污染课税的理论研究方面，王（Wang，1990）认为提高工业污染要素使用税可以使农业部门的工资上升、经济资本收益率下降、环境质量改善。贝拉迪和赵（Beladi & Chao，2006）考虑了农业生产和工业生产过程中同时产生污染的情形，认为对农业污染和工业污染征税提高了城市商品的相对价格，使城市失业率恶化。拉帕诺斯（Rapanos，2007）提出的在长短期情况下的 H－T 模型认为，对工业部门产品价格征收污染税使短期情况下农业部门就业人数增加，长期情况下工业部门劳动力和资本向农业部门转移，工业部门就业和失业减少。虽然拉帕诺斯考虑了环境污染对农业生产的负外部性，但却没有涉及农业污染。大东（2008）以及大东和上手（Daitoh & Omote，2011）在考虑对污染要素征税的前提下得出和拉帕诺斯不同的结论。我们可以看到，虽然学术界在要素转移的前提下有一些考虑工业污染税的研究，但它们的共同问题是没有将农业污染和环境污染对农业生产的负外部性放在同一个框架下进行研究，而这样的研究对于现实经济是必要的。

应该引起重视的是农业污染和工业污染对经济影响的路径是不同的。工业污染是点源污染，工业生产过程中排放的废烟、废气、废水、废渣、噪声等污染物通过大气、水源、土壤渗透等形式直接或间接对环境造成破坏。科普兰和泰勒（1999）认为，在发展中国家，工业产生的工业污染多；而农业部门的生产对自然环境有较强的外部依赖性，是工业污染的主要受害者，故而工业污染会削弱农业部门的生产能力。农业污染主要来自残留及流失的农药化肥、秸秆焚烧、土壤中的农用膜、畜禽养殖产生的粪便、生活垃圾和污水等，一方面对环境造成有害残留和生态破坏，给农业的生产环境带来负外部性，影响到农业部门的产出；另一方面农药残留超标通过食物链的累积危害人体健康，对城乡居民的健康人力资本水平造成危害。在既有的研究中，可以找到的与本章关心问题相近的研究是就工业污染对农业生产影响的研究，如李晓春（2005）、拉帕诺斯（2007）、近藤和薮内（2012）、多和田和孙（Tawada & Sun，2010）以及李和伍（2018）等，但这些研究并未提及农业污染，也没有考虑由于工业污染对农业生产的负外部性而给予农业补贴。

关于农业补贴的环境效果，陈等（Chen et al.，2017）认为农业减排创新补贴优于数量补贴，因为它减少了农业污染，创新补贴下的农业利润高于数量补贴下的农业利润。李和伍（2018）设置了三部门的一般均衡模型探究对现代农业部门的工资补贴和利率补贴的环境效果，认为对农业部门的利率补贴优于其他生产要素补贴。但是，这些研究并没有考虑农业补贴的资金来源，不能体现支持农业发展的作用主体。

　　本章将工业污染税作为农业补贴的资金来源。虽然农业生产中也存在污染问题，但本章没有考虑对农业污染征税，这是因为在发展中国家农业是相对弱小的部门，是财政补贴的主要对象，不对农业污染征税的设定符合现实的做法。然而，农业补贴涉及城乡间劳动力、资本等生产要素的转移，会影响环境，这是因为生产要素的变化必然影响生产规模，从而影响到环境（Grossman & Krueger，1995）。另外，农业部门在生产中不可避免地使用化肥、农药、地膜等产生环境污染的要素（以下简称"污染要素"），产生面源污染，而生产要素在城乡间的流动会引起污染要素产生替代效应，从而影响到环境。因此，本章在有农业污染的背景下，考虑对工业污染课税补偿农业生产损失，设定补贴农业的工资、利息和农产品价格的形式，分析补贴农业的环境效果。

二、短 期 模 型

（一）模型

　　本章考虑两部门构成的小国开放型经济，该经济由生产可进口产品的工业部门和生产可出口产品的农业部门组成。两部门都以劳动力和资本作为生产要素，农业部门除了使用劳动力和资本外，还使用农药、化肥、地膜等能够产生污染的污染要素。

　　各部门的生产函数如下：

$$X_1 = F^m[h(Z)L_m, K_m] \tag{6.1}$$

$$X_2 = g(E)F^a[h(Z)L_a, K_a, Z] \tag{6.2}$$

其中，X_1 和 X_2 分别为工业部门和农业部门产量：L_m 和 L_a，K_m 和 K_a 分别为工业部门和农业部门生产所用的劳动力和资本；Z 为污染要素的使用量。污染要素虽然能够促进农业产出，但影响农作物品质，其有害成分也通过农作物对劳动力的健康水平造成损害。这里定义：

$$h = h(Z) \tag{6.3}$$

衡量污染要素对人力资本健康水平的损害程度，$h(Z)L_m$、$h(Z)L_a$ 分别表示工业部门和农业部门的有效劳动水平，$h(Z)' < 0$、$h(Z)'' > 0$；E 为自然环境质量，E 越大环境质量越好。由于环境污染具有外部性，用 $g(E)$ 表示环境质量对农业部门产出的影响，并假定 $g(E) \in (0,1)$，$g(E)' > 0$。F^m、F^a 是严格拟凹的一阶齐次函数。

下面对环境污染进行设定。本章设想发展中国家不仅存在工业污染，还存在农业部门产生的污染。本章假定，每生产 1 单位工业产品产生 ρ 单位的污染，工业部门产生的环境污染可以用 $D_1 = \rho X_1$ 表示，其中 $0 < \rho < 1$，表示环境技术水平；假定农业部门每使用 1 单位污染要素产生 μ 单位污染，农业部门产生的环境污染可以用 $D_2 = \mu Z$ 表示。经济体中环境污染和环境质量分别用下式表示：

$$D = D_1 + D_2$$

$$E = \bar{E} - \rho F^m - \mu Z \tag{6.4}$$

其中，D 表示经济中产生的环境污染量，为工业部门和农业部门产生污染量之和。经济中污染和环境质量的总量水平用各部门产生污染的线性组合表达，可以参考蔡（Chua，2003）以贝拉迪和赵（2006）的研究。$\bar{E}$ 表示经济中没有污染时环境对污染物的容纳量。本章设定农业部门使用的污染要素对农村劳动力有较强的替代关系，如使用除草剂替代人工除草等；但由于农业部门使用的资本要素主要涉及农作物播种、培育、收割过程中使用的大中小型机械、器械，与污染要素的替代关系较弱，本章设定污染要素和资本之间没有替代关系。

Z 为农业部门生产的中间产品，其产出为：

$$Z = \alpha L_a^{\beta}, \alpha > 0, \beta < 0, Z \neq 0, L_a \neq 0 \tag{6.5}$$

在劳动市场上，设经济中劳动力禀赋量为 L，L_u 为城市部门失业人数，令 $\lambda = L_u/L_m$，则有：

$$L = L_a + (1 + \lambda)L_m \tag{6.6}$$

根据两部门利润最大化原则，可以得到：

$$(p - t\rho)hF_L^m = w_m \tag{6.7}$$

$$g(E)hF_L^a = w_a \tag{6.8}$$

$$g(E)F_K^a = r \tag{6.9}$$

$$g(E)F_Z^a = \tau \tag{6.10}$$

其中，p 为以农产品为基准的工业产品的相对国内价格；t 为政府为弥补农业的损失而对工业部门产生的每单位污染征收的环境污染税。w_m 和 w_a 分别表示工业部门和农业部门的工资，由于工业部门的工资具有下方刚性，所以 w_m 为一定值，而农

业部门的工资 w_a 是弹性的；r 和 τ 分别表示农业部门的资本利率和污染要素 Z 的价格。短期模型中 K_a 和 K_m 是固定不变的。$F_L^i = \partial F^i / \partial L_i (i = a, m)$，$F_K^i = \partial F^i / \partial L_i (i = a, m)$，$F_Z^a = \partial F^a / \partial Z$。根据 H-T 模型的劳动力分配机制，在劳动力转移平衡处农业部门的工资和工业部门的预期工资相等，有：

$$w_a = w_m / (1 + \lambda) \tag{6.11}$$

最后是工业污染税补贴农业部分的模型构建。本章考虑以对工业征收的环境污染税作为农业补贴的资金来源。以工业污染税补贴农业有三种形式：对农业部门进行工资补贴、资本利率补贴和农产品价格补贴。对农业部门进行工资补贴有以下等式成立：

$$g(E) h F_L^a = w_a (1 - s_a) \tag{6.8'}$$

$$w_a L_a s_a = t \rho F^m \tag{6.12}$$

对农业部门进行资本利率补贴有以下等式成立：

$$g(E) F_K^a = r (1 - s_r) \tag{6.9'}$$

$$r K_a s_r = t \rho F^m \tag{6.12'}$$

对农业部门进行农产品价格补贴有以下等式成立：

$$(1 + s_p) g(E) h F_L^a = w_a \tag{6.8''}$$

$$(1 + s_p) g(E) F_K^a = r \tag{6.9''}$$

$$(1 + s_p) g(E) F_Z^a = \tau \tag{6.10'}$$

$$1 \times X_2 s_p = t \rho F^m \tag{6.12''}$$

其中，s_a、s_r 和 s_p 分别表示对农业部门的工资补贴率、资本利率补贴率和农产品价格补贴率。反映工资补贴的模型由式（6.1）至式（6.7）、式（6.8'）、式（6.9）至式（6.12）共 12 个方程组成；反映资本利率补贴的模型由式（6.1）至式（6.8）、式（6.9'）、式（6.10）至式（6.11）、式（6.12'）共 12 个方程组成；反映农产品价格补贴的模型由式（6.1）至式（6.7）、式（6.8''）、式（6.9''）、式（6.10'）、式（6.11）、式（6.12''）共 12 个方程组成。各个模型可以决定 λ、r、τ、t、h、w_a、L_a、L_m、Z、E、X_1 和 X_2 共 12 个内生变量，在建模过程中出现的 w_m、K_a、K_m、L、K、$\bar{E}$、α、β、ρ、μ、s_a、s_r 和 s_p 是外生变量。至此，该模型构建完成。

（二）分析

考虑工资补贴对环境质量的影响，对式（6.4）进行全微分，可以得到：

$$dE = -\rho h F_L^m dL_m - \mu dZ \qquad (6.13)$$

可以看出，工业部门投入的劳动力要素和污染要素会影响环境质量。然后，对式（6.4）至式（6.7）、式（6.8'）、式（6.9）至式（6.12）进行全微分并整理，注意在财政补贴政策的初始状态 $s_i = 0$（$i = a$, r, p），可以得到：

$$\begin{pmatrix} 0 & \beta Z/L_a & 0 & -1 \\ 0 & 0 & A & (p-t\rho) \, h'F^m/h \\ 0 & M & N & B \\ -1 & ghF_{KL}^a & -\rho g'hF_K^a F_L^m & -\mu g'F_K \end{pmatrix} \begin{pmatrix} dr \\ dL_a \\ dL_m \\ dZ \end{pmatrix} = \begin{pmatrix} 0 \\ w_a L_a \\ -w_a \\ 0 \end{pmatrix} ds_a \qquad (6.14)$$

其中，$M = gh^2 F_{LL}^a - \dfrac{w_a}{(1+\lambda)L_m} < 0$, $N = -\left(\rho g'h^2 F_L^a F_L^m + \dfrac{w_a}{L_m}\right) < 0$, $A = \dfrac{(p-t\rho)hF^m F_{LL}^m}{F_L^m} + t\rho h F_L^m$, $B = ghF_{LZ}^a + gh'F_L^a - \mu g'hF_L^a$。

令 Δ_1 为式（6.14）矩阵的行列式，可以得到：$\Delta_1 = \dfrac{\beta Z}{L_a}[AB - N(p-t\rho)h'F^m/h] + AM$。为了简化运算，本章作出如下假设。

假设 1　$\mu A - \rho h'(p-t\rho)F^m F_L^m < 0$，即 $\sigma_L^m < \left[\dfrac{\rho h'}{\mu h} - \dfrac{t\rho}{(p-t\rho)F^m}\right]L_m F_L^m$。其中，$\sigma_L^m = \dfrac{\partial F_L^m/F_L^m}{\partial L_m/L_m}$，是城市部门劳动边际生产力的污染弹性。

假设 2　$B > 0$，即 $\sigma_Z^L > \dfrac{\hat{u}\hat{g} - \hat{h}}{\hat{Z}}$。

其中，$\sigma_Z^L = \dfrac{\hat{F}_L^a}{\hat{Z}}$，是农业部门劳动边际生产力的污染弹性。

假设 2 意味着农业部门每增加 1 单位污染要素使用量，造成的劳动边际生产提升的产出效应可以抵消使用 1 单位污染要素导致的环境影响函数 g 下降和健康水平 h 下降而造成的产出水平下降。这符合现实情况中农业部门使用污染要素的"利大于害"原则。

根据假设 1 和假设 2，可以得到 $\Delta_1 > 0$。再根据克莱姆法则，解式（6.14）可得 $\dfrac{dL_m}{ds_a} < 0$、$\dfrac{dZ}{ds_a} < 0$，代入式（6.13）可得 $\dfrac{dE}{ds_a} > 0$、$\dfrac{dD_1}{ds_a} < 0$、$\dfrac{dD_2}{ds_a} < 0$。

考虑农业部门资本利率补贴的环境效果。对式（6.4）至式（6.8）、式（6.9'）、式（6.10）、式（6.11）、式（6.12'）进行全微分并整理，可以得到：

$$
\begin{pmatrix}
0 & \beta Z/L_a & 0 & -1 \\
0 & 0 & A & (p-t\rho)\ h'F^m/h \\
0 & M & N & B \\
-1 & ghF^a_{KL} & -\rho g'hF^a_K F^m_L & -\mu g'F^a_K
\end{pmatrix}
\begin{pmatrix}
dr \\ dL_a \\ dL_m \\ dZ
\end{pmatrix}
=
\begin{pmatrix}
0 \\ rK_a \\ 0 \\ -r
\end{pmatrix}
ds_r
\qquad (6.14')
$$

考虑农产品价格补贴的环境效果。对式（6.4）至式（6.7）、式（6.8″）、式（6.9″）、式（6.10′）、式（6.11）、式（6.12″）进行全微分并整理，可以得到：

$$
\begin{pmatrix}
0 & \beta Z/L_a & 0 & -1 \\
0 & 0 & A & (p-t\rho)\ h'F^m/h \\
0 & M & N & B \\
-1 & ghF^a_{KL} & -\rho g'hF^a_K F^m_L & -\mu g'F^a_K
\end{pmatrix}
\begin{pmatrix}
dr \\ dL_a \\ dL_m \\ dZ
\end{pmatrix}
=
\begin{pmatrix}
0 \\ gF^a \\ -ghF^a_L \\ -gF^a_K
\end{pmatrix}
ds_p
\qquad (6.14'')
$$

使用克莱姆法则分别对式（6.14′）和式（6.14″）求解，与式（6.14）计算的结果一起归纳整理，如表6-1所示。

表6-1　　　　　　　　　　　短期计算结果

变量	dλ	dr	dτ	dt	dL_a	dL_m	dZ	dD_1	dD_2	dD	dE
ds_a	/	+	+	+	+	−	−	−	−	−	+
ds_r	［+］或［−］	+	+	+	+	−	−	−	−	−	+
ds_p	/	+	+	+	+	−	−	−	−	−	+

注：+和−分别表示纵列外生变量的变化会导致横列内生变量向同方向和反方向改变；［+］和［−］分别表示在特殊条件约束下纵列外生变量的变化会导致横列内生变量向同方向和反方向改变；/表示纵列外生变量变化对横列内生变量的影响不能直接确定。

根据表6-1的结果，可以得到命题6.1。

命题6.1　在短期情况下，无论采用工资补贴、资本利率补贴还是农产品价格补贴来补贴农业部门，都会减少工业污染和农业污染、减少污染要素使用量，自然环境变好；三种补贴都会导致工业部门减少劳动力雇用数量、农业部门增加劳动力雇用数量。

短期中，资本未参与流动，环境效果的变化主要取决于工业部门劳动力和农业部门污染要素使用量的变化。由于将工业部门的环境污染税收作为农业部门补贴资金来源，对农业部门增加补贴就意味增加了工业部门的生产成本，工业部门为满足利润最大化的原则，会相应地减少雇用劳动力数量，缩小生产规模，从而使工业污染减少；又由于以工业部门的这部分税收对农业部门进行补贴，相当于降低了农业部门的生产成本，有利于扩大再生产，农业部门有雇用更多劳动力的需求，从而替代污染要素的使用，使农业污染减少。整体环境效果因此变好。

用图 6-1 表述命题 6.1 中工业污染税补贴农业的环境效果，可以用 4 条曲线描述其作用机制。将式（6.4）至式（6.7）和式（6.11）代入式（6.8'），可以得到 $s_i(i=a,r,p)$ 与 L_a 的正向关系，在 s_i—L_a 平面中用直线 SL_a 表示；根据式（6.5），在 L_a—Z 平面中得到曲线 L_aZ；将式（6.6）至式（6.8）和式（6.12）代入式（6.5），可以得到 Z 与 L_m 的负向关系，在 L_m—Z 平面中用直线 ZL_m 表示；根据式（6.4），在 L_m—E 平面得到直线 L_mE，L_m 越低，环境质量越好。因此，当政府提高农业补贴 s_i^* 至 s_i^{**} 时，农业部门的劳动力数量从 L_a^* 增加至 L_a^{**}，相应地污染要素使用量从 Z^* 降低至 Z^{**}，工业部门的劳动力数量从 L_m^* 减少至 L_m^{**}，环境质量从 E^* 提升到 E^{**}。

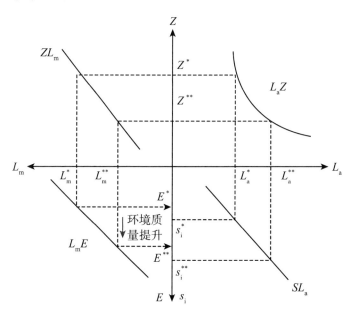

图 6-1 短期工业污染税补贴农业对环境的影响机制

最后，比较短期情况下工业污染税补贴农业三种补贴政策的环境效果。对表 6-1 的计算结果做差，可以得到 $\dfrac{\mathrm{d}E}{\mathrm{d}s_a} > \dfrac{\mathrm{d}E}{\mathrm{d}s_r}$，当满足 $w_aL_a - rK_a > 0$ 时，农业部门劳动力工资成本比资本利息成本要低，并且有 $\dfrac{\mathrm{d}E}{\mathrm{d}s_p} > \dfrac{\mathrm{d}E}{\mathrm{d}s_a}$、$\dfrac{\mathrm{d}E}{\mathrm{d}s_p} > \dfrac{\mathrm{d}E}{\mathrm{d}s_r}$，具体比较结果如表 6-2 所示。

表 6 - 2   工业污染税补贴农业三种补贴政策短期环境效果比较

补贴	工业污染	农业污染	总污染	环境质量
s_a, s_p	$\dfrac{\mathrm{d}D_1}{\mathrm{d}s_a} \odot \dfrac{\mathrm{d}D_1}{\mathrm{d}s_r}$	$\dfrac{\mathrm{d}D_2}{\mathrm{d}s_a} < \dfrac{\mathrm{d}D_2}{\mathrm{d}s_r}$	$\dfrac{\mathrm{d}D}{\mathrm{d}s_a} < \dfrac{\mathrm{d}D}{\mathrm{d}s_r}$	$\dfrac{\mathrm{d}E}{\mathrm{d}s_a} > \dfrac{\mathrm{d}E}{\mathrm{d}s_r}$
s_p, s_a	$\dfrac{\mathrm{d}D_1}{\mathrm{d}s_p} < \dfrac{\mathrm{d}D_1}{\mathrm{d}s_a}$	$\dfrac{\mathrm{d}D_2}{\mathrm{d}s_p} < \dfrac{\mathrm{d}D_2}{\mathrm{d}s_a}$	$\dfrac{\mathrm{d}D}{\mathrm{d}s_p} < \dfrac{\mathrm{d}D}{\mathrm{d}s_a}$	$\dfrac{\mathrm{d}E}{\mathrm{d}s_p} > \dfrac{\mathrm{d}E}{\mathrm{d}s_a}$
s_p, s_r	$\dfrac{\mathrm{d}D_1}{\mathrm{d}s_p} \odot \dfrac{\mathrm{d}D_1}{\mathrm{d}s_r}$	$\dfrac{\mathrm{d}D_2}{\mathrm{d}s_p} \odot \dfrac{\mathrm{d}D_2}{\mathrm{d}s_a}$	$\dfrac{\mathrm{d}D}{\mathrm{d}s_p} < \dfrac{\mathrm{d}D}{\mathrm{d}s_r}$	$\dfrac{\mathrm{d}E}{\mathrm{d}s_p} > \dfrac{\mathrm{d}E}{\mathrm{d}s_r}$

注：第一行农业工资补贴和资本利率补贴的比较是建立在 $w_\alpha L_\alpha - rK_\alpha > 0$ 的设定基础上的，而且 $\odot$ 表示两者之间大小无法明确判断。

根据表 6 - 2 的结果，可以得到命题 6.2。

命题 6.2   在短期情况下，相比对农业部门的工资补贴和资本利率补贴，农产品价格补贴具有更优的环境改善效果；当农业部门的劳动力成本大于资本成本时（$w_\alpha L_\alpha - rK_\alpha > 0$），对农业部门的工资补贴优于资本利息补贴。

三、长 期 模 型

（一）模型

在长期模型中，因为资本可以在两部门之间自由流动，因此工业部门和农业部门具有相同的资本利率。根据利润最大化原则，有：

$$(p - t\rho)F_K^m = r \tag{6.15}$$

其中，r 为两部门共同的资本利息率。

再考虑资本市场的出清，有：

$$K_\alpha + K_m = K \tag{6.16}$$

其中，K 为经济资本禀赋量。式（6.1）至式（6.12）在长期中仍然有效，反映工资补贴的模型由式（6.1）至式（6.7）、式（6.8'）、式（6.9）至式（6.12）、式（6.15）、式（6.16）共 14 个方程组成；反映资本利率补贴的模型由式（6.1）至式（6.8）、式（6.9'）、式（6.10）至式（6.11）、式（6.12'）、式（6.15）、式（6.16）共 14 个方程组成；反映农产品价格补贴的模型由式（6.1）至式（6.7）、式（6.8″）、式（6.9″）、式（6.10′）、式（6.11）、式（6.12″）、式（6.15）、式（6.16）共 14 个方程组成。各个模型可以决定 λ、r、τ、t、h、w_a、L_a、L_m、K_a、K_m、Z、E、X_1 和 X_2 共 14 个内生变量，在建模过程中出现的 w_m、K_a、K_m、L、K、$\bar{E}$、α、β、ρ、μ、s_a、s_r 和 s_p 是外生变量，长期模型构建完毕。

（二）分析

对式（6.4）进行全微分，可以得到：

$$dE = -\rho h F_L^m dL_m - \rho F_K^m dK_m - \mu dZ \tag{6.17}$$

从式（6.17）可以看出，长期中工业部门投入的劳动力要素、资本要素和农业部门的污染要素会影响环境质量。本章首先考虑工资补贴形式的工业污染税补贴农业的环境效果。对式（6.4）至式（6.7），式（6.8′）、式（6.9）至式（6.12）进行全微分，得到：

$$\begin{pmatrix}
0 & 0 & 0 & 0 & \alpha\beta L_a^{\beta-1} & 0 & 0 & 0 & -1 & 0 \\
0 & 0 & 0 & 0 & 0 & \rho h F_L^m & 0 & \rho F_K^m & \mu & 1 \\
0 & 0 & 0 & -\rho h F_L^m & 0 & (p-t\varphi)h^2 F_{LL}^m & 0 & (p-t\varphi)hF_{LK}^m & (p-t\varphi)h'F_L^m & 0 \\
w_a/(1+\lambda) & 0 & 0 & 0 & gh^2 F_{LL}^a & 0 & gh F_{LK}^a & 0 & gh'F_L^a+gh F_{LZ}^a & g'h'F_L^a \\
0 & -1 & 0 & -\rho F_K^m & 0 & (p-t\varphi)hF_{KL}^m & 0 & (p-t\varphi)F_{KK}^m & 0 & 0 \\
0 & -1 & 0 & 0 & gh F_{KL}^a & 0 & g F_{KK}^a & 0 & 0 & g'F_K^a \\
0 & 0 & -1 & 0 & gh F_{ZL}^a & 0 & 0 & 0 & g'F_{ZZ}^a & g'F_Z^a \\
L_m & 0 & 0 & 0 & 1 & 1+\lambda & 0 & 0 & 0 & 0 \\
0 & 0 & 0 & 0 & 0 & 0 & 1 & 1 & 0 & 0 \\
0 & 0 & 0 & \rho M & 0 & t\varphi h F_L^m & 0 & t\varphi F_K^m & 0 & 0
\end{pmatrix}
\begin{pmatrix}
d\lambda \\ dr \\ d\tau \\ dt \\ dL_a \\ dL_m \\ dK_a \\ dK_m \\ dZ \\ dE
\end{pmatrix}
=
\begin{pmatrix}
0 \\ 0 \\ 0 \\ -w_a \\ 0 \\ 0 \\ 0 \\ 0 \\ 0 \\ w_a L_a
\end{pmatrix}
ds_a$$

$$\tag{6.18}$$

考虑资本利率补贴。对式（6.4）至式（6.8）、式（6.9′）、式（6.10）至式（6.11）、式（6.12′）进行全微分，得到式（6.18′）。考虑价格补贴，对式（6.4）至式（6.7）、式（6.8″）、式（6.9″）、式（6.10′）、式（6.11）、式（6.12″）进行全微分，得到式（6.18″）。令 Δ_2 为式（6.18）、式（6.18′）和式（6.18″）的系数矩阵的行列式，通过动态的瓦尔拉斯调整可以得到 $\Delta_2 > 0$。

通过克莱姆法则求解式（6.18）、式（6.18′）和式（6.18″），可以得到如表 6-3 所示的计算结果。

综合表 6-3 中的结果，可以得到命题 6.3。

表 6 - 3　　　　　　　　　　　　长期模型计算结果

变量	$d\lambda$	dr	$d\tau$	dt	dL_a	dL_m	dK_a	dK_m	dZ	dD_1	dD_2	dD	dE
ds_a	/	/	−	+	/	/	−	+	+	/	+	+	−
ds_r	/	/	−	+	−	/	−	+	+	/	+	+	−
ds_p	/	/	−	+	−	/	−	+	+	/	+	+	−

注：＋和－分别表示纵列外生变量的变化会导致横列内生变量向同方向和反方向改变；/表示纵列外生变量变化对横列内生变量的影响不能直接确定。

命题 6.3　在长期情况下，无论采用工资补贴、资本利率补贴还是农产品价格补贴来补贴农业部门，都会增加农业污染、恶化环境，促使农业劳动力和资本向城市部门流动。

在长期情况下，工业污染税补贴农业部门使工业部门生产成本增加，劳动力和资本的边际生产偏离利润最大化使用量，需要投入更多生产要素，从而使农业部门的资本和劳动力转移到城市部门。农业部门由于劳动力和资本要素的减少，为稳定产量就会使用更多污染要素来替代劳动和资本，从而使农业污染增加、环境质量恶化。命题 6.3 说明长期情况与短期情况截然不同，提醒政策制定部门在环境污染较为严重的情况下，应该尽量避免长期使用以工业污染税补贴农业的补贴政策。

图 6 - 2 表述了长期情况下工业污染税补贴农业的环境效果，我们用 4 条曲线描述其作用机制。由长期模型可以得到 $s_i(i=a,r,p)$ 与 K_m 的正向关系，在 s_i—K_m 平面中用直线 SK_m 表示；由式（6.6）至式（6.9）、式（6.15）、式（6.16）可以确定 K_m 与 L_a 的负向关系，在 K_m—L_a 平面中用直线 K_mL_a 表示；式（6.5）用 Z—L_a 平面中的

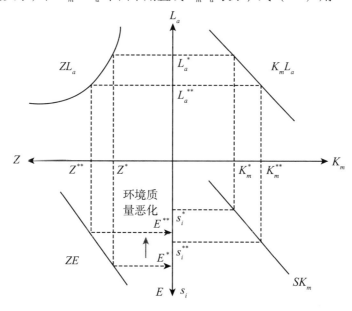

图 6 - 2　长期工业污染税补贴农业对环境的影响机制

曲线 ZL_a 表示 Z 和 L_a 的负向关系；式（6.4）用 Z—E 平面中的直线 ZE 表示，Z 越大，环境质量越差。因此，当政府提高农业补贴 s_i^* 至 s_i^{**} 时，K_m^* 提升至 K_m^{**}，相应的 L_a^* 降低至 L_a^{**}，Z 从 Z^* 增加到 Z^{**}，环境质量 E 从 E^* 降低到 E^{**}，环境质量恶化。

最后，我们比较长期情况下工业污染税补贴农业的三种补贴政策的环境效果。对表 6－3 的结果做差，结果如表 6－4 所示。

表 6－4　　　　工业污染税补贴农业三种补贴政策长期环境效果比较

s_p，s_a	$\dfrac{\mathrm{d}D_1}{\mathrm{d}s_p}\odot\dfrac{\mathrm{d}D_1}{\mathrm{d}s_a}$	$\dfrac{\mathrm{d}D_2}{\mathrm{d}s_p}>\dfrac{\mathrm{d}D_2}{\mathrm{d}s_a}$	$\dfrac{\mathrm{d}D}{\mathrm{d}s_p}>\dfrac{\mathrm{d}D}{\mathrm{d}s_a}$	$\dfrac{\mathrm{d}E}{\mathrm{d}s_p}<\dfrac{\mathrm{d}E}{\mathrm{d}s_a}$
s_p，s_r	$\dfrac{\mathrm{d}D_1}{\mathrm{d}s_p}\odot\dfrac{\mathrm{d}D_1}{\mathrm{d}s_r}$	$\dfrac{\mathrm{d}D_2}{\mathrm{d}s_p}>\dfrac{\mathrm{d}D_2}{\mathrm{d}s_a}$	$\dfrac{\mathrm{d}D}{\mathrm{d}s_p}>\dfrac{\mathrm{d}D}{\mathrm{d}s_r}$	$\dfrac{\mathrm{d}E}{\mathrm{d}s_p}<\dfrac{\mathrm{d}E}{\mathrm{d}s_r}$

注：⊙表示两者之间大小无法明确判断。

根据表 6－4 的结果，可以得到命题 6.4。

命题 6.4　在长期情况下，农产品价格补贴所造成的环境污染程度最大。

在长期情况下，对农产品价格进行补贴，相当于对农业的所有生产要素进行补贴，所以相对于对单一生产要素进行补贴具有更强的环境效果。

与既有相关文献的最大不同之处在于，本章将农业污染纳入研究范畴，将工业污染和农业污染的不同传导方式放在同一个一般均衡模型中。这样的做法能够最大限度地将现实经济中的污染状况放到经济理论的框架中进行研究，得到的结果有较强的实用性，在理论研究中尚为首次。与陈等（2017）的研究不同，本章更加合理地考虑了工业污染以及工业污染和农业污染的不同作用机制；与王（1990）、拉帕诺斯（2007）、大东（2008）以及大东和上手（2011）的研究不同，本章考虑了经济中不能忽视的农业污染和工业由于产生污染的负外部性而对农业损失的补偿；与李和伍（2018）认为利息补贴的环境效果最优的结论不同，本章的结论是短期中价格补贴的环境效果最优，长期中价格补贴的环境效果最差，其差异的根源在于本章考虑了农业污染。

四、数值模拟

（一）参数校准

为考察理论模型的解释力，本章以中国经济的宏观数据和现有文献的结论对模型参数进行校准，并基于校准的参数，就工业污染税补贴农业的不同形式对内生变量的影响进行数值模拟，检验命题6.1至命题6.4的数值特征。

将工业和农业的生产函数设定为柯布—道格拉斯生产函数的形式：

$$X_1 = (hLm)^{\gamma_1} Km^{\gamma_2}$$

$$X_2 = g(E)(hLa)^{\theta_1} Ka^{\theta_2} Z^{\theta_3}$$

其中，$\gamma_1 + \gamma_2 = 1$、$\theta_1 + \theta_2 + \theta_3 = 1$。将环境质量对农业产出的影响因子和污染要素使用对人力资本健康的影响程度设为可计算的函数形式：

$$g(E) = E^{\varepsilon}$$

$$h = (1+Z)^{\iota}$$

其中，$g(E) \in (0,1)$，$\varepsilon \in (0,1)$，$\iota \in (-1,0)$。

关于工业部门和农业部门生产要素的投入弹性，可以通过各要素投入成本占总要素投入成本的份额进行确定。本章采用《中国统计年鉴（2017）》相关数据进行估算。2016年中国城镇单位就业人数和平均工资分别为41 428万人和6.756 9万元，将其作为工业部门劳动力使用量和工资水平；2016年农村就业人数为36 175万人，农村居民人均可支配收入为1.236 34万元，分别将其作为农业部门劳动力使用量和农业部门工资水平；关于农业部门资本，王劲屹（2018）测算出2014年农村实际资本存量为42 902.6亿元，将其作为农业部门资本使用量；根据金融机构长期贷款基准利率（3～5年）4.75%，上调到6.75%作为工业部门资本的利率水平 r_m，考虑到农业部门相对于工业部门融资成本较高的事实，将 $1.5 \times r_m$ 作为农业部门资本的利率水平；另外，将2016年农用化肥使用量（折纯量）、农用塑料薄膜使用量和农药使用量之和6 418万吨，作为农业污染要素的使用量。从而估算出 γ_1、γ_2、θ_1、θ_2 和 θ_3。关于污染要素 Z 和农业部门生产所用劳动力 L_a 的关系，根据《中国农村统计年鉴》（2000～2017年）相关数据，通过最小二乘法估计 α、β 的数值。

式（6.4）中，假定经济中不产生污染时环境对污染物的容纳量 $\bar{E}$ 为1，从而工业污染 D_1、农业污染 D_2 也被标准化。由于环境污染涉及水污染、大气污染、噪声污染、生活垃圾污染等各方面，并没有相关的综合数据直接反映环境质量。为此，本章借鉴董直庆等（2014）计算环境质量指数的方法，将反映环境质量不同方面的单项指标进行加权处理，测算出2016年环境质量的综合评价值为0.689 4，作为本部分数值模拟采用的环境质量水平。另外，根据工业污染源相对于农业污染源排放化学需氧量、氨氮等的比例，假定农业污染相对于工业污染的比例为3.5，从而测算出 ρ 和 μ。根据2007年世界银行的估算，[①] 中国2003年由于酸雨和污染水源

---

① World Bank, "Cost of Pollution in China: Economic Physical Damages", 2007, No. 39236.

灌溉导致的农作物损失分别为 300.1117 亿元和 66.7787 亿元，其和相对于农业产出 14 870.1 亿元的比例等同于 $(1 - E^\varepsilon)/E^\varepsilon$，从而估算出 ε。

由于农业污染要素使用对劳动者健康的影响指标 h 并没有直观的数据来反映，本章基于《中国卫生与计划生育统计年鉴（2017）》的相关数据测算出 2008～2013 年年均患病增长率为 5.5%，以此作为劳动力的健康损失，考虑到前面假设农业污染相对于工业污染的比例为 3.5，所以：

$$h = (1 - 5.5\%) \times 3.5/(1 + 3.5) = 0.735$$

由此估算出 ι。

模型参数校准值如表 6-5 所示。

表 6-5   **参数校准值**

项目	γ_1	γ_2	θ_1	θ_2	θ_3	ι
校准值	0.303	0.697	0.516	0.205	0.279	-0.035
项目	ρ	μ	α	β	ε	
校准值	5.09835×10^{-8}	3.764066×10^{-5}	5 400 315 000	-1.2998	0.066	

短期情况下，资本不能在工业部门和农业部门间自由流动，所以工业、农业资本使用量相当于一个定值。长期情况下，资本能够在工业部门和农业部门间自由流动，假定均衡资本利率为 r，通过 $K_m \times r_m + K_a \times r_a = K \times r$ 求出均衡资本利率。由于长期情况下资本利率水平会改变，通过上述估算方法估算的生产函数的生产要素弹性也会随之变化，因此，长期情况下，γ_1、γ_2、θ_1、θ_2、θ_3 的参数校准值分别为 0.303、0.697、0.516、0.137、0.346。

（二）数值模拟

1. 短期情况

资本不能在工业部门和农业部门间自由流动，所以工业、农业资本使用量相当于一个定值，而且资本利率不相同。图 6-3 分别描绘了短期情况下三种农业补贴政策在不同农业补贴比例下，工业部门劳动力 L_m、农业部门劳动力 L_a、工业污染 D_1、农业污染 D_2 和环境质量 E 的变化情况。可以看出，随着农业补贴比例的增加，工业部门劳动力减少，农业部门劳动力增加，农业部门污染要素使用量减少，与此同时，工业污染、农业污染减少，环境质量变好。比较三种农业补贴政策的效果，可以得出农产品价格补贴的环境污染控制效果更优。而且，当 $w_\alpha L_\alpha - r K_\alpha > 0$ 时，相对于资本利率补贴，对农业部门的工资补贴可以减少更多的农业污染，环境效果更好。

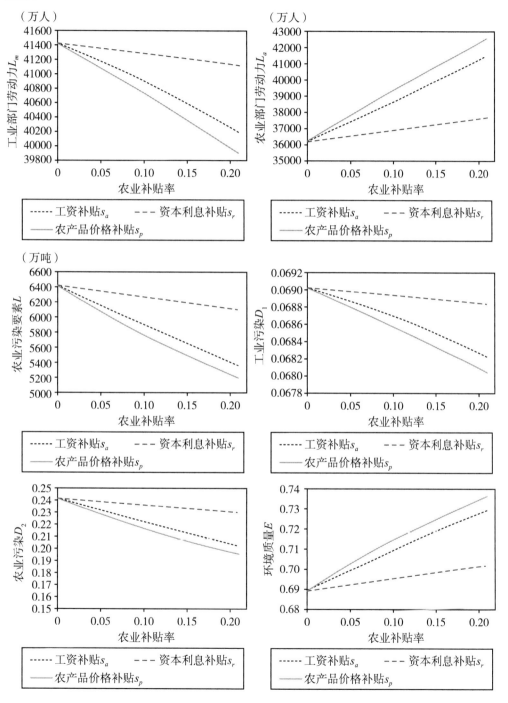

图 6 – 3　短期情况下工业污染税补贴农业的经济与环境效果

短期情况下数值模拟的结果与理论研究部分的命题 6.1 和命题 6.2 相关结论一致。

2. 长期情况

资本能够在工业部门和农业部门间自由流动，工业部门和农业部门采用均衡资本利率水平。图 6-4 分别描绘了长期情况下三种农业补贴政策在不同农业补贴比例下，工业部门劳动力 L_m、资本 K_m，农业部门劳动力 L_a、资本 K_a，工业污染 D_1，农业污染 D_2 和环境质量 E 的变化情况。可以看出，随着农业补贴比例的增加，工业部门劳动力与资本使用量增加，农业部门劳动力和资本使用量减少，污染要素使用量增加，与此同时，工业、农业污染都增加，环境质量变差。比较三种农业补贴政策的效果，可以得出，农产品价格补贴造成的环境恶化程度更大，使工业、农业污染增加更多。

长期情况下数值模拟的结果与理论研究部分的命题 6.3 和命题 6.4 相关结论一致。

（三）敏感性检验

在 ι 的校准中，由于患病增长率 5.5% 是一个 5 年的平均数值，所以具体年份的 h 值不能确定，我们需要检验不同的 h 水平是否会影响到本章的结论。在参数校准中，h 值计算为 0.735，在此，我们设 h 水平分别为 0.635 和 0.835。对 ι 值进行校准，h 为 0.705 和 0.765 对应的重新校准的 ι 分别为 -0.052 和 -0.021。由此模拟出不同 h 水平下的农业补贴政策的经济与环境效果，发现 h 水平的不同并不影响我们的模拟结果，所以本章的模型结果是稳健的。

五、结 论

在中国经济发展的过程中，发展与环境污染的矛盾日益凸显，尤其是农业面源污染愈加严重。长三角地区的情况亦是如此。应该认识到，工业污染和农业污染对经济及环境有不同的影响路径，而且工业污染给农业生产带来负外部性，产生污染的企业理应为农业损失作出补偿，故而我们设定对工业污染课税补贴农业，并建立了一个两部门的一般均衡模型，研究了在农业污染的背景下工业污染税补贴农业的环境效果。本章这样的设定是最大限度地用数理语言来合理地还原经济实际。或

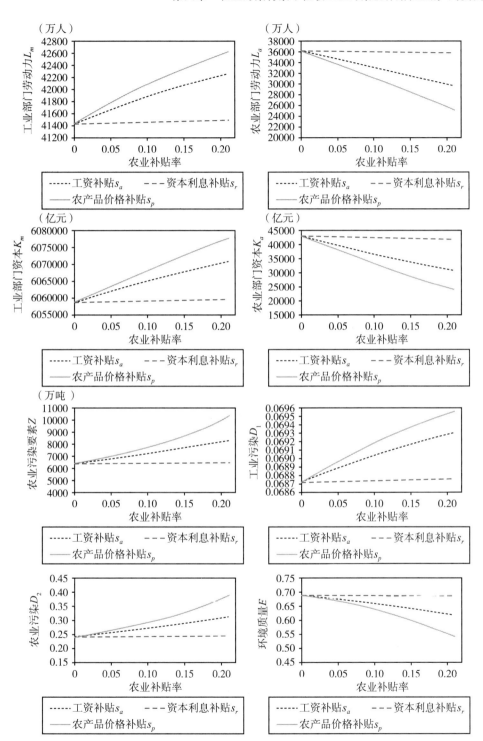

图6-4 长期情况下工业污染税补贴农业的经济与环境效果

许，我国的一些地方还没有实施这样的政策，但从经济发展大局和反哺农业的角度来说，这样的设定是一个合理的制度安排。本章的主要结论是：短期工业污染税补贴农业会导致工业部门劳动力向农业部门转移，并有改善环境、使农业部门减少使用污染要素的效果，特别是农产品价格补贴更具有显著的环境污染控制效果；长期工业污染税补贴农业的环境效果与短期情况相反，导致农业部门资本和劳动力向工业部门转移，恶化环境、增加农业使用污染要素，农产品价格补贴更具有显著的环境恶化效果。在理论分析的基础上，我们通过中国宏观数据和现有文献的研究成果对模型的参数进行校准，并基于校准的参数对模型进行数值模拟，其结果验证了本章的理论模型对工业污染税补贴农业环境效果的解释力，本章的结论能够为我国政府制定相关政策提供较好的理论依据。

参考文献

［1］董直庆、蔡啸、王林辉：《技术进步方向、城市用地规模和环境质量》，载于《经济研究》2014年第49卷第10期。

［2］李晓春：《劳动力转移和工业污染——在现行户籍制度下的经济分析》，载于《管理世界》2005年第6期。

［3］王劲屹：《农村金融发展、资本存量提升与农村经济增长》，载于《数量经济技术经济研究》2018年第35期。

［4］Beladi, H. & Chao, C. C., "Environmental Policy, Comparative Advantage, and Welfare for a Developing Economy", *Environment & Development Economics*, 2006, 11 (5): 559 – 568.

［5］Chen, Y., Wen, X., Wang, B. & Nie, P., "Agricultural Pollution and Regulation: How to Subsidize Agriculture?", *Journal of Cleaner Production*, 2017, 164 (258): 264.

［6］Chua, S., "Does Tighter Environmental Policy Lead to a Comparative Advantage in Less Polluting Goods?", *Oxford Economic Papers*, 2003, 55 (1): 25 – 35.

［7］Copeland, B. R. & Taylor, M. S., "Trade, Spatial Separation, and the Environment", *Journal of International Economics*, 1999, 47 (1): 137 – 168.

［8］Daitoh, I. & Omote, M., "The Optimal Environmental Tax and Urban Unemployment in an Open Economy", *Review of Development Economics*, 2011, 15 (1): 168 – 179.

［9］Daitoh, I., "Environmental Protection and Trade Liberalization in a Small Open Dual Economy", *Review of Development Economics*, 2008, 12 (4): 728 – 736.

［10］Grossman, G. M. & Krueger, A. B., "Economic Growth and the Environment", *The Quarterly Journal of Economics*, 1995, 110 (2): 353 – 377.

［11］Kondoh, K. & Yabuuchi, S., "Unemployment, Environmental Policy, and International Migration", *Journal of International Trade & Economic Development*, 2012, 21 (5): 677 – 690.

［12］Li，X. & Wu，Y.，"Environment and Economic in the Modern Agricultural Development"，*Asia – Pacific Journal of Accounting & Economics*，2018，25：163 – 176.

［13］Rapanos，V. T.，"Environmental Taxation in a Dualistic Economy"，*Environment and Development Economics*，2007，12：73 – 89.

［14］Tawada，M. & Sun，S.，"Urban Pollution，Unempolyment and National Welfare in a Dualistic Economy"，*Review of Development Economics*，2010，14（2）：311 – 322.

［15］Wang，L. F. S.，"Unemployment and the Backward Incidence of Pollution Control"，*Journal of Environmental Economics & Management*，1990，18（3）：292 – 298.

第七章

乡村振兴战略下的混合制企业民营化：
经济和环境效果研究

一、引　言

　　混合所有制企业是我国经济建设中一支重要的力量，是指公有资本和非公有制资本共同拥有股份的企业（以下简称"混合制企业"）。近年来，实体经济中民营化成为我国国营和混合制企业改革的重点。其实，自20世纪80年代开始，许多发展中国家甚至发达国家就开始着手对国营企业进行部分民营化（Megginson & Netter，2001），与之相呼应，在理论经济学的研究中也出现许多对混合制企业民营化进行研究的成果。例如，松村（Matsumura，1998）证明了在寡头混合制企业中的最优民营化水平会出现在部分民营化中，而不是全部民营化；戶丸（Tomaru，2006）研究了税收和补贴政策对混合制企业民营化的影响；赵和俞（Chao & Yu，2006）研究了与国外企业竞争的混合制企业民营化对于最优关税的影响，发现与外国企业竞争能降低最优关税，而部分民营化则使最优关税提升；藤原（Fujiwara，2007）探究了产品的异质性对于混合制企业最优民营化水平的影响；王和陈（Wang & Chen，2011）研究了国外资本的渗透对混合制企业部分民营化的影响。

　　在混合所有制企业民营化不断取得进展的同时，环境问题也逐渐成为我国面临的严重问题：2004~2014年，中国二氧化碳和二氧化硫排放量分别以8%和6%的比例逐年增长。当然，我们还不能判断混合制企业的民营化对环境究竟有何影响，特别是由于混合制企业不仅仅考虑自身利润，还对社会福利负有责任。但可以肯定的是，部分民营化会使混合制企业的经营目标发生变化，从而导致均衡产量、生产规模发生变化。这是因为工业经济规模越大，对环境的不利影响越大（Grossman & Krueger，1995），而混合制企业的民营化势必影响生产规模，故而可以对环境产生影响。有鉴于此，近年来在国际学术界出现了一些研究混合制企业民营化与环境之间关系的成果。例如，贝拉迪和赵（2006）研究了混合制企业民营化与环境影响的问题；加藤（Kato，2006）针对寡头混合制企业，比较了污染许可证可以买卖（TEP）和不可以买卖（NTEP）两种情况对经济的影响；加藤（2013）则在有环境污染的前提下考察了双寡头混合制企业的市场最优民营化程度。

党的十九大报告明确提出实施乡村振兴战略，为中国的农业现代化指明了方向。现代农业是指以市场经济为导向，以资本和技术为新要素，实现单位土地面积高经济收益的农业。近年来，我国的现代农业发展成为经济发展的着力点，有学者对1980～2008年中国农业现代化的发展水平进行了定量测算并得出结论：在政府的大力支持下，全国现代农业的发展水平处于上升趋势，2008年全国现代农业发展水平综合指数比1980年上升了135%（辛岭和蒋和平，2010）。但必须指出的是，虽然有学者研究了农业现代化对环境的影响，如李和伍（2018）等，但在现代农业的经济理论研究中，却很少有将混合制企业民营化与现代农业结合起来的研究成果，李和伍（2018）也没有将混合制企业的民营化考虑进去。我们有理由相信，混合制企业民营化与现代农业之间存在着相互影响，而它们之间的互相作用也会波及环境。其理由是：由于我国存在较为明显的城乡收入差异，随着乡村振兴战略的深入实施，农村生产效率的提升势必引起城乡劳动力转移等市场反应，影响城市的就业，进而对混合制企业的民营化形成制约；而且，混合制企业提高民营化程度的同时也必然提高工业生产效率，影响劳动雇佣和生产规模，从而影响环境。所以，乡村振兴、混合制企业民营化以及环境治理都是当下我国经济必须同时面对的，因而我们有必要了解乡村振兴战略下混合制企业民营化的经济和环境效果。

为解明乡村振兴战略下混合制企业民营化的经济和环境效果，本章首先构建了一个由混合制企业和农业部门组成的两部门一般均衡模型，在混合制企业生产产生污染、影响农业生产和消费者效用的前提下，分析混合制企业部分民营化对于环境、失业和社会福利的影响，并计算出最优民营化水平，即社会福利最大化时的民营化水平。以此为基础，将农业部门划分为现代农业部门和传统农业部门，构架了由混合制企业、现代农业部门和传统农业部门组成的三部门一般均衡模型。本章的主要结论如下：提高混合制企业的民营化程度会降低企业产量，改善环境污染和城市失业，提高农村工资；在基础模型中提高混合制企业的民营化程度会降低利息率；在考虑现代农业的模型中则会提高利息率并促进现代农业发展。这样的结论可以为民营化政策和现代农业发展政策的实际制定提供理论依据。本章研究在学术研究方面也具有重要意义：将环境因素和现代农业发展政策同时纳入混合制企业民营化的考察中，拓宽了发展中国家民营化分析的范围。

二、基 础 模 型

（一）模型

本章考虑一个发展中国家的二元经济，该经济分为城市部门和农业部门。其中，农业部门在完全竞争的环境下用劳动力生产农产品 Z，城市部门则有一家混合所有制企业以劳动力和资本生产工业产品 X。我们假设劳动力在混合制企业和农业部门自由流动；资本为混合制企业特有，发展中国家的农业生产大多以家庭为单位，所用的资本量小很难与城市部门流通，所谓"资本专有"是指因经济发展状况和制度所造成的资本城乡隔离状态。我们还假设混合制企业在生产中释放废气、废水和废渣等"三废"，并通过空气、水等媒介污染环境，对农业部门的生产产生负面影响。混合制企业和农业部门的生产函数分别为：

$$X = F^X(L_X, K_X)$$
$$Z = E^{-\varepsilon} F^Z(L_Z)$$

其中，X、Z 分别代表混合制企业和农业部门的产出；$L_i(i=X,Z)$ 分别代表混合制企业和农业部门雇用的劳动力数量；K_X 代表混合制企业的资本量；E 是环境污染量，$E = \lambda X$，λ 表示混合制企业生产1单位产品产生的污染数量；$E^{-\varepsilon}$ 表示环境污染对农业部门生产的影响，$\varepsilon > 0$，$0 < E^{-\varepsilon} < 1$，污染越严重，农业产量下降的就越多。

本章用 w_X、r_X 分别表示混合制企业的工资率和资本利息。由于最低工资等限制，w_X 是向下刚性的外生变量。我们令混合制企业生产 X 的单位成本为 $m(w_X, r_X)$，根据谢泼德引理，混合制企业雇佣的资本和劳动分别为 $K_X = m_r(w_X, r_X)X$ 和 $L_X = m_w(w_X, r_X)X$，单位成本的下标表示对该要素的偏微分。

设 w_Z 表示农业部门工资，Z 的单位成本是 $E^\varepsilon h(w_Z)$，在完全竞争条件下[①]，单

---

① 在完全竞争条件下，由利润为零可知 $E^{\varepsilon 2}h(w_Z) = L_Z w_Z = E^{\varepsilon 2}h_w(w_Z)Zw_Z$，即 $h = h_w \times w_Z$，从而 $h(\cdot)$ 的一阶导数大于零，二阶导数等于零，传统农业部门工资对劳动需求弹性 $\theta_L^Z = 1$。

位成本等于价格：

$$E^{\varepsilon} h(w_Z) = 1 \qquad (7.1)$$

其中，产品 Z 的价格单位化为 1。农业对劳动的需求为：$L_Z = E^{\varepsilon} h_w(w_Z) Z$。

消费者消费工业产品和农业产品，其效用函数为 $U = V(X) + Z - D(E)$，D 代表环境污染对消费者效用的损害。环境损害 D 依赖于污染水平 E，E 越大环境损害越大；D 还间接依赖于混合制企业产量 X，X 越大环境损害也越大：$D = E^2/2$。预算约束为 $I = PX + Z$，I 为收入，P 为对于产品 Z 而言产品 X 的相对价格。X 的反需求函数 $P = P(X)$，且有 $P' < 0$，假定反需求函数是严格拟凹的。间接效用为 $U = V(X) + I - PX - E^2(X)/2$。

混合制企业既关注利润又关心社会福利。X 企业的利润为：

$$\pi = P(X)X - m(w_x, r_x)X$$

社会福利为：

$$W = \pi + CS$$

其中，CS 表示 X 产品的消费者剩余，$CS = V(X) - P(X)X$。从而，企业的目标是使利润与福利的加权平均 $k\pi + (1-k)W$ 最大，其中 $k \in [0, 1]$，表示民营化程度，民营化程度越高 k 值越大。企业决定产量 X 以实现目标最大化。一阶条件为：

$$P(X) + \lambda E(X) - k[\lambda E(X) - P'(X)X] = m(w_x, r_x) \qquad (7.2)$$

式（7.2）左边表示生产 X 的边际收益。当 $k > 0$ 时，产品 X 的边际收益比完全国有（$k = 0$）情况下更小，也即混合制企业民营化会减少生产。混合制企业部分民营化将提高利润，但产量减少会使社会福利的无谓损失增加，降低社会福利水平，也即产生垄断扭曲；同时，应该注意到，由于产量降低可以改善环境，减少环境损害，提升社会福利水平，因而考虑环境的混合制企业民营化的环境和福利效果变得相对复杂。

接下来考虑劳动市场。根据发展中国家的特点，城市的混合制企业工资是由制度设定的且高于农村，由哈里斯和托达罗（1970）模型可知，较高的混合制企业工资吸引传统农业部门劳动力向混合制企业流动的同时，由于混合制企业工资的下方刚性也带来城市失业，在均衡处有：

$$w_Z = \frac{w_X}{1 + \mu} \qquad (7.3)$$

其中，$\mu = L_U/L_X$ 表示混合制企业失业比率；L_U 表示混合制企业失业水平。经济中

劳动市场出清的条件为:

$$(1 + \mu)L_X + L_Z = L \tag{7.4}$$

其中, L 表示经济中的劳动禀赋。

转向资本市场, 由于混合制企业的资本专有性, 资本市场出清条件为:

$$K_X = m_r(w_x, r_x)X \tag{7.5}$$

最后, 用间接效用表示社会福利, 有:

$$U = V(X) + I - PX - E^2(X)/2 \tag{7.6}$$

其中, $I = K_X \times r_X + L_X \times w_X + L_Z \times w_Z + \pi$, 即收入由要素收入和混合制企业的利润构成。我们将用以上模型来分析混合制企业部分民营化对城市失业、环境以及社会福利的影响。

(二) 分析

使用式 (7.1) 至式 (7.5) 对式 (7.6) 进行全微分, 有:

$$\mathrm{d}U = (P - m)\mathrm{d}X - \frac{w_Z^2 L}{w_X}\mathrm{d}\mu \tag{7.7}$$

对式 (7.2) 进行全微分, 有:

$$-A\hat{X} - \delta b\theta_K^X \hat{r}_X = B\hat{k} \tag{7.8}$$

其中, ^代表变量的变化率; $A = [1 + ke + \delta(1 - b)] > 0, B = (\lambda a\delta + 1)k > 0$。记 $\delta = -P/XP'$ 表示产品 X 的需求价格弹性, $\theta_K^X = m_r r_X/m$ 表示单位成本中资本的份额, $a = E/P$ 表示环境污染与产品 X 价格的比值, $b = m/P$ 表示产品 X 的单位成本与价格的比值, 由于混合制企业的垄断性, $0 < b < 1$。另外, 用 $e = XP''/P'$ 来测度产品 X 的需求函数曲率, 由稳定性假设有 $1 + ke > 0$。在一般均衡中, 民营化不仅直接降低产品 X 产量, 还通过资本收益率变化间接影响 X 产量。

对式 (7.5) 进行全微分, 可以得到混合制企业产出和资本收益率间的关系:

$$\hat{X} + \sigma_{KK}^X \hat{r}_X = 0 \tag{7.9}$$

其中, $\sigma_{KK}^X = \lambda_{KK}^X \theta_{KK}^X < 0$, $\lambda_{KK}^X = m_{rr}m/m_r m_r < 0$, $\theta_K^X = m_r r_X/m$。式 (7.9) 表明提升 X 产量将导致资本需求增加, 从而提高资本利息率。根据式 (7.8) 和式 (7.9), 提高民营化程度对产品 X 产量和利息率 r_X 的影响有:

$$\frac{\hat{X}}{\hat{k}} = \frac{\sigma_{KK}^X B}{D} < 0 \tag{7.10}$$

$$\frac{\hat{r}_X}{\hat{k}} = -\frac{B}{D} < 0 \tag{7.11}$$

其中，$D = -A\sigma_{KK}{}^X + \delta b \theta_K{}^X > 0$。民营化程度的提升降低了产品 X 的产量，因而减少了劳动力使用量。一般地，失去工作的劳动力部分转移到农村，部分留在城市以等待工作机会。前者使农村工资下降，后者使城市失业率提高，这也是贝拉迪和赵（2006）得到的结论。将环境问题纳入模型后，民营化对城市失业的影响却完全相反。通过求解式（7.1）、式（7.3）可以得到：

$$\frac{\hat{E}}{\hat{k}} = \frac{\hat{X}}{\hat{k}} < 0 \tag{7.12}$$

$$\frac{\hat{w}_Z}{\hat{k}} = -\varepsilon \frac{\hat{X}}{\hat{k}} > 0 \tag{7.13}$$

$$\frac{\hat{\mu}}{\hat{k}} = \varepsilon \left(1 + \frac{1}{\mu} \right) \frac{\hat{X}}{\hat{k}} < 0 \tag{7.14}$$

这是因为民营化程度的提升降低了产品 X 的产量，减少了环境污染，使农村的生产环境得到改善，生产效率提高，因而提升了农村工资，吸引更多劳动力转向农业部门，甚至部分留在城市的失业人口也回到农村，从而使城市失业率下降。

综上所述，可以得到命题 7.1。

命题 7.1 在二元经济中，提高混合制企业的民营化程度会降低企业产量，改善环境污染和城市失业，提高农村工资，降低利息率。

另外，式（7.7）可以转化为 $\mathrm{d}U = (P - m + \lambda E)\mathrm{d}X - E\mathrm{d}E - (w_z{}^2 L / w_x)\mathrm{d}\mu$，我们不妨将经济的社会福利看成由混合制企业垄断、环境污染和城市失业三者构成，考察混合制企业的部分民营化，有：

$$\frac{\mathrm{d}U}{\mathrm{d}k} = (P - m + \lambda E)\frac{\mathrm{d}X}{\mathrm{d}k} - E\frac{\mathrm{d}E}{\mathrm{d}k} - \frac{w_z^2 L}{w_x}\frac{\mathrm{d}\mu}{\mathrm{d}k} \tag{7.15}$$

由式（7.2）有 $P - m + \lambda E = (\lambda E - P'X)k$，代入式（7.15）并通过解 $\mathrm{d}U/\mathrm{d}k = 0$ 可以得到：

$$k^0 = \frac{E\dfrac{\mathrm{d}E}{\mathrm{d}k} + \dfrac{w_z^2 L}{w_x}\dfrac{\mathrm{d}\mu}{\mathrm{d}k}}{(\lambda E - P'X)\dfrac{\mathrm{d}X}{\mathrm{d}k}} \tag{7.16}$$

其中，k^0 为社会福利达到最大时的民营化水平，称为"最优民营化水平"。显然，k^0 是一个变量，它受环境污染水平、混合制企业产量、农村工资率和失业率的影响。将式（7.16）代入式（7.15），可以得到：

$$\frac{\mathrm{d}U}{\mathrm{d}k} = (\lambda E - P'X)\frac{\mathrm{d}X}{\mathrm{d}k}(k - k^0) \tag{7.17}$$

其中，$(\lambda E - P'X)\mathrm{d}X/\mathrm{d}k < 0$。因此，当 $k < k^0$ 时，$\mathrm{d}U/\mathrm{d}k > 0$；当 $k > k^0$ 时，$\mathrm{d}U/\mathrm{d}k < 0$；当 $k = k^0$ 时，社会福利获得最大值。民营化对社会福利的影响机制如图 7-1 所示。

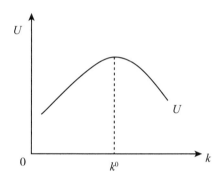

图 7-1　民营化对社会福利的影响

三、乡村振兴战略与混合制企业民营化

（一）模型

　　随着乡村振兴战略的深入实施，城市资本逐渐向农业部门渗透形成现代农业，从而农业部门逐步分化成现代农业部门和传统农业部门，逐渐在农村部门形成二元经济结构。其中，现代农业部门使用劳动力和资本在完全竞争的环境下生产农产品 Y，传统农业部门则使用劳动力生产农产品 Z。我们假设混合制企业仍然以劳动力和资本两种要素生产工业品 X；假设环境污染对现代农业和传统农业的生产都产生负面影响。混合制企业、现代农业部门和传统农业部门的生产函数分别为：

$$X = F^X(L_X, K_X)$$
$$Y = E^{-\varepsilon 1} F^Y(L_Y, K_Y)$$
$$Z = E^{-\varepsilon 2} F^Z(L_Z)$$

其中，$L_i(i = X, Y, Z)$ 分别代表混合制企业、现代农业部门和传统农业部门雇用的劳动力数量；K_X 和 K_Y 分别代表混合制企业和现代农业部门的资本投资；E 为环境污染量，$E = \lambda X$，λ 表示混合制企业生产 1 单位产品产生的污染数量；$E^{-\varepsilon_i}(i=1,2)$ 分别表示环境污染对现代农业部门和传统农业部门生产的影响，$0 < E^{-\varepsilon_i} < 1$，污染越严重，产量下降的就越多，又因为先进的现代农业部门大多种植经济作物，与传统农业部门相比更加依赖环境，故设 $0 < \varepsilon_2 < \varepsilon_1$。混合制企业使用的资本和雇用的劳动力数量仍表示为 $K_X = m_r(w_X, r_X)X$、$L_X = m_w(w_X, r_X)X$。

设 w_Y、w_Z 分别表示现代农业部门和传统农业部门的工资；r_Y 表示现代农业部门的资本收益率；Y、Z 的单位成本分别为 $E^{\varepsilon_1}g(w_Y, r_Y)$ 和 $E^{\varepsilon_2}h(w_Z)$。在完全竞争条件下，单位成本等于价格：

$$E^{\varepsilon_1}g(w_Y, r_Y) = P_Y \tag{7.18}$$

$$E^{\varepsilon_2}h(w_Z) = 1 \tag{7.19}$$

其中，产品 Z 的价格单位化为 1。现代农业部门和传统农业部门对资本和劳动力的需求分别为：

$$K_Y = E^{\varepsilon_1}g(w_Y, r_Y)Y \quad L_Y = E^{\varepsilon_1}g_w(w_Y, r_Y)Y, L_Z = E^{\varepsilon_2}h_w(w_Z)Z$$

消费者消费这三种产品，其效用函数为 $U = V(X) + G(Y) + Z - D(E)$，预算约束为 $I = P_X X + P_Y Y + Z$。其中，I 为收入；P_X 和 P_Y 分别为相对于产品 Z 而言的产品 X 和产品 Y 的相对价格。X 的反需求函数 $P_X = P_X(X)$ 且有 $P_X' < 0$，假定反需求函数是严格拟凹的。间接效用为 $U = V(X) + G(Y) + I - P_X X - P_Y Y - E^2(X)/2$。

混合制企业决定产量 X 以实现其目标：使利润与福利的加权平均 $k\pi + (1-k)W$ 最大化。一阶条件为：

$$P(X) + \lambda E(X) - k[\lambda E(X) - P'(X)X] = m(w_x, r_x) \tag{7.20}$$

式（7.20）左边表示生产产品 X 的边际收益。当 $k > 0$ 时，边际收益比完全国有（$k=0$）情况下更小。

接下来考虑劳动市场。本章采用三部门哈里斯—托达罗模型，假定混合制企业工资比农业部门高，而现代农业部门工资比传统农业部门高。由于城市部门存在失业，因而劳动力转移出传统农业部门有失业风险。只有在对现代农业部门和混合制企业的预期工资比本部门高时，劳动力才会转移出传统农业部门。在均衡处，有：

$$\frac{L_X}{(1+\mu)L_X + L_Y}w_X + \frac{L_Y}{(1+\mu)L_X + L_Y}w_Y = w_Z \tag{7.21}$$

其中，$\mu = L_U/L_X$ 表示混合制企业失业比率；L_U 表示混合制企业失业水平。由于现代农业的生产特点，我们假定传统农业劳动力不能无限地流向传统农业部门，其吸收的劳动力数量受到本部门雇佣资本的限制。现代农业雇佣资本与劳动力的关系为：

$$L_Y = cK_Y^{\beta} \tag{7.22}$$

其中，c 为常数，$\beta(0 < \beta < 1)$ 表示现代农业资本对劳动力的弹性。经济中劳动市场出清的条件是：

$$(1 + \mu)L_X + L_Y + L_Z = L \tag{7.23}$$

其中，L 表示经济中的劳动禀赋。因而，式（7.21）可以变形为：

$$w_X L_X + w_Y L_Y = w_Z \left[(1 + \mu)L_X + L_Y \right] = w_Z(L - L_Z) \tag{7.21'}$$

下面转向资本市场。资本在部门间自由流动，资本市场出清的条件为：

$$K_X + K_Y = K \tag{7.24}$$

其中，K 表示经济的资本禀赋。由于资本在混合制企业和现代农业部门间自由流动，有 $r_x = r_Y = r$。

用间接效用表示社会福利：

$$U = V(X) + G(Y) + I - P_X X - P_Y Y - E^2(X)/2 \tag{7.25}$$

其中，$I = K_X \times r_X + K_Y \times r_Y + L_X \times w_X + L_Y \times w_Y + L_Z \times w_Z + \pi$，即收入由要素收入和混合制企业的利润构成。我们将用以上模型来检验混合制企业部分民营化对现代农业产出、城市失业、环境以及社会福利的影响。

（二）分析

使用式（7.18）至式（7.24），对式（7.25）进行全微分，可得：

$$\frac{dU}{dk} = (P_X - m + \lambda E)\frac{dX}{dk} - \frac{w_Z^2}{w_X}(L - L_Y)\frac{d\mu}{dk} - \left(\frac{\varepsilon_1 YP_Y}{E} + E\right)\frac{dE}{dk} \tag{7.26}$$

即民营化对社会福利的影响可以转化为民营化对混合制企业垄断、城市失业和环境污染三者的影响。对式（7.20）进行全微分，有：

$$-A\hat{X} - \delta b\theta_K^x \hat{r} = B\hat{k} \tag{7.27}$$

可见，一般均衡中民营化不仅直接作用于产品 X 的产量，还通过资本收益率变化间接影响产品 X 的产量。转向资本市场，对式（7.24）进行全微分，结合式（7.22），有：

$$M\hat{X} + N\hat{r} + Q\hat{w}_Y = 0 \tag{7.28}$$

其中，$M = \frac{K_X}{K_Y} + \varepsilon_1 - 1$，$N = \frac{K_X}{K_Y}\sigma_{KK}^X + \frac{\beta}{1-\beta}(\sigma_{LK}^Y - \sigma_{KK}^Y)$，$Q = \frac{\beta}{1-\beta}(\sigma_{LL}^Y - \sigma_{KL}^Y) < 0$。因

而，我们还需考虑现代农业工资与利率的关系。对式（7.18）进行全微分，有：

$$\varepsilon_1 \hat{X} + \theta_K^Y \hat{r} + \theta_L^Y \hat{w}_Y = 0 \qquad (7.29)$$

由式（7.27）、式（7.28）和式（7.29），可得提高民营化程度对产品 X 的产量、现代农业部门工资 w_Y 和利息率 r 的影响有：

$$\frac{\hat{X}}{\hat{k}} = -\frac{\theta_K^Y B}{\Delta} < 0 \qquad (7.30)$$

$$\frac{\hat{r}}{\hat{k}} = \frac{B(\varepsilon_1 - \theta_L^Y \varepsilon_2)}{\Delta} > 0 \qquad (7.31)$$

$$\frac{\hat{w}_Y}{\hat{k}} = \frac{\varepsilon_2 \theta_K^Y B}{\Delta} > 0 \qquad (7.32)$$

其中，$\Delta = A\theta_K^Y - \sigma b\theta_K^X(\varepsilon_1 - \theta_L^Y \varepsilon_2) > 0$。式（7.28）表明混合制企业产品 X 的产量与现代农业部门工资 w_Y 和利息率 r 都相关；式（7.29）表明混合制企业产量与现代农业部门工资之间为反向关系，这是因为提升 X 的产量会使环境污染增加，从而使农村生产环境恶化、生产效率降低、工资率下降。

随着混合制企业民营化程度的增加，产品 X 产量下降，使投入的生产要素减少、环境改善。其结果是，现代农业和传统农业的生产环境得到改善，农村的生产效率提高，生产规模扩大，使现代农业部门和传统农业部门增加生产要素投入，从而提高利率。混合制企业减少的资本由城市部门流入现代农业部门，同时使农村工资提高，吸引城市部门失业人口流入农业部门，从而使城市失业率降低：

$$\frac{\hat{K}_X}{\hat{k}} = \sigma_{KK}^X \frac{\hat{r}}{\hat{k}} + \frac{\hat{X}}{\hat{k}} < 0 \qquad (7.33)$$

$$\frac{\hat{\mu}}{\hat{k}} = -\left(1 + \frac{1}{\mu}\right)\frac{\hat{w}}{\hat{k}} < 0 \qquad (7.34)$$

混合制企业提高民营化程度，可以使资本和劳动力流入现代农业部门、降低环境污染，民营化对混合制企业的垄断、失业率和环境三者共同作用使现代农业部门产量提高。因而，混合制企业民营化对现代农业部门的发展有促进作用。

$$\frac{\hat{K}_Y}{\hat{k}} = -\frac{\hat{K}_X}{\hat{k}} > 0 \qquad (7.35)$$

$$\frac{\hat{L}_Y}{\hat{k}} = -\left(\sigma_{LK}^Y + \theta_{KL}^Y\right)\left(\frac{\varepsilon_1 - \varepsilon_2}{\theta_K^Y}\right)\frac{\hat{X}}{\hat{k}} > 0 \qquad (7.36)$$

$$\frac{\hat{Y}}{\hat{k}} = -\left[(\varepsilon_1 - \varepsilon_2)\lambda_{KL}^Y - (\varepsilon_1 - \theta_L^Y \varepsilon_2)\frac{\sigma_{KK}^X K_X}{\theta_K^Y K_Y} + \varepsilon_1(1 + \lambda_{KL}^Y)\right]\frac{\hat{X}}{\hat{k}} > 0 \qquad (7.37)$$

综上所述，可以得到命题 7.2。

命题 7.2　在实施乡村振兴战略时，提高混合制企业的民营化程度会降低混合制企业产量、改善环境和降低城市失业率，同时还有提高利息率和农村工资、促进现代农业部门产出增加的效果。

与命题 7.1 相比较，命题 7.2 有以下两点不同之处：一是提升民营化程度使利息率上升；二是提升民营化程度可以促进现代农业的发展。这些都是理论经济学研究中第一次得到的结论，对于那些既要发展现代农业、又要进行混合制企业改革的发展中国家具有重要意义。

考虑实施乡村振兴战略下的最优民营化水平。由式（7.20）可知，$P_X - m + \lambda E = k(\lambda E - P'_X X)$，在产量 X 和失业率 μ 下降以及环境改善对式（7.26）社会福利的共同影响下，通过解 $\mathrm{d}U/\mathrm{d}k = 0$ 可以得到最优民营化水平 k^0：

$$k^0 = \frac{1}{\lambda E - P'_X X}\left[\lambda E + \frac{\varepsilon_2(w_X L_X + w L_Z)}{X} + \frac{\varepsilon_1 Y P_Y}{X}\right] \tag{7.38}$$

显然，k^0 是一个变量，它受外生变量 λ 和 ε_1、ε_2 的影响。两部门模型中，它则受外生变量 λ 和 ε 的影响。我们不妨将 $\varepsilon_1 Y P_Y > 0$ 称作最优民营化水平的"现代农业因素"，比较式（7.16）可知，此处的最优民营化水平 k^0 除了受环境 E、混合制企业产品 X 的产量和农村工资 w 的影响外，还受到现代农业因素的影响，这是考虑实施乡村振兴战略所带来的特征因素，体现了与基础模型的不同。比较式（7.16）和式（7.38）可以发现，两模型中最优民营化水平 k^0 都与失业率 μ 无关，这是基础模型与实施乡村振兴战略模型的共同之处。

将式（7.38）代入式（7.26），可得：

$$\frac{\mathrm{d}U}{\mathrm{d}k} = (\lambda E - P'X)\frac{\mathrm{d}X}{\mathrm{d}k}(k - k^0) \tag{7.39}$$

其中，仍有 $(\lambda E - P'X)\mathrm{d}X/\mathrm{d}k < 0$。因此，当 $k < k^0$ 时，$\mathrm{d}U/\mathrm{d}k > 0$；当 $k > k^0$ 时，$\mathrm{d}U/\mathrm{d}k < 0$；故而当 $k = k^0$ 时，社会福利获得最大值。

四、结　论

一般地，对混合制企业民营化进行理论研究时大都使用博弈论的方法，而本章则采用一般均衡的方法，将乡村振兴、混合制企业民营化以及环境治理放在一个研究框架中展开理论研究。这样做的目的在于，考察用博弈论分析时不易考察到的失业等经济效果，这既顺应了当前我国经济发展的特点，加深了对市场机制的认识，也是学术研究中的创新。本章与就业有关的结论，都是第一次在混合制企业民营化的研究中出现的新成果。本章认为，提高混合制企业的民营化程度有改善环境并促进现代农业发展的效果。故而，提高混合制企业的民营化程度不仅是为了企业未来的发展，对当下的乡村振兴和环境治理也有积极的意义。最后，作为本章研究的一个发展方向，今后可以考虑用实体经济数据对乡村振兴、混合制企业民营化以及环境治理问题进行实证分析，验证本章命题。

参考文献

［1］辛岭、蒋和平：《我国农业现代化发展水平评价指标体系的构建和测算》，载于《农业现代化研究》2010 年第 6 期。

［2］Beladi, H. & Chao, C. C., "Mixed Ownership, Unemployment, and Welfare for a Developing Economy", *Review of Development Economics*, 2010, 10（4）：604 – 611.

［3］Chao, C. C. & Yu, E. S. H., "Partial Privatization, Foreign Competition, and Optimum Tariff", *Review of International Economics*, 2006, 14（1）：6.

［4］Fujiwara, K., "Partial Privatization in a Differentiated Mixed Oligopoly", *Journal of Economics*, 2007, 92（1）：51 – 65.

［5］Grossman, G. M. & Krueger, A. B., "Economic Growth and the Environment", *The Quarterly Journal of Economics*, 1995, 110（2）：353 – 377.

［6］Harris, J. R. & Todaro, M P., "Migration, Unemployment and Development：A Two – sector Analysis", *The American Economic Review*, 1970, 1：126 – 142.

［7］Kato, K., "Can Allowing to Trade Permits Enhance Welfare in Mixed Oligopoly?", *Journal of Economics*, 2006, 88（3）：263 – 283.

［8］Kato, K., "Optimal Degree of Privatization and the Environmental Problem", *Journal of Economics*, 2013, 110（2）：165 – 180.

［9］Li, X. & Wu, Y., "Environment and Economic in the Modern Agricultural Development", *Asia – Pacific Journal of Accounting & Economics*, 2018, 25：163 – 176.

［10］Matsumura, T., "Partial Privatization in Mixed Duopoly", *Journal of Public Economics*, 1998, 70（3）：473 – 483.

［11］Megginson, W. L. & Netter, J. M., "From State to Market：A Survey of Empirical Studies on Privatization", *Journul of Economic Literature*, 2001, 39（2）：321 – 389.

［12］Naito, T. & Ogawa, H., "Direct versus Indirect Environmental Regulation in a Partially Privatized Mixed Duopoly", *Environmental Economics & Policy Studies*, 2009, 10（2 – 4）：87 – 100.

［13］Wang, L. F. S. & Chen, T. L., "Mixed Oligopoly, Optimal Privatization, and Foreign Penetration", *Economic Modelling*, 2011, 28（4）：1465 – 1470.

第八章

农民工汇款的环境效果

一、引 言

本章所谓"汇款",就是指移民者寄钱回乡。1999 年,印度、菲律宾和墨西哥的汇款量占其各自 GDP 的比重分别为 2.6%、8.9% 和 1.7%(Stalker,2002,2003)。2000 年,墨西哥大约有 130 万家庭收到汇款,有超过 10% 的农村家庭收到汇款,并且汇款占其总货币收入的比重近 48.9%;城市地区中也有超过 4% 的家庭收到汇款(Zarate,2004;Zarate-Hoyos,2004)。迄今为止,绝大多数文献都只研究国际性汇款对劳动力输出国的影响,如巴格瓦蒂和斯里尼瓦桑(Bhagwati & Srinivasan,1977)等。但是,在发展中国家,特别是在存在二元经济的国家中,进城打工的农民工汇款会对整个国家产生较大的影响。例如,中国有近 2.6 亿位农民工,中国的农民工常常会把他们在城市打工所得收入中的一部分寄回家,据笔者估算,2014 年中国农民工汇款在 2 万亿元以上,与既有研究背景不同的是,这类汇款不是由国外汇来,而是由农民工从城市汇往农村。留守在农村老家的其他家庭成员能从这些汇款中受益,而他们对汇款的使用——消费、投入生产或储蓄会对整个农村地区甚至整个国家产生很大影响。

移民汇款对劳动力输出国或者地区有很大的影响,许多理论和实证经济学家对这一问题作了很多研究。理论研究主要考察移民汇款对农村收入分配、农业生产、农村经济发展,以及对货币、汇率等宏观经济要素的影响等。典型理论研究包括斯塔克等(Stark et al.,1986)、泰勒和怀亚特

（Taylor & Wyatt，1996）、奎布里亚（Quibria，1997）、罗斯高等（Rozelle et al.，1999）、麦考密克和沃赫拜（McCormick & Wahba，2000），以及鲍尔等（Ball et al.，2013）的研究。现有的实证研究主要关注汇款对农村收入波动、家庭贫困和收入不平等、家庭决策、产品相对价格、经济增长的影响，以及汇款的生产性使用对农村经济的影响等。主要研究包括阿穆埃多·多兰斯特和波佐（Amuedo-Dorantes & Pozo，2011）、奥多奇等（Odozi et al.，2010）、格里戈里安和梅尔科尼扬（Grigorian & Melkonyan，2011）、纳特和瓦加斯·席尔瓦（Nath & Vargas-Silva，2011）、普拉丹等（Pradhan et al.，2008），以及萨拉特·霍约斯（Zarate-Hoyos，2004）的研究。

另外，有许多理论和实证研究从劳动力转移的角度分析了经济发展对环境的影响。例如，迪恩和甘歌帕德亚（1997）用三部门模型分析了限制中间产品出口会对环境、农民工进城以及城市失业产生怎样的影响；乔杜里和穆霍帕德亚（Chaudhuri & Mukhopadhyay，2006）在三部门一般均衡模型下分析对正式部门和非正式部门征收污染排放税对环境的影响。早期的实证研究主要有：帕波拉（Papola，1981）和罗马岱（Romatet，1983）研究发现城市非正式部门为正式部门生产中间产品，而事实上，非正式部门是环境污染的主要制造者。

汇款中有隐蔽性污染。既有的研究都忽视了在发展中国家地区间汇款对环境的影响。以中国为例，农民工汇款从20世纪80年代中期就存在，延续至今，汇款的数额越来越大，其间环境污染的问题也越发严重。上海市是中国农村转移劳动力的主要接受地，也是中国制造业基地之一。图8-1描述了2000~2011年上海市农民工汇款总量与工业废气排放量的变化，可以确定，上海市农民工汇款总量与工业废气排放量的变化方向几乎相同。

这里作一个简单的机制推演，即农民工的汇款来自他们的工资，受利他心理驱使，农民工会力争多汇款回乡改善家人生活，这会促使他们通过努力工作来增加收入；汇款量的增加说明他们的工作量增加，而工作量增加必然导致城市地区生产规模扩大，结果使生产中释放的污染增加，故而汇款数量与环境污染会同步增加。诚然，造成环境污染的原因很多，如增加工业产品出口和城市化等，但是，如果汇款是其原因之一而没有被认真研究并加以解决，就很难彻底解决环境问题。为了了解汇款与环境污染的关系并加以解决，本章建立了一个两部门一般均衡模型，并且运用比较静态方法分别研究短期和长期条件下农民工汇款增加对环境的影响。分析发现，在短期，农民工增加汇款能够改善环境；而在长期，汇款的增加反而会使环境恶化。

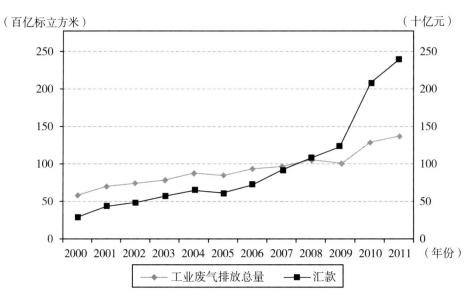

（百亿标立方米）　　　　　　　　　　　　　　　　　（十亿元）

图 8 - 1　2000 ~ 2011 年上海市年度汇款总量与工业废气排放量变化

资料来源：根据上海市统计局数据和上海市人力资源与社会保障局数据计算。

二、理 论 模 型

考虑发展中国家的一个二元封闭经济由城市部门和农村部门构成。其中，城市吸收农村往城市的移民。经济中有三类劳动者：城市居民、农村劳动者和农民工。因为在发展中国家存在农村往城市移民的控制政策（Lall et al.，2006；Zhang & Zhao，2005），我们假设农民工的人数是给定的。

城市部门使用资本、城市居民和转移农民为生产要素进行生产，并且城市部门工资存在下方刚性；农村部门使用农村未转移的劳动力、资本和农民工的汇款作为生产要素进行生产，并且其工资率是弹性的，假定其生产受环境的影响，也就是说，环境的改善将会带来产出的相应提高。城市部门生产的产品会产生污染，会通过如空气和水等媒介影响环境。

城市部门和农村部门的生产函数分别为：

$$Y_1 = F^1(L_1 + \bar{L}_{TR}, K_1) \tag{8.1}$$

$$Y_2 = g(E)F^2(L_2, a\,\bar{w}\,\bar{L}_{TR} + K_2) \tag{8.2}$$

其中，Y_1 和 Y_2 分别为城市部门和农村部门的产出；L_1 和 L_2 分别为城市部门雇用的城市居民和农村部门雇用的当地劳动力；$\bar{L}_{TR}$ 为农民工；K_1 和 K_2 分别为城市部门和农村部门使用的资本；$\bar{w}$ 为城市工资率，且满足 $\bar{w} > w_a$，假定 $a(0 < a < 1)$ 代表农民工所得中用于汇款的比例；F^1 和 F^2 分别为城市部门和农村部门的生产函数，它们都具有严格拟凹和线性齐次的性质；E 为污染环境存量。则：

$$E = \bar{E} - \mu Y_1 \qquad (8.3)$$

其中，$\bar{E}$ 为环境的最优质量，是外生给定的；μ 为城市部门生产 1 单位产品对环境产生的污染量。式（8.3）考察环境对农业生产的影响（Copeland & Taylor. 1999；Li & Zhou，2013a）。$g（E）$ 表示环境对农业部门产量的影响，具有 $g > 0$、$g' > 0$ 和 $g'' > 0$ 的性质。

首先考虑短期情况。短期资本不流动、利率外生给定，根据利润最大化条件得：

$$PF_L^1 = \bar{w} \qquad (8.4)$$
$$gF_L^2 = w_a \qquad (8.5)$$

其中，$F_L^i = \partial F^i / \partial L_i (i = 1, 2)$，农村部门产品价格单位化为 1；$P$ 为城市部门产品相对于农村部门产品的相对价格；w_a 为农村部门雇用农村劳动力的工资率；$\bar{w}$ 为城市部门工资率，且满足 $\bar{w} > w_a$。

要素市场出清的条件为：

$$L_1 + L_2 + \bar{L}_{TR} = \bar{L} \qquad (8.6)$$

其中，$\bar{L}$ 为该经济中的劳动力禀赋量。我们假定经济中所有个体都有二次可微、严格拟凹和线性齐次的效用函数。从而，城市劳动者效用最大化问题可表述为：

$$\max u^1 (c_1^1, c_2^1)$$
$$\text{s. t. } I^1 = Pc_1^1 + c_2^1$$

其中，c_1^1 为城市劳动者对城市产品实现效用最大化的消费量；c_2^1 为城市劳动者对农村产品实现效用最大化的消费量；$u^1 (c_1^1, c_2^1)$ 为城市劳动者消费两种产品的效用函数；I^1 为城市劳动者的预算收入。

农村当地劳动者效用最大化问题为：

$$\max u^2 (c_1^2, c_2^2)$$
$$\text{s. t. } I^2 = Pc_1^2 + c_2^2$$

其中，c_1^2 为农村当地劳动者对城市产品实现效用最大化的消费量；c_2^2 为农村当地劳动者对农村产品实现效用最大化的消费量；$u^2(c_1^2, c_2^2)$ 为农村当地劳动者消费两种产品的效用函数；I^2 为农村当地劳动者的预算收入。

由于效用函数具有线性齐次等性质以及相应的关系，城市劳动者和农村当地劳动者的预算收入可写为：

$$I^1 = \bar{w} L_1 + (1-a) \bar{w} \bar{L}_{TR} + rK_1$$

$$I^2 = w_a L_2 + rK_2$$

从而，城市部门产品实现效用最大化的消费量为：

$$c_1^1 = \frac{\beta_1}{P} \left[\bar{w} L_1 + (1-a) \bar{w} \bar{L}_{TR} + rK_1 \right] \tag{8.7}$$

$$c_1^2 = \frac{\beta_2}{P} (w_a L_2 + rK_2) \tag{8.8}$$

其中，$\beta_1 = \dfrac{\partial u^1}{\partial c_1^1} \dfrac{c_1^1}{u^1}$ 为城市居民效用的消费城市产品弹性，$\beta_2 = \dfrac{\partial u^2}{\partial c_1^2} \dfrac{c_1^2}{u^2}$ 为农村居民效用的消费城市产品弹性，均视为外生给定的，考虑到经济实际中的情况，有 $\beta_1 < \beta_2$，并假定 $\beta_1 \bar{w} < \beta_2 w_a$。

经济只生产两种产品，由瓦尔拉斯法则可知，一种产品市场出清意味着另一种产品市场必然出清，从而产品市场出清条件可以用城市产品的市场出清条件表示：

$$c_1^1 + c_1^2 = Y_1 \tag{8.9}$$

上述一般均衡为短期的情况，式（8.1）至式（8.9）决定了 Y_1、Y_2、L_1、L_2、E、w_a、P、c_1^1 和 c_1^2 9 个内生变量。

其次考虑长期情况。在长期中，由于资本可以自由流动，K_1、K_2 和 r 为内生变量，并且利润最大化和资本市场出清要求增加以下三个等式：

$$PF_K^1 = r \tag{8.10}$$

$$gF_K^2 = r \tag{8.11}$$

$$K_1 + K_2 = \bar{K} \tag{8.12}$$

其中，r 为利率；$F_K^i = \partial F^i / K_i \ (i = 1, 2)$；$\bar{K}$ 为经济中的资本禀赋。长期模型由式（8.1）至式（8.12）构成，决定以下 12 个内生变量：Y_1、Y_2、L_1、L_2、E、w_a、P、c_1^1、c_1^2、K_1、K_2 和 r。

三、比较静态分析

分析已建立的经济系统可知，若给定 P，可解出 Y_1、Y_2、L_1、L_2、E、w_a、c_1^1、c_1^2、K_1、K_2 和 r 的均衡值，从而 Y_1、Y_2、L_1、L_2、E、w_a、c_1^1、c_1^2、K_1、K_2 和 r 可看作 P 的函数。在式（8.1）至式（8.12）中代换可得的 P 值。

首先，提出引理来研究移民者汇款的增加对城市部门产出价格的影响。

引理：在假定的经济中，移民者汇款的上升会降低城市部门产出的价格。

证明：对式（8.9）进行全微分，可得：

$$\frac{\partial c_1^1}{\partial P}\mathrm{d}P - \bar{w}\bar{L}_{TR}\mathrm{d}a + \frac{\partial c_1^2}{\partial P}\mathrm{d}P = \frac{\mathrm{d}Y_1}{\mathrm{d}P}\mathrm{d}P$$

$$\frac{\mathrm{d}P}{\mathrm{d}a} = \frac{\bar{w}\bar{L}_{TR}}{\frac{\partial c_1^1}{\partial P} + \frac{\partial c_1^2}{\partial P} - \frac{\mathrm{d}Y_1}{\mathrm{d}P}}$$

其中，$\partial c_1^1/\partial P < 0$，$\partial c_1^2/\partial P < 0$。瓦尔拉斯价格调整过程由下述超过需求函数表示：

$$\dot{P} = c_1^1 + c_1^2 - Y_1$$

其中，$\dot{P} = \frac{\mathrm{d}P}{\mathrm{d}t}$。

当使用比较静态分析时必须从已有经济系统中得到一个稳定解，上述价格调整过程必须满足以下条件才能保证均衡解的存在：

$$\frac{\partial c_1^1}{\partial P} + \frac{\partial c_1^2}{\partial P} - \frac{\mathrm{d}Y_1}{\mathrm{d}P} < 0$$

从而得到 $\frac{\mathrm{d}P}{\mathrm{d}a} < 0$，证毕。

由引理可知，分析农民工汇款对经济和环境的影响可以转为分析价格对其他内生变量的影响。

（一）短期分析

在短期，对式（8.3）至式（8.9）进行全微分，整理可得：

$$\begin{pmatrix} PF_{LL}^1 & 0 \\ (\beta_1\bar{w} - \beta_2 w_a - PF_L^1) & \beta_2 L_2 \end{pmatrix} \begin{pmatrix} \mathrm{d}L_1 \\ \mathrm{d}w_a \end{pmatrix} = \begin{pmatrix} -F_L^1 \mathrm{d}P \\ Y_1 \mathrm{d}P \end{pmatrix} \qquad (8.13)$$

将式（8.13）系数矩阵的行列式定义为 Δ 并计算 Δ，得：

$$\Delta = PF_{LL}^1 \beta_2 L_2 < 0$$

用克莱姆法则解式（8.13），可得：

$$\mathrm{d}L_1 / \mathrm{d}P = -\beta_2 L_2 F_L^1 / \Delta > 0$$

$$\mathrm{d}w_a / \mathrm{d}P = [PY_1 F_{LL}^1 + (\beta_1\bar{w} - \beta_2 w_a - PF_L^1)F_L^1] / \Delta > 0$$

根据式（8.1）中 $\mathrm{d}L_1/\mathrm{d}P > 0$，可以获得 $\mathrm{d}Y_1/\mathrm{d}L_1 > 0$，从而有 $\mathrm{d}Y_1/\mathrm{d}P > 0$；根据式（8.3）可知 Y_1 和 E 呈反向变动关系，因此有 $\mathrm{d}E/\mathrm{d}P < 0$；由劳动市场出清条件式（8.6）可知，在劳动禀赋不变的情况下，L_2 的变动方向与 L_1 相反，即 $\mathrm{d}L_2/\mathrm{d}P > 0$。

综上所述，可以得到表 8-1 和命题 8.1。

表 8-1　　　　　　　　　　　式（8.13）的计算结果

变量	L_1	w_a	Y_1	E	L_2
P	+	+	+	−	−
a	−	−	−	+	+

注：−表示横向栏中的项与相对纵向栏中的项之比为负值；+表示横向栏中的项与相对纵向栏中的项之比为正值。下同。

命题 8.1 在短期经济条件中，农民工增加汇款占收入的比例将使环境得以改善。

根据表 8-1 可知，农民工汇款的增加还有以下经济影响：一是减少城市部门劳动力的雇用数量，城市部门的产量下降；二是农村部门的工资下降，增加农村部门劳动力的雇用数量。

农民工的汇款来自他们在城市部门工作所得的工资。当农民工提高他们的汇款比率时，他们将降低对城市部门产品的消费。一般而言，农民工会同时降低他们对城市部门和农村部门产品的消费。为了避免利润减少，理性的城市部门的厂商会选择减少产量，并在短期资本不流动的情况下减少劳动力的雇用数量等举措。由表 8-1 也可知，农民工提高他们的汇款比率对于城市部门和农村部门将会有以下经济影响：城市部门减少雇用劳动力数量和产量，从而使环境得以改善；农村部门工资率下降、雇用的劳动力数量增加，再加上环境的改善，从而使生产的产量增加。

图 8-2 描述了短期中农民工增加汇款产生的部分环境影响。在图 8-2 的第一

象限中，从供给的角度来看，我们用直线 LF_1 来代表式（8.1）所表示的 L_1 与 Y_1 之间的关系，LF_1 的斜率为 $\dfrac{\mathrm{d}Y_1}{\mathrm{d}L_1}=\dfrac{\bar{w}}{P}$，易知在供给方面 L_1 与 Y_1 同向变动；从需求的角度来看，我们用直线 LF_2 表示 L_1 和 Y_1 之间的关系。将式（8.7）和式（8.8）代入式（8.9），重新整理得：

$$PY_1 = \beta_1 \left[\, \bar{w}_1 L_1 + (1-a)\, \bar{w}_1 \bar{L}_{TR} + rK_1 \right] + \beta_2 (w_a L_2 + rK_2) \qquad (8.14)$$

其中，LF_2 的斜率为 $\dfrac{\mathrm{d}Y_1}{\mathrm{d}L_1}=\dfrac{\beta_1 \bar{w} - \beta_2 w_a}{P}$，易证实在需求方面 L_1 和 Y_1 反向变动。在图 8-2 的第二象限中，直线 EY 表示式（8.3）中 E 和 Y_1 之间的关系。在图 8-2 的第四象限中，直线 AL 描述了由引理和式（8.13）确定的 a 和 L_1 的关系。我们假定 L_1、Y_1 和 E 的初始均衡值为 L_1^*、Y_1^* 和 E^*。在分析式（8.1）和式（8.14）后，可以确定图 8-2 第一象限中直线 LF_1 和直线 LF_2 的位置。LF_1 与 LF_2 交于点 e_1。当农民工汇款 a_1 增加到 a_2 时，由引理可知 P 会下降。根据式（8.1）和式（8.14）可得直线 LF_1 和直线 LF_2 将分别向左移至 LF_1' 和 LF_2'，并且直线 LF_1' 和直线 LF_2' 会变得更陡峭，因为在短期直线 LF_1 和直线 LF_2 斜率的绝对值会随着 P 的下降而变大。LF_1' 与 LF_2' 交于点 e_2。在这种情况下，由图 8-2 可直接得到 Y_1^* 将下降至 Y_1^{**}、L_1^* 将下降至 L_1^{**}。由直线 AL 和直线 EY 可知 E^* 将上升至 E^{**}。

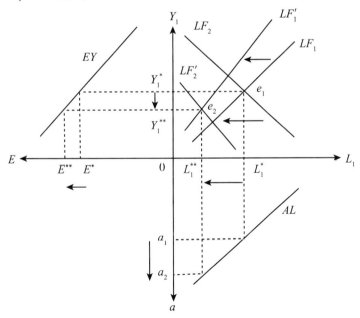

图 8-2　短期中移民者增加汇款产生的部分环境影响

（二）长期分析

在长期中，对式（8.3）至式（8.12）进行全微分，并整理得：

$$
\begin{pmatrix}
PF^1_{LL} & PF^1_{LK} & 0 & 0 & 0 \\
gF^2_{LL} & gF^2_{LK} & 1 & -F^2_L g' & 0 \\
(\beta_1 \bar{w} - \beta_2 w_a) & r(\beta_1 - \beta_2) & \beta_2 L_2 & \dfrac{P}{\mu} & (\beta_1 K_1 + \beta_2 K_2) \\
PF^1_{KL} & PF^1_{KK} & 0 & 0 & -1 \\
gF^2_{KL} & gF^2_{KK} & 0 & -F^2_K g' & 1
\end{pmatrix}
\begin{pmatrix}
dL_1 \\ dK_1 \\ dw_a \\ dE \\ dr
\end{pmatrix}
=
\begin{pmatrix}
-F^1_L dP \\ 0 \\ Y_1 dP \\ -F^1_K dP \\ 0
\end{pmatrix}
$$

$$(8.15)$$

定义 $k_1 = \dfrac{K_1}{L_1 + \bar{L}_{TR}}$ 和 $k_2 = \dfrac{K_2}{L_2}$，分别代表城市部门和农村部门的人均资本。一般的，城市部门的人均资本大于农村部门的人均资本，故 $k_1 > k_2$。式（8.15）系统的系数矩阵的行列式可用 Ω 表示，运用函数 F^1 和 F^2 线性齐次的性质并计算 Ω 得：

$$
\Omega = Pg\beta_2 L_2 F^2_K g'(F^1_{LK}F^2_{LL} - F^1_{LL}F^2_{LK}) + \frac{P^2}{\mu}g(F^1_{LL}F^2_{KK} - F^1_{LK}F^2_{KL}) + PF^1_{LL}(\beta_1 - \beta_2)F^2_K g'
$$
$$
+ Pgg'\beta_2 L_2 F^2_L(F^1_{LL}F^2_{KK} - F^1_{LK}F^2_{KL}) - Pg'F^2_K F^1_{LK}(\beta_1 \bar{w} - \beta_2 w_a) > 0
$$

用克莱姆法则解式（8.15），可以得到：$dr/dP > 0$，而 dK_1/dP、dE/dP 均不能直接判定它们的符号。

在计算 dE/dP 时，运用前提条件可知，其他各项均可判定符号为正，只有 $Pg(F^1_{LL}F^2_{KK} - F^1_{LK}F^2_{KL})\left[Y_1 - (\beta_1 K_1 + \beta_2 K_2)\left(F^1_K + \dfrac{L_1}{K_1}F^1_L\right)\right]$ 项的符号未知，并且在该项中，由函数性质以及现实情况可以得到 $F^1_{LL}F^2_{KK} - F^1_{LK}F^2_{KL} > 0$，故而如果 $\dfrac{K_1}{K_2} > \dfrac{\beta_2}{1-\beta_1}$，就可获得 $dE/dP > 0$。就此不等式而言，如果 $\beta_1 > 1$，则该假定必然成立，即便 $0 < \beta_1 < 1$，该假定仍有成立的可能性，因为在很多发展中国家，城市部门使用的资本量 K_1 远大于农村部门使用的资本量 K_2。

在计算 dK_1/dP 时，我们注意到 g 的增长率 $\hat{g} = \dfrac{g'}{g} > 0$，并且，令：

$$
A = r + \bar{w}\frac{L_1}{K_1}, \quad B = \mu^{-1} + \hat{g}Y_1, \quad C = \beta_1 \bar{w} L_1 + \beta_2(1-a)\bar{w}\bar{L}_{TR}, \quad D = \hat{g}\frac{\bar{w}}{P}
$$

则：

$$dK_1/dP = PrY_1\hat{g}F_{LL}^1 + AF_{LL}^1(\hat{g}C - PB) + gF_{KL}^2[\bar{w}B - D(C + \beta_1 rK_1)] + r(\beta_1\bar{w} - \beta_2 w_a)D$$

因为 $r(\beta_1\bar{w} - \beta_2 w_a)D < 0$，如果不等式 $F_{LL}^1[PrY_1\hat{g} + A(\hat{g}C - PB)] < gF_{KL}^2[D(C + \beta_1 rK_1) - \bar{w}B]$ 成立，即：

$$\frac{gF_{KL}^2}{F_{LL}^1} > \frac{\hat{g}(rPY_1 + AC) - PAB}{D(C + r\beta_1 K_1) - \bar{w}B} \qquad (8.16)$$

成立，便有 $dK_1/dP < 0$。

综上分析，若 $\frac{K_1}{K_2} > \frac{\beta_2}{1-\beta_1}$，可以得到 $dE/dP > 0$；另外，若式（8.16）成立，可以得到 $dK_1/dP < 0$。由式（8.3）可知，Y_1 和 E 存在反向变动关系，因而可以得到 $dY_1/dP < 0$。

综上所述，可以得到表 8 - 2 和命题 8.2。

表 8 - 2　　　　　　　　　　式（8.15）的计算结果

变量	L_1	E	r	Y_1	K_1	w_a
P	/	+	+	−	−	/
a	/	−	−	+	+	/

命题 8.2　在长期中，在 $\frac{K_1}{K_2} > \frac{\beta_2}{1-\beta_1}$ 的条件下，农民工增加汇款占收入的比例将导致环境恶化。

农民工汇款的增加还有以下经济影响：一是利率下降；二是增加城市部门的产量，在式（8.16）成立的条件下增加资本的雇佣量。

式（8.16）可以得到实际经济中的解释：农民工汇款作为资本投入农村部门的生产，农村部门对资本 K_2 的需求减少，在资本总禀赋不变的情况下，利率下降；在资本流动的情况下，追求利润最大化的城市厂商必然会多使用资本 K_1，故而会有 $dK_1/dP < 0$。

命题 8.2 也可用图 8 - 3 表示。在图 8 - 3 的第一象限中，从供给的角度来看，我们用直线 KF_1 来代表式（8.1）所表示的 K_1 与 Y_1 之间的关系，KF_1 的斜率为 $\frac{dY_1}{dK_1} = \frac{r}{P}$，易知在供给方面 K_1 与 Y_1 同向变动；从需求角度来看，我们用直线 KF_2 来表示式（8.14）所表示的 K_1 和 Y_1 之间的关系，KF_2 的斜率为 $\dfrac{\mathrm{d}Y_1}{\mathrm{d}K_1}=\dfrac{r(\beta_1-\beta_2)}{P}$，易证实在需求方面 K_1 和 Y_1 反向变动。在图 8-3 的第二象限中，直线 EY 表示式（8.3）中 E 和 Y_1 之间的关系。在图 8-3 的第四象限中，直线 AK 表示由引理和式（8.13）确定的 a 和 K_1 的关系。分析式（8.1）和式（8.14）后，可以确定图 8-3 的第一象限中直线 KF_1 和直线 KF_2 的位置。KF_1 与 KF_2 交于点 e_1，且 r 下降的速度会大于 P，所以直线 KF_1 与直线 KF_2 斜率的绝对值会随着 a 的增加而增大。故而，当农民工汇款从 a_1 增加到 a_2 时，P 的下降使 KF_1 和 KF_2 分别向右下方和右上方移动至 KF_1' 和 KF_2'，直线 KF_1' 和直线 KF_2' 的倾斜程度比直线 KF_1 和直线 KF_2 更陡峭，KF_1' 与 KF_2' 交于点 e_2，Y_1^* 将上升至 Y_1^{**}，K_1^* 将上升至 K_1^{**}。由直线 AK 和直线 EY 可知，E^* 将下降至 E^{**}。

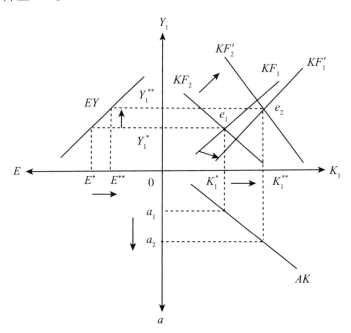

图 8-3　长期中移民者增加汇款产生的部分环境影响

值得注意的是，虽然在短期中农民工汇款的增加将使环境得以改善，但在长期中农民工汇款的增加则会导致环境恶化。主要原因是：在长期中，随着农民工汇款的增加，利息 r 下降的速度大于 P 下降的速度，从而使城市部门增加资本的使用，增加资本会导致生产增加，故而环境恶化；而短期中利息是固定的，不受汇款的影响，故而城市部门不会因利息的变化而增加资本的使用。这样的特性有比较明确的政策意义，有关政府部门可以根据这样的特点制定对策，实现经济的良性发展。

四、结　论

本章探讨了农民工汇款的环境效果，发现农民工虽然在城市生活、工作，但具有利他性的汇款使他们在消费上与一般的城市居民产生差异，而这样的差异使厂商不得不调整供给，从而影响到生产规模，进而对环境产生影响。在发展中国家，农民工汇款是惠及农业的重要资金来源，需要的是既能保证汇款又能保护环境的对策。通过分析发现：在短期农民工增加汇款能够使环境得以改善；而在长期汇款的增加反而会导致环境恶化。从经济发展的角度来看，长期中考虑的资本在城市部门和农村部门间流动是经济发展水平提高的标志，而短期中资本在城市部门和农村部门间不流动的情况是相对初级的发展阶段。所以，随着经济发展水平的提升，农民工汇款有一个从开始使环境得以改善到逐渐导致环境恶化的过程。本章建议政策当局重视农民工汇款对环境的影响，采取适当的措施来缓解这一问题，平衡农村与城市的经济发展并且协调好环境保护与经济发展的关系。

参考文献

［1］Amuedo - Dorantes，C.，Pozo，S.，"Remittances and Income Smoothing"，*American Economic Review*"，2011，101：582.

［2］Ball，C. P.，Lopez，C. & Reyes，J.，"Remittances，Inflation and Exchange Rate Regimes in Small Open Economies"，*The World Economy*，2013，36（4）：487 - 507.

［3］Bhagwati，J. N.，Srinivasan，T. N.，"Education in a 'Job Iadder' Model and the Fairness - inhiring Rule"，*Journal of Public Economics*，1977，7（1）：1 - 22.

［4］Chaudhuri，S.，Mukhopadhyay，U.，"Pollution and Informal Sector：A Theoretical Analysis"，*Journal of Economic Integration*，2006，21（2）：363 - 378.

［5］Copeland，B. R.，Taylor，M. S.，"Trade，Spatial Separation，and the Environment"，*Journal of International Economics*，1999，47（1）：137 - 168.

［6］Dean，J. M.，Gangopadhyay，S.，"Export Bans，Environmental Protection，and Unemployment"，*Review of Development Economics*，1997，1（3）：324 - 336.

［7］Grigorian，D. A.，Melkonyan，T. A.，"Destined to Receive：The Impact of Remittances on Household Decisions in Armenia"，*Review of Development Economics*，2011，15（1）：139 - 153.

［8］Lall，S. V. & Selod，H.，"Rural - urban Migration in Developing Countries：A Survey of Theoretical Predictions and Empirical Findings（Vol. 3915）"，Washington，DC：World Bank Publications, 2006.

［9］ Li, X., Zhou, Y., "An Economic Analysis of Remittance of Unskilled Migration on Skilled – unskilled Wage Inequality in Labor Host Region", *Economic Modelling*, 2013, 33: 428 – 432.

［10］ McCormick, B., Wahba, J., "Overseas Employment and Remittances to a Dual Economy", *The Economic Journal*, 2000, 110 (463): 509 – 534.

［11］ Nath, H. K., Vargas – Silva, C., "Remittances and Relative Prices", *Review of Development Economics*, 2012, 16 (1): 45 – 61.

［12］ Odozi, J. C., Awoyemi, T. T. & Omonona, B. T., "Household Poverty and Inequality: The Implication of Migrants' Remittances in Nigeria", *Journal of Economic Policy Reform*, 2010, 13 (2): 191 – 199.

［13］ Papola, T. S., "Dissecting the Informal Sector", *Economic and Political Weekly*, 1981, 16: 1272 – 1274.

［14］ Pradhan, G., Upadhyay, M. & Upadhyaya, K., "Remittances and Economic Growth in Developing Countries", *The European Journal of Development Research*, 2008, 20 (3): 497 – 506.

［15］ Quibria, M. G., "International, Igration, Remittances and Income Distribution in the Source Country: A Synthesis", *Bulletin of Economic Research*, 1997, 49 (1): 29 – 46.

［16］ Romatet, E., "Calcutta's Informal Sector: Theory and Reality", *Economic and Political Weekly*, 1983, 16: 2115 – 2128.

［17］ Rozelle, S., Taylor, J. E. & DeBrauw, A., "Migration, Remittances, and Agricultural Productivity in China", *American Economic Review*, 1999, 89 (2): 287 – 291.

［18］ Stalker, P., "Migration Trends and Migration Policy in Europe", *International Migration*, 2002, 40 (5): 151 – 179.

［19］ Stark, O., Taylor, J. E. & Yitzhaki, S., "Remittances and Inequality", *The Economic Journal*, 1986, 96: 722 – 740.

［20］ Taylor, J. E. & Wyatt, T. J., "The Shadow Value of Migrant Remittances, Income and Inequality in a Household – farm Economy", *The Journal of Development Studies*, 1996, 32 (6): 899 – 912.

［21］ Zarate – Hoyos, G. A., "Consumption and Remittances in Migrant Households: Toward a Productive Use of Remittances", *Contemporary Economic Policy*, 2004, 22 (4): 555 – 565.

［22］ Zarate – Hoyos, G. A., "International Labor Migration as a Strategy of Economic Stabilization at the Household Level in Mexico and Central America", *Papeles de Poblacion*, 2008, 14 (56): 19 – 36.

［23］ Zhang, J. & Zhao, Y., "Economic Returns to Schooling in Urban China, 1988 to 2001", *Journal of Comparative Economics*, 2005, 33 (4): 730 – 752.

第九章

关于收入差距与环境污染的经济学分析

一、引 言

经济水平的整体提升与环境保护能否同步发展，已经成为当前最受关注的问题之一。作为当今世界上最大的发展中国家，中国虽然自改革开放以来取得了令人振奋的经济成就，但环境问题也令人担忧，据统计，世界上污染最严重的 10 个城市中有 7 个在中国。2017 年 11 月 13 日波恩气候大会上"全球碳项目"发布的《2017 全球碳预算报告》指出，到 2017 年底，中国的碳排放量占全球总量的 28%。根据世界卫生组织指定的空气质量标准自检，2017 年中国 500 个城市中，只有不到 50 个城市达标，长三角地区的情况也不令人乐观，这让中国在国际气候变化谈判上面临着越来越大的压力。以上事实都在告诉我们，经济发展的过程中，在跑出中国创新"加速度"的同时，也要把握住社会高质量发展的脉络，通过推动环境质量的提升，真正完成可持续发展的历史跨越。当今中国，在享受经济增长给我们带来的巨大物质便利的同时，收入差距问题也越来越严重。2017 年中国的基尼系数值达到 0.467，远高于 0.4 的国际警戒红线。根据亚布力论坛发布的《中国的收入分配白皮书》显示，虽然随着近年来农村及城市中三项制度改革的铺开，城乡之间的收入差距在比值上有所缩小，但在绝对值上接近甚至创下历史新高；而且不同产业、不同行业之间的收入差距也并未显示出明显的缩小态势。

在收入差距逐渐扩大的同时，中国的环境问题也日益严重，由此引出的问题是：第一，不断扩大的收入差距是否会对环境质量产生影响？第二，如果会的话，不同类型的工资差距对环境质量产生的影响相同吗？第三，收入差距究竟是通过什么样的途径影响环境质量的？

从 20 世纪 80 年代中后期至今，农业劳动力向城市迁移成为中国经济发展的重要特色，根据最新统计数据，2017 年全年农民工总量为 28 652 万人，比上年增加 481 万人，增长率达到 1.7%，其中，外出农民工占比接近 60%，约 17 185 万人，比上年增长 1.5%。[①] 因此，将这一点纳入分析框架就可以将收入不平等与环境质量通过劳动力转移联系起来。但在既有文献中，很难找到在劳动力转移框架下对于工资差距与环境污染彼此相关的理论或实证方面的解释。因此，本章以发展中国家的二元经济结构为背景，以哈里斯—托达罗模型中的劳动力转移条件作为发展中国家典型的城乡劳动力转移方式，探寻、分析在此框架下不同类型的工资差距对于环境的影响。

博伊斯（Boyce，1994）作出了关于收入不平等与环境质量关系问题的开创性研究，他从政治权利不平等的角度出发，认为社会高阶层人享受经济活动的收益，而社会低阶层人承担环境破坏的后果。由于经济政策大多由富人指定，不成比例的成本转嫁到穷人身上，社会权力分配的不平衡导致收入不平等程度的加深，从而致使环境质量进一步恶化。博格斯特伦（Bergstrom，1990）认为，相较于富人来说，穷人对清洁环境的消费意愿和消费能力都比较低，环境污染程度随着财富的集中程度而加深。拉瓦雷（Ravallion，2000）发现穷人多消费初级产品，而富人消费高级产品，相较于富人，穷人消费的产品包含更多污染，因此当穷人变富而使收入不平等程度减小时，污染将减轻。沃纳和帕特里亚卡尔（Vona & Patriarca，2011）认为，过度不平等会对社会整体技术发展带来负面影响，从而损害环境保护技术的发展，不利于环境质量的改善。

除理论研究外，学术界对这二者之间的关系也进行了一定的实证研究。杨树旺（2006）是我国较早研究收入分配不均对环境影响的学者，他认为收入分配不均对环境的负面影响表现为两个方面：全国整体范围内环境质量的退化以及不同地区环境质量的失衡。潘丹、应瑞瑶（2010）通过调取我国 1986～2008 年共 23 年的时序数据作出的研究发现，收入不平等将显著影响环境质量，且其影响方向为正并存在滞后效应，同时，不断扩大的收入差距将大大延迟经济达到倒"U"型环境库兹涅茨曲线的顶点。马旭东（2012）引入政府治理环境的投资行为，通过对我国 1995～2009 年共 15 年的时序数据进行分析，开展了对收入分配差距及环境污染的计量研究，结果显著为正，表明收入差距的扩大使环境污染加剧。钟茂初、赵志勇

[①] 《中华人民共和国 2017 年国民经济和社会发展统计公报》，新华网，2018 年 2 月 28 日。

（2013）使用静态和动态两种估计方法，以城乡收入差距为变量，对城乡收入差距对中国环境污染的影响作出实证研究，两种计量分析结果都表明城乡收入差距对污染物排放量的影响显著为正。

关于劳动力转移与工资差距问题，乔杜里和薮内（2006）构造了三部门的一般均衡模型，主要结论是进口税率对工资差距影响并不显著，而外国资本的流入则会使工资差距出现较大变化。李晓春（2013）构造了一个四部门的模型，将农业部门分为现代农业部门和传统农业部门，将城市部门分为正式部门和非正式部门，分析先进农业发展政策对经济的影响。马吉特和卡尔（Marjit & Kar，2005）分析了要素国际流动对异质劳动力收入差距的影响，发现劳动力转移对收入差距的影响不一，主要取决于社会总收入在不同部门之间如何分配。李实（1999）将农民工汇款现象纳入考虑框架，一旦城市中的农民工将工资收入寄往农村，即表现为统计口径上整体家庭收入的提升，达到缩小城乡收入差距的结果。威利和张（Whalley & Zhang，2007）联系中国户籍制度阻碍劳动力转移的现实，发现严格的户籍制度能够明显降低地区和城乡收入差异。陆铭、陈钊（2004）选取1987~2001年的省际面板数据，且对其具有的内生性问题作出一定处理后发现，劳动力转移能够有效缩小城乡收入差距。但是，郝爱民（2006）依据我国1981~2004年的时间序列数据，通过格兰杰因果检验和协整分析，发现由于农村的技术劳动力向外转移，不断下降的农业生产率降低了该部门工资，使城乡收入差距扩大。

关于劳动力转移与环境问题，贝拉迪和弗拉斯卡（1999）以是否产生污染将城市分为两个部门，劳动力在其间自由流动，结论是与价格规制相比，数量规制能更有效地减轻污染程度。大东（2002）假定各部门之间资本量恒定，在此基础上，对污染要素征税有利于环境质量改善并在某种程度上提升社会福利，进一步地，大东（2008）假定污染要素与资本要素互补，认为提高污染要素使用税会优化环境质量，而提高关税的效果则相反。李晓春（2005）在中国城乡户籍分离的前提下，认为劳动力转移将对环境质量产生负面效应。斋藤和杉山（Saito & Sugiyama，2007）认为城市环境对劳动力转移的意愿有所影响，基于这个假设，他的结论是治理污染技术的提高在有效减少污染的同时也可以降低城市的失业程度。多和田和孙（2010）在同样的假定下探讨治污技术进步的影响，结论是治污技术水平提升不会对工业部门的工资产生影响，但会导致城市就业人口减少。

二、劳动力转移框架下工资差距影响环境质量的理论模型

本章考虑一个三部门的经济体：城市被分为两个部门，称部门1为"初级部

门"，以一般制造业为代表，使用非熟练劳动力、熟练劳动力以及资本作为要素，生产可以进口的工业品；称部门 2 为"高级部门"，以现代服务业以及信息技术产业（IT）等知识密集和资本密集的产业为代表，使用熟练劳动力和资本作为要素，提供高技术含量的、可以进口的产品与服务；称部门 3 为"传统农业部门"，仅仅使用非熟练劳动力一种生产要素，生产可以出口的农产品。本章假设非熟练劳动力在农村和城市之间转移，但由于劳动力素质的限制，仅能进入城市的初级部门。对于城市中的非熟练劳动力来说，由于工会与最低工资等制度的存在，其工资存在下方刚性，且高于农村同性质劳动力的工资；同时，城市部门存在仅仅针对非熟练劳动力的失业。值得注意的是，熟练劳动力被城市部门完全吸收，不存在失业，且能够自由地在城市的两个部门之间流动，其工资具有完全弹性；另外，资本也可以在城市的两个部门之间自由流动。三种要素禀赋总量外生给定。

各部门的生产函数表示如下：

$$X_1 = F^1(L_1, S_1, K_1)$$
$$X_2 = F^2(S_2, K_2)$$
$$X_3 = E^\varepsilon F^3(L_3)$$

其中，生产函数 $F^i(i=1,2,3)$ 为第 i 个部门的生产函数，具有严格拟凹、规模报酬不变的性质；$X_i(i=1,2,3)$ 表示第 i 个部门的总产出；$L_i(i=1,2,3)$ 表示第 i 个部门使用的非熟练劳动力；$S_i(i=1,2)$ 表示第 i 个部门使用的熟练劳动力；$K_i(i=1,2)$ 表示第 i 个部门使用的资本。另外，根据科普兰和泰勒（1999）的研究，农村部门中农产品的产量除了受生产函数中的劳动要素影响外，还受环境的影响，以 E 表示环境现状，ε 衡量污染对农村部门的影响程度，$0 < \varepsilon < 1$。同时，按照社会的普遍情况，假定以一般制造业为代表的初级部门为产生污染的部门，以现代服务业和 IT 产业为代表的高级部门为污染中性部门。另外，由于农业污染多为浅层的面源污染，具有广泛性和不易检验性，难以量化，因此在理论经济学的研究中通常不予考虑。综上所述，环境函数表示如下：

$$E = \bar{E} - \lambda X_1 \tag{9.1}$$

其中，$\bar{E}$ 表示经济中污染为零时的环境总禀赋；λ 表示部门 1 每单位产出所导致的污染。

考虑一个产品价格由国际市场外生给定的经济体，由于产品市场是完全竞争的，在达到一般均衡时，单位产品的成本与单位产品的价格相等，故有：

$$a_{L_1}\bar{w}_1 + a_{S_1}w_{S_1} + a_{K_1}r_1 = P_1 \tag{9.2}$$

$$a_{S_2}w_{S_2} + a_{K_2}r_2 = P_2 \tag{9.3}$$

$$a_{L_3}w_3 = E^{\xi} \tag{9.4}$$

其中，$a_{ij}(i = L,K,S;j = 1,2)$ 表示第 j 个部门中单位产出所需要的 i 要素的数量，$a_{L_3} = L_3/F^3(L_3)$；$P_i(i = 1,2)$ 表示外生给定的第 i 个部门产品的国内价格；$\bar{w}_1$ 表示部门 1 中下方刚性的非熟练劳动力工资；$w_{si}(i = 1,2)$ 表示第 i 个部门中的熟练劳动力工资；w_3 表示农村部门的非熟练劳动力工资；$r_i(i = 1,2)$ 表示第 i 个部门的利率。

短期内，假定城市的两个部门所使用的资本量是固定的，不进行转移，则初级部门和高级部门的资本使用量可视为定值。三种生产要素禀赋在各部门之间的分配情况为：

$$(1 + \mu)a_{L_1}X_1 + a_{L_3}\frac{X_3}{E^{\varepsilon}} = \bar{L} \tag{9.5}$$

$$a_{K_1}X_1 = \bar{K}_1 \tag{9.6'}$$

$$a_{K_2}X_2 = \bar{K}_2 \tag{9.6''}$$

$$a_{S_1}X_1 + a_{S_2}X_2 = \bar{S} \tag{9.7}$$

其中，μ 表示城市部门 1 中非熟练劳动力的失业率；$\bar{L}$ 表示全社会的非熟练劳动力禀赋；$\bar{K}_i(i = 1,2)$ 表示短期内第 i 个部门中的资本禀赋；$\bar{S}$ 表示全社会的熟练劳动力禀赋。按照哈里斯—托达罗的劳动力转移模型，由于非熟练劳动力在城市部门 1 中存在失业，故非熟练劳动力在农村部门工资与城市部门 1 的期望工资相等时停止转移；同时，由于熟练劳动力不存在失业，因此熟练劳动力市场在城市两个部门中熟练劳动力的工资相等时达到均衡，故劳动力转移的均衡方程为：

$$w_3(1 + \mu) = \bar{w}_1 \tag{9.8}$$

$$w_{S_1} = w_{S_2} \tag{9.9}$$

至此，适用于短期分析的基本一般均衡模型构建完毕。在这个模型中，共有 10 个内生变量，分别为 w_3、w_{S_1}、w_{S_2}、r_1、r_2、E、μ、X_1、X_2、X_3；同时，有 10 个外生变量，分别为 $\bar{E}$、$\bar{L}$、$\bar{K}_1$、$\bar{K}_2$、$\bar{S}$、P_1、P_2、$\bar{w}_1$、λ、ε。我们可以依据式（9.2）、式（9.3）、式（9.6'）、式（9.6''）、式（9.7）和式（9.9）计算出 w_{S_1}、w_{S_2}、r_1、r_2、X_1、X_2，从而能够由式（9.1）计算出 E，再由式（9.4）计算出 w_3，最后由式（9.8）和式（9.5）计算出 μ 和 X_3。

三、劳动力转移框架下工资差距影响环境的理论分析

（一）短期分析

在既往研究中有多种对异质劳动力的划分方法，本章采用熟练程度来划分。一般来说，非熟练劳动力包括农村地区的全部劳动力以及城市部门的"蓝领"工人，而熟练劳动力则仅仅针对城市部门，通常是指"白领"工人或者管理层。

另外，本章考虑的工资差距有两个：一是"城乡工资差距"，用城市中部门 1 与农村中部门 3 的非熟练劳动力工资之差表示，即 $\bar{w}_1 - w_3$；二是"熟练程度不同的劳动力之间的工资差距"（以下简称"异质劳动力工资差距"），在具体的计算上，首先以加权平均法计算所有部门中非熟练劳动力的工资，再计算二者差值，即 $w_S - (\lambda_{L_1}\bar{w}_1 + \lambda_{L_3}w_3)$，$\lambda_{L_1}$、$\lambda_{L_3}$ 分别为部门 1 和部门 3 的就业权重。由于 $\bar{w}_1$ 下方刚性，其变动率为零，实际上我们只需考虑 $\hat{w}_3$ 和 $\hat{w}_S$ 分别与 $\hat{E}$ 的关系。这里，^ 表示变化率，如 $\hat{w}_3 = dw_3/w_3$ 等。

首先，对式（9.8）和式（9.9）进行全微分，可以得到：

$$\hat{\mu} = -\frac{\bar{w}_1}{\bar{w}_1 - w_3}\hat{w}_3 \tag{9.10}$$

$$\hat{w}_{S_1} = \hat{w}_{S_2} \tag{9.11}$$

为表示方便，以下，令 $\hat{w}_{S_1} = \hat{w}_{S_2} = \hat{w}_S$。

选择式（9.1）、式（9.2）、式（9.3）、式（9.4）、式（9.6′）、式（9.6″）和式（9.7）进行全微分，并将结果用矩阵形式表示为：

$$\begin{bmatrix} \theta_{S_1} & 0 & \theta_{K_1} & 0 & 0 & 0 & 0 \\ \theta_{S_2} & 0 & 0 & \theta_{K_2} & 0 & 0 & 0 \\ 0 & 1 & 0 & 0 & -\varepsilon & 0 & 0 \\ 0 & 0 & 0 & 0 & 1 & \lambda X_1/E & 0 \\ S_{KS}^1 & 0 & S_{KK}^1 & 0 & 0 & 1 & 0 \\ S_{KS}^2 & 0 & 0 & S_{KK}^2 & 0 & 0 & 1 \\ C & 0 & \lambda_{S_1}S_{SK}^1 & \lambda_{S_2}S_{SK}^2 & 0 & \lambda_{S_1} & \lambda_{S_2} \end{bmatrix} \begin{bmatrix} \hat{w}_S \\ \hat{w}_3 \\ \hat{r}_1 \\ \hat{r}_2 \\ \hat{E} \\ \hat{X}_1 \\ \hat{X}_2 \end{bmatrix} = \begin{bmatrix} 0 \\ \hat{P}_2 \\ 0 \\ 0 \\ 0 \\ 0 \\ 0 \end{bmatrix} \tag{9.12}$$

其中，$C = \lambda_{S_1} S_{SS}^1 + \lambda_{S_2} S_{SS}^2 < 0$；$\theta_{ij}(i = K, S; j = 1, 2)$ 表示投入要素 i 的收入占第 j 个部门总收入的份额；$\lambda_{ij}(i = K, S; j = 1, 2)$ 表示第 j 个部门中的投入要素 i 在全社会要素中所占的份额；$\lambda_{Lu} = L_u / \bar{L}$，表示城市部门 1 中非熟练劳动力的失业人数占包括农村和城市在内的所有非熟练劳动力总数的份额；$S_{ij}^k(i = K, S; j = K, S; k = 1, 2)$ 表示第 k 个部门中，要素 i 与要素 j 之间的替代弹性，如 $S_{SK}^1 = (r/a_{S_1})(\partial a_{S_1}/\partial r)$。

令 Δ_1 为式（9.12）的系数矩阵行列式，经计算可得：

$$\Delta_1 = \theta_{S_1}\theta_{K_2}\lambda_{S_1}(S_{KK}^1 - S_{SK}^1) + \theta_{S_2}\theta_{K_1}\lambda_{S_2}(S_{KK}^2 - S_{SK}^2) +$$
$$\theta_{K_1}\theta_{K_2}[\lambda_{S_1}(S_{SS}^1 - S_{KS}^1) + \lambda_{S_2}(S_{SS}^2 - S_{KS}^2)] < 0$$

由克莱姆法则解式（9.12），可进一步算出：

$$\hat{w}_3/\hat{P}_2 = -\varepsilon \frac{\lambda X_1}{E}\lambda_{S_2}(\theta_{S_1}S_{KK}^1 - \theta_{K_1}S_{KS}^1)(S_{KK}^2 - S_{SK}^2)/\Delta > 0$$

$$\hat{E}/\hat{P}_2 = -\frac{\lambda X_1}{E}\lambda_{S_2}(\theta_{S_1}S_{KK}^1 - \theta_{K_1}S_{KS}^1)(S_{KK}^2 - S_{SK}^2)/\Delta > 0$$

$$\hat{w}_S/\hat{P}_2 = \theta_{K_1}\lambda_{S_2}(S_{KK}^2 - S_{SK}^2)/\Delta > 0$$

$$\hat{\mu}/\hat{P}_2 = -\frac{\bar{w}_1}{\bar{w}_1 - w_3}\frac{\hat{w}_3}{\hat{P}_2} < 0$$

经过整理，容易发现 $\hat{w}_3$、$\hat{w}_S$ 与 $\hat{E}$ 的关系分别为：

$$\frac{\hat{E}/\hat{P}_2}{\hat{w}_3/\hat{P}_2} = \frac{\hat{E}}{\hat{w}_3} > 0$$

$$\frac{\hat{E}/\hat{P}_2}{\hat{w}_S/\hat{P}_2} = \frac{\hat{E}}{\hat{w}_S} > 0$$

代入式（9.10）可以求得 $\dfrac{\hat{E}}{\hat{\mu}} < 0$，因此，可以求得城乡工资差距与环境之间的变动关系为：

$$\frac{\hat{E}}{\bar{w}_1 - \hat{w}_3} < 0$$

令 $\alpha = \dfrac{\varepsilon\lambda_{L_3}\left(\dfrac{\theta_{S_1}}{\theta_{K_1}}S_{KK}^1 - S_{KS}^1\right)}{\varepsilon\lambda_{L_3}\left(\dfrac{\theta_{S_1}}{\theta_{K_1}}S_{KK}^1 - S_{KS}^1\right) - 1}$，显然有 $0 < a < 1$，故熟练劳动力与非熟练劳动力之间的工资差距与环境之间的变动关系为：

$$\frac{\hat{E}}{\hat{w}_S - (\lambda_{L_1}\bar{w}_1 + \lambda_{L_3}\hat{w}_3)} \begin{cases} >0 & \text{当 } E > \alpha\bar{E} \\ <0 & \text{当 } E < \alpha\bar{E} \end{cases}$$

综上所述，可以得到命题 9.1。

命题 9.1 在短期，当城乡工资差距扩大时，环境恶化。当 $E > \alpha\bar{E}$ 时，以熟练程度衡量的异质劳动力之间的工资差距扩大将使环境变好；当 $E < \alpha\bar{E}$ 时，以熟练程度衡量的异质劳动力之间的工资差距扩大将使环境恶化。

城乡工资差距扩大会激励农村劳动力更多地向城市转移，扩大城市部门 1 中劳动力的雇用，故环境恶化，这很容易理解。但值得注意的是，以熟练程度衡量的异质劳动力之间的工资差距扩大时，环境的变化是不确定的。当环境存量 E 较小时，异质劳动力之间的工资差距扩大将使环境恶化；而当环境存量 E 较大时，该异质劳动力之间的工资差距扩大将使环境质量得以提升。其可能的解释是，通常在不考虑环境因素的情况下，非熟练劳动力的工作、生活条件均劣于熟练劳动力，当环境存量较小并进一步恶化时，非熟练劳动力无法从其他要素上获得效用的弥补，因此他们受到的影响相较熟练劳动力更大。所以此时，环境对劳动力的影响主要体现在对非熟练劳动力的激励上，以熟练程度衡量的异质劳动力之间的工资差距扩大将更大地激励非熟练劳动力努力工作以缩小工资差距，从而扩大生产，使环境恶化；环境存量较大时，相对来说环境施加于熟练劳动力的影响更大，当熟练劳动力可能获得较高的工资时，部门 2 对熟练劳动力的吸引相对增大，能够吸引更多的人从事技术工作，有利于遏制污染发生，从而改善环境。

（二）长期分析

在长期，资本可以在城市中的两个部门之间自由流动，在资本市场达到均衡时，两个部门的利率相等。因此，我们将式（9.2）、式（9.3）、式（9.6′）和式（9.6″）式改写为：

$$a_{L_1}\bar{w}_1 + a_{S_1}w_{S_1} + a_{K_1}r = P_1 \tag{9.2′}$$

$$a_{S_2}w_{S_2} + a_{K_2}r = P_2 \tag{9.3′}$$

$$a_{K_1}X_1 + a_{K_2}X_2 = \bar{K} \tag{9.6}$$

式（9.2′）、式（9.3′）和式（9.6）与式（9.1）、式（9.4）、式（9.5）、式（9.7）、式（9.8）和式（9.9）构成一个完整的长期分析模型，在这个模型中共有

9 个内生变量，分别为 w_3、w_{S_1}、w_{S_2}、r、E、μ、X_1、X_2、X_3；同时，有 9 个外生变量，分别为 $\bar{E}$、$\bar{L}$、$\bar{K}$、$\bar{S}$、P_1、P_2、$\bar{w}_1$、λ、ξ。我们可以依据式（9.2′）、式（9.3′）和式（9.9）计算出 w_{S_1}、w_{S_2}、r，再由式（9.6）和式（9.7）计算出 X_1、X_2，从而能够由式（9.1）计算出 E，进一步由式（9.4）计算出 w_3，最后，由式（9.8）和式（9.5）计算出 μ 和 X_3。

在这里，我们假定 $K_1/S_1 < K_2/S_2$，即在城市部门 1 中熟练劳动力所占有的人均资本量要低于部门 2 中熟练劳动力所占有的人均资本量。我们的模型设定在城市中的两部门处于已经分化各自走上发展正轨的时间段，这一设定是符合某些发展中国家的实际情况的。

$$\theta_{S_2}\theta_{K_1} - \theta_{S_1}\theta_{K_2} < 0 \Leftrightarrow \lambda_{S_2}\lambda_{K_1} - \lambda_{S_1}\lambda_{K_2} < 0$$

在此基础上，我们选择对式（9.1）、式（9.2）、式（9.3）、式（9.4）、式（9.6）和式（9.7）进行全微分，同样设定 $\hat{w}_{S_1} = \hat{w}_{S_2} = \hat{w}_S$，微分结果用矩阵形式表示为：

$$\begin{bmatrix} \theta_{S_1} & 0 & \theta_{K_1} & 0 & 0 & 0 \\ \theta_{S_2} & 0 & \theta_{K_2} & 0 & 0 & 0 \\ 0 & 1 & 0 & -\xi & 0 & 0 \\ 0 & 0 & 0 & 1 & \lambda X_1/E & 0 \\ A & 0 & B & 0 & \lambda_{K_1} & \lambda_{K_2} \\ C & 0 & D & 0 & \lambda_{S_1} & \lambda_{S_2} \end{bmatrix} \begin{bmatrix} \hat{w}_S \\ \hat{w}_3 \\ \hat{r} \\ \hat{E} \\ \hat{X}_1 \\ \hat{X}_2 \end{bmatrix} = \begin{bmatrix} 0 \\ \hat{P}_2 \\ 0 \\ 0 \\ 0 \\ 0 \end{bmatrix} \quad (9.13)$$

其中，$A = \lambda_{K_1}S_{KS}^1 + \lambda_{K_2}S_{KS}^2 > 0$，$B = \lambda_{K_1}S_{KK}^1 + \lambda_{K_2}S_{KK}^2 < 0$，$C = \lambda_{S_1}S_{SS}^1 + \lambda_{S_2}S_{SS}^2 < 0$，$D = \lambda_{S_1}S_{SK}^1 + \lambda_{S_2}S_{SK}^2 > 0$。

经计算可得：$\Delta = -(\theta_{S_1}\theta_{K_2} - \theta_{S_2}\theta_{K_1})(\lambda_{S_2}\lambda_{K_1} - \lambda_{S_1}\lambda_{K_2}) > 0$

由克莱姆法则可进一步算出：

$$\hat{w}_3/\hat{P}_2 = -\varepsilon\frac{\lambda X_1}{E}[\theta_{S_1}(B\lambda_{S_2} - D\lambda_{K_2}) - \theta_{K_1}(A\lambda_{S_2} - C\lambda_{K_2})]/\Delta > 0$$

$$\hat{E}/\hat{P}_2 = -\frac{\lambda X_1}{E}[\theta_{S_1}(B\lambda_{S_2} - D\lambda_{K_2}) - \theta_{K_1}(A\lambda_{S_2} - C\lambda_{K_2})]/\Delta > 0$$

$$\hat{w}_S/\hat{P}_2 = (\lambda_{S_2}\lambda_{K_1} - \lambda_{S_1}\lambda_{K_2})\theta_{K_1}/\Delta < 0$$

$$\hat{\mu}/\hat{P}_2 = -\frac{\bar{w}_1}{\bar{w}_1 - w_3}\frac{\hat{w}_3}{\hat{P}_2} < 0$$

同样经过简单的变形，可以发现 $\hat{w}_3$、$\hat{w}_S$ 与 $\hat{E}$ 的关系分别为：

$$\frac{\hat{E}/\hat{P}_2}{\hat{w}_3/\hat{P}_2} = \frac{\hat{E}}{\hat{w}_3} > 0, \frac{\hat{E}/\hat{P}_2}{\hat{w}_S/\hat{P}_2} = \frac{\hat{E}}{\hat{w}_S} < 0$$

因此，在长期，工资差距与环境之间的变动关系为：

$$\frac{\hat{E}}{\overline{w}_1 - \hat{w}_3} < 0, \frac{\hat{E}}{\hat{w}_S - (\lambda_{L_1}\overline{w}_1 + \lambda_{L_3}\hat{w}_3)} < 0$$

命题 9.2 在长期，当城乡工资差距扩大时，环境恶化；当以熟练程度衡量的异质劳动力之间的工资差距扩大时，环境同样恶化。

命题 9.2 的前一个结论的解释可以沿用短期的理论，即当城乡工资差距扩大时，农村地区向城市转移的劳动力规模也随之扩大，城市部门 1 中劳动力雇用规模的提升会扩大工业生产，导致环境恶化。

相对于命题 9.1，以熟练程度衡量的异质劳动力之间的工资差距扩大对环境的影响出现了变化，这主要是由于通常的长期分析假定社会经济已发展到成熟阶段，同时，在长期与资本相关的一个关键假定发生了变化。长期分析时，资本可以在部门 1 和部门 2 之间自由流动，故当以熟练程度衡量的异质劳动力之间的工资差距扩大时，部门 1 中的非熟练劳动力会更加努力地工作以提高收入，此时部门 1 中总体劳动要素量增加，导致资本更多地外溢到部门 2，从而部门 2 的资本价格出现相对下降，此时，资本又会向部门 1 回流，当溢出的资本要素对生产的贡献小于非熟练劳动力努力工作的劳动要素的贡献时，部门 1 中总体产量出现一定程度的上升，从而引发了环境质量的恶化。

综合命题 9.1 和命题 9.2 可以发现，无论在短期还是在长期，城乡工资差距扩大都将造成环境的恶化。同时，在长期，熟练劳动力与非熟练劳动力的工资差距的扩大将导致环境污染程度的降低；而在短期，这一工资差距对环境的影响则需要依据环境本身质量来决定。

四、收入差距影响环境质量的实证研究

（一）变量选取

1. 被解释变量

环境污染从工业、农业和生活的方方面面对整体社会经济施加影响，如果选择一个和几个单一的指标来对环境质量进行衡量，受类别的特质影响可能会显得片面，无法反映出各系统的交叉影响。因此，本章在进行被解释变量的选择时，根据研究对象，通过对衡量工业污染的多个相关指标进行统计学上的处理，构造出一个综合衡量能力较强的指标，用符号 ENV 表示。

2. 解释变量

本章研究的对象为收入差距，故解释变量以工资比值确定，其中，城乡收入差距记为 $GAP1$，熟练劳动力与非熟练劳动力的工资差距记为 $GAP2$。

3. 控制变量的选取

参照已有的有关环境污染决定因素的实证研究，同时结合第一部分中格罗斯曼和克鲁格（1995）认为经济增长影响环境的机制，本章选择使用如下相关控制变量。

第一，劳动力转移是本章研究的重点。

第二，规模效应即通常认为的经济活动规模，也可以用社会总体的收入水平来衡量。从产出的角度看，当经济活动规模不断扩大时，必然会导致资源消耗的上升与相应废物排放量的扩大；从需求角度看，人们在收入的较高阶段，已经基本满足了对食物和其他物质的需求，转而开始追求高水平的环境质量。

第三，产业效应指各产业在社会经济中所占的比重。明显地，以工业为主的第二产业是对环境污染最严重的产业，因此在社会处于以农业为主的最初级发展阶段，或发展到以第三产业为主的更高水平时，污染相较于工业发展阶段较少，这就是产业效应。

第四，技术效应主要分为两个层面：一是降低生产污染的技术进步；二是治理已污染环境的技术进步。当发生技术进步时，一方面提高环境资源的利用效率，另一方面降低社会主体治污的阻力，致使污染排放量和治污成本同时降低；同时，技术效应也对结构效应有所贡献，因为社会技术的不断进步将引导产业升级，第二产业中导致严重污染的技术将被淘汰。

因此，本章最终选择包括劳动力转移（$TRANS$）、产业效应（STR）、技术效应（$TECH$）和规模效应（$INCOME$）在内的四项指标作为控制变量。

（二）数据来源

本章大部分数据来源于历年《中国统计年鉴》《中国劳动统计年鉴》等各项统计年鉴，与科技人员相关的数据来源于《中国科技统计年鉴》，涉及产业结构的数据来源于《中国第三产业统计年鉴》，涉及农民工的数据部分来源于《农民工监测调查报告》，与环境相关的数据主要来源于历年《环境统计年报》，另外，年鉴中缺失的部分年度数据参考《新中国 60 年统计资料汇编》及各省份统计年鉴、统计局网站等补齐。

（三）各变量的具体情况及相关数据处理

在本章变量处理的过程中，涉及"环境污染指数"这项指标时，使用了熵值法，因为熵值赋权法在一定程度上避免了主观因素带来的偏差。本章各变量的具体情况如下：

（1）环境污染指数。本章主要关注工业部门产生的污染。根据历年的统计口径，本章最终选取工业污染物中的"三废"排放量作为对环境状态进行综合衡量的指标，通过熵值法构建相关指数，从而使该指数能最大限度地代表环境污染的整体情况。

（2）收入差距。收入差距中的城乡收入差距用各省份城镇居民人均可支配收入与农民人均纯收入（农村人均可支配收入①）之比来表示。收入差距中的熟练劳动力与非熟练劳动力工资差距以制造业和科学研究、技术服务就业人员工资综合衡量。本章将部门 1 中的熟练劳动力与大中型企业的科技活动人员等同，并以其工资份额来衡量制造业中熟练劳动力的工资份额（同时可以确定非熟练劳动力工资），在此基础上，确定制造业中熟练劳动力与技术服务行业劳动力的一个权重，使用加权平均法计算出城镇总体熟练劳动力的工资，继而以二者的比值表示熟练劳动力与非熟练劳动力的工资差距，相关计算公式为：

熟练劳动力工资 =（大中型企业中科技活动人员的工资数额 + 科学研究、技术服务就业人员工资数额)/（大中型企业中科技活动人员总数 + 科学研究、技术服务就业人员总数）

非熟练劳动力工资 =（制造业就业人员工资数额 - 大中型企业中科技活动人员的工资数额)/（制造业就业人员总数 - 大中型企业中科技活动人员总数）

（3）规模效应。用各地区人均 GDP 表示。

（4）结构效应。用各地区第三产业增加值占地区生产总值的比重表示。

（5）技术效应。用历年各地区科技活动人员数占各地区人数的比例表示。

（6）劳动力转移。由于国家统计局并未对分省份的劳动力转移数据进行统一口

---

① 2013 年起，农民人均纯收入在统计年鉴中改为"农村人均可支配收入"指标。

径的统计，故本章使用人口增长量与总人口量之比来间接衡量劳动力流动。已有的研究表明，这两项指标之间存在较强的关联性，相关系数接近0.9，相关计算公式为：

人口增长量＝本年末总人口－上年初总人口（1＋上年人口自然增长率）

本章选取了我国31个省份共19年的面板数据，相关年份为1997～2015年，对于在计量过程中可能遇到的数据平稳性问题，通过相应年度数据进行对数变换来解决。

（四）计量模型的设定

在上述指标选取的基础上，本章采用如下计量模型对收入差距与环境质量之间的关系进行探究：

$$ENV_{i,t} = \alpha_1 + \beta_1 GAP1_{i,t} + \omega X_{i,t} + \varepsilon_{i,t} \tag{9.14}$$

$$ENV_{i,t} = \alpha_2 + \beta_2 GAP2_{i,t} + \omega X_{i,t} + \varepsilon_{i,t} \tag{9.15}$$

其中，$ENV_{i,t}$表示环境污染，i为省份下标，t为年度下标；$X_{i,t}$表示对环境有影响的其他变量；$GAP1$为城乡工资差距指标，$GAP2$为熟练劳动力与非熟练劳动力工资差距指标。

本章实证研究框架的核心是探究收入不平等是否能够通过劳动力转移这一机制对环境造成影响。因此，本章将收入不平等对环境的影响分为直接影响和间接影响，首先在式（9.14）右边仅仅放置解释变量，对二者之间的关系进行估计；然后逐项加入以上各项控制变量重新回归，着重关注加入劳动力转移变量后回归方程系数及显著性的变化。对式（9.15）作同样处理。如果收入差距能够直接作用于环境质量，在计量结果上应该表现为在控制变量全部加入之后，解释变量回归系数仍然显著；如果收入差距对环境质量通过其他渠道起间接作用，在计量结果中应该表现为加入或删去某些控制变量后，被解释变量不再显著，或系数出现大幅下降。而对于间接的污染效应，可以理解为收入不平等作用于环境的污染渠道。如果某一控制变量同时满足以下两点：一是在作为收入不平等的被解释变量时，表现出显著受收入不平等影响；二是在作为原回归方程的控制变量加入方程右边后，对解释变量的显著性或回归系数中的一项或两项指标产生较为明显的影响，那么就可以认为收入不平等经由该控制变量对环境质量产生了间接效应。其中，传导方程为：

$$GAP1_{i,t} = \theta_1 + \sigma_1 M_{i,t} + \mu_{i,t} \tag{9.16}$$

$$GAP2_{i,t} = \theta_2 + \sigma_2 M_{i,t} + \mu_{i,t} \qquad (9.17)$$

其中，$GAP1$ 为城乡工资差距指标，$GAP2$ 为熟练劳动力与非熟练劳动力工资差距指标，i 为省份下标，t 为年度下标；$M_{i,t}$ 表示原回归方程中的某些控制变量。

由于本章使用的是面板数据，故在正式回归开始之前，需要确定是否能采用混合回归。首先，我们对式（9.14）和式（9.15）进行 F 检验，假设混合回归是可以接受的，统计结果显示，式（9.14）和式（9.15）对应的 p 值均为 0.0000，故强烈拒绝接受原假设，即认为 FE 明显优于混合回归。其次，通过豪斯曼检验对在接下来的回归中应该采取固定效应还是随机效应进行确定，结果表明，式（9.14）的检验 p 值为 0.0000，对应使用固定效应模型；式（9.15）的检验 p 值为 0.6383，对应使用随机效应模型。

故本章分别采取对应的模型对式（9.14）和式（9.15）进行检验。

（五）回归结果

1. 初步回归结果

表 9-1 显示了式（9.14）初步回归的结果。

表 9-1　　　　　　　　式（9.14）的回归结果

变量	Coef.	Std. Err	t	p > t
GAP1	0.769005	0.431879	1.78	0.085
TRANS	-0.07326	0.058637	-1.25	0.221
lnGDP	4.814705	0.94601	5.09	0.000
STR	-35.2508	14.3885	-2.45	0.020
TECH	11.69802	11.44157	1.02	0.315

式（9.14）回归结果显示：$GAP1$ 对 ENV 的回归系数为 0.769005，其 t 统计量为 1.78，p 值为 0.085，在 10% 的范围内显著。这说明，就我国整体情况而言，城乡收入差距的扩大会导致环境污染的程度加深，且城乡收入比每增加 1 单位，衡量环境污染的综合指数将会增加 0.77 个单位。

同样，我们对式（9.15）进行回归，得到如表 9-2 中所列示的结果。

表9-2 式（9.15）的回归结果

变量	Coef.	Std. Err	t	p > t
GAP2	1.881124	0.6237829	3.02	0.003
TRANS	-0.09237	0.1347387	-0.69	0.493
lnGDP	5.26322	0.3909813	13.46	0.000
STR	-41.2760	6.842389	-6.03	0.000
TECH	11.48181	2.989382	3.84	0.000

式（9.15）回归结果显示：GAP2 对 ENV 的回归系数为1.881124，其 t 统计量为3.02，p 值为0.003，在1%的水平下显著。这说明，就我国整体情况而言，熟练劳动力与非熟练劳动力收入差距的扩大会导致环境污染的程度加深，且熟练劳动力与非熟练劳动力收入比每增加1单位，衡量环境污染的综合指数将会增加1.88个单位。

上述初步的回归结果仅仅是证实了理论分析中"收入差距会对环境质量产生影响"这样一个大前提，在实证中更重要的是对二者之间深层次的影响机制，以及劳动力转移能否作为收入差距影响环境的一个渠道进行进一步的分析。

2. 传导机制分析

间接效应研究的第一步是根据已有的研究成果，对收入差距—环境污染的传导渠道进行初步选择。在实际生活中，技术效应、产业效应、规模效应和国家政策层面等均会对环境污染施加影响，综合考虑指标的可衡量性和数据的可获得性，本章选择劳动力转移、规模效应、产业效应和技术效应四个相关变量作为本章所要探究的传导机制。间接效应研究的第二步是探究已选择的四个相关变量与收入差距之间的关系，对式（9.16）和式（9.17）进行回归分析，结果如表9-3所示。

表9-3 式（9.16）和式（9.17）的回归结果

变量	城乡收入差距（GAP1）				熟练劳动力与非熟练劳动力收入差距（GAP2）			
	Coef.	Std. Err	t	p > t	Coef.	Std. Err	t	p > t
TRANS	0.11575	0.0664135	1.74	0.092	0.0158796	0.0093021	1.71	0.088
lnGDP	0.4280573	0.128365	3.33	0.002	0.1047985	0.0202879	5.17	0.000
STR	0.0063633	0.0033166	1.92	0.065	2.033024	0.4164598	4.88	0.000
TECH	0.0340998	0.0122455	2.78	0.009	0.3307809	0.1529484	2.16	0.031

从表 9 - 3 可以看出，城乡收入差距对劳动力转移、规模效应、结构效应和技术效应的 p 值分别为 0.092、0.002、0.065 和 0.009，分别在 10%、1%、10% 和 1% 范围内显著，熟练劳动力与非熟练劳动力收入差距对劳动力转移、规模效应、结构效应和技术效应的 p 值分别为 0.088、0.000、0.000 和 0.031，分别在 10%、1%、1% 和 5% 范围内显著。这说明，这两种收入差距作为这四个被解释变量的解释变量在不同程度上都是显著的。可见，对于中国 1997 ~ 2015 年的实际情况，收入差距对社会规模化、社会结构变化、社会技术进步和劳动力转移均有直接影响，因此，这四项都可以作为收入差距影响环境的潜在传导渠道。

在此基础上，本章采取逐步回归方式来测度收入差距通过传导渠道对环境的影响。此前，式（9.14）和式（9.15）仅仅将 GAP1 和 GAP2 作为方程右边的唯一变量展开回归，该项计量结果反映了在不考虑传导机制的情况下，两种收入差距对环境质量的独立影响，以此作为比较分析的基础。在这样的基础上，式（9.11）和式（9.21）在模型右边加入技术效应，以此测度技术效应是否为收入不平等—环境污染的间接效应因素；式（5.12）和式（5.22）在前述方程的基础上，在模型右边又加入结构效应变量，以此检验结构效应是否为收入不平等—环境污染的间接效应因素；式（5.13）和式（5.23）则引入劳动力转移因素，研究劳动力转移作为收入不平等—环境污染的传导渠道是否成立；最后，加入衡量规模效应的人均收入变量。

表 9 - 4 和表 9 - 5 分别列出了在研究两种收入差距的过程中，渐次加入控制变量之后的回归结果。

表 9 - 4　　　　　　变量对城乡收入差距效应的回归结果

变量	城乡收入差距（GAP1）				
	(5.1)	(5.11)	(5.12)	(5.13)	(5.14)
GAP	2.996084 *** (2.84)	1.955252 ** (2.44)	2.084017 *** (2.74)	2.096492 *** (2.74)	0.769005 * (1.78)
TECH		30.52314 *** (2.84)	33.68415 *** (3.24)	33.67933 *** (3.24)	11.69802 (1.01)
STR			-37.17487 ** (-2.28)	-37.56346 ** (-2.31)	-35.2508 ** (-2.45)
TRANS				-0.08499 * (-2.02)	-0.07326 (-1.25)

变量	城乡收入差距（GAP1）				
	（5.1）	（5.11）	（5.12）	（5.13）	（5.14）
lnGDP					4.814705 *** (5.09)
截距项	− 6.480753 （− 1.15）	− 5.622035 （− 1.29）	8.440542 （1.36）	8.553462 （1.39）	4.571426 （1.06）
F 值	8.08	8.05	6.55	4.93	15.68
LR 值					
观察值	589	589	589	589	589

注：***、**和*分别表示 p<1%、p<5% 和 p<10% 的概率；括号内为每个变量相对应的 t 值（固定效应）和 z 值（随机效应）。

表 9 - 5　　变量对熟练劳动力与非熟练劳动力收入差距效应的回归结果

变量	熟练劳动力与非熟练劳动力收入差距（GAP2）				
	（5.2）	（5.21）	（5.22）	（5.23）	（5.24）
GAP	3.503878 *** （4.47）	2.610798 *** （3.74）	3.21705 *** （4.61）	3.226984 *** （4.61）	1.881124 *** （3.02）
TECH		34.23091 *** （12.17）	37.2011 *** （12.94）	37.20894 *** （12.94）	11.48181 *** （3.84）
STR			− 36.70882 *** （− 4.66）	− 36.80077 ** （− 4.67）	− 41.27606 *** （− 6.03）
TRANS				− 0.030398 （− 0.20）	− 0.092379 （− 0.69）
lnGDP					5.26322 *** （13.46）
截距项	3.84177 ** （2.12）	0.0188055 （0.01）	13.6255 *** （3.93）	13.65287 *** （3.93）	6.880.18 ** （2.31）
F 值					
LR 值	19.62	155.11	176.44	176.48	332.71
观察值	589	589	589	589	589

注：***、**和*分别表示 p<1%、p<5% 和 p<10% 的概率；括号内为每个变量相对应的 t 值（固定效应）和 z 值（随机效应）。

式（5.11）至式（5.14）以及式（5.21）至式（5.24）结果的含义是：在对应的传导渠道独立或复合存在时，收入差距如何作用于环境质量。式（5.11）与基准模型式（5.1）相比，收入差距的显著性降低，且回归系数也出现下降，同时，熟练劳动力与非熟练劳动力工资差距的回归系数较城乡收入差距的回归系数显著（前者为10%，后者为5%），这意味着收入差距可能会通过技术效应对环境污染产生间接影响，且熟练劳动力工资与非熟练劳动力工资通过技术效应所传导的影响较大。这是符合常理的，因为熟练劳动力是能够直接推动社会的技术进步的那群人。类似地，可以对式（5.12）与式（5.22）进行分析，可以发现结构收入差距同样可以通过影响社会结构变化来影响环境。这也是符合经济现实的，当一个国家第三产业的比重增加时，经济发展不再像发展初期时那样依赖如水、土地和能源等环境要素，转而以技术提高及生产方式的创新为主要驱动力，对环境造成的污染也就更小。

式（5.13）和式（5.23）在前面的基础上又控制了劳动力转移变量，是我们探讨的重点，此时结果也出现了分化。可以看到，对于城乡收入差距，在加入劳动力转移变量时不会降低收入差距、技术变量及结构变量回归系数的显著程度，同时，劳动力转移变量在1%的范围内显著；而在对熟练劳动力与非熟练劳动力工资差距影响环境质量的研究中，劳动力转移变量没有通过检验，但收入差距回归系数的显著性水平没有发生变化。这说明，城乡收入差距可以通过劳动力转移进行传导，但熟练劳动力与非熟练劳动力的工资差距则不会通过劳动力转移效应对环境质量产生间接影响。

式（5.14）和式（5.24）则研究了规模效应能否间接影响环境质量，对于两种收入差距，其规模效应均通过了检验。

（六）实证结果与理论结果的对比

通过将理论分析结果与本章的实证回归结果进行对比，发现它们并不是完全一致的，主要表现在劳动力转移并不能作为熟练劳动力和非熟练劳动力工资差距影响环境的渠道。可能的解释有以下两种：第一，在衡量以熟练程度为代表的异质劳动力工资差距时，由于没有相关的正式统计资料，本章在测度制造业部门中熟练劳动力的工资时，退而求其次地选择用大中型（或规模以上）企业中科技人员的数量及其相应的工资总额来指代。事实上，这部分人员与科学技术行业人员会出现部分重合，导致本章构建的工资差距并不能百分之百地反映出真实的工资差距。第二，针对已在城市部门工作的熟练劳动力，其跨部门转移的意愿并不像农村劳动力跨地域转移的意愿那样强烈，在考虑转移的时候，不单单以工资差距为主要的考量标准，而是会加入对其他因素的综合衡量，包括环境。例如，当城市特定部门的污染较为严重时，即使工资较高，相应人员也可能会进行规避。

五、结　论

本章在哈里斯—托达罗的劳动力转移框架下研究了收入不平等与环境污染的关系，在此基础上进一步研究劳动力转移能否作为收入不平等影响环境的传导机制。本章的主要结论包括两个方面：其一，通过理论模型得出了两个命题；其二，通过实证模型对理论部分进行检验，得到了针对中国实际情况的初步结论。总体来说，收入不平等能够通过劳动力转移对环境造成影响。首先，从短期来看，城乡工资差距扩大时，环境恶化；以熟练程度衡量的异质劳动力之间的工资差距扩大对环境的影响取决于环境本身的质量。其次，从长期来看，当城乡工资差距扩大时，环境恶化；以熟练程度衡量的异质劳动力之间的工资差距扩大时，环境恶化。

实证检验的结果表明收入差距对环境的影响是多层面的，可以通过直接影响和间接影响衡量。在直接影响方面，城乡收入差距和熟练劳动力与非熟练劳动力收入差距的扩大均会导致环境污染的程度加深，且熟练劳动力与非熟练劳动力之间的工资差距影响较大。具体表现为，城乡收入比每增加 1 单位，衡量环境污染的综合指数将会增加 0.77 个单位；熟练劳动力与非熟练劳动力工资收入比每增加 1 单位，对环境的综合影响增加 1.88 个单位。至于间接影响，在城乡收入比对环境质量的逐步回归中，劳动力转移变量表现为显著，但在熟练劳动力与非熟练劳动力工资差距对环境质量的逐步回归中，劳动力转移变量未通过显著性检验，这说明城乡收入差距可以通过劳动力转移进行传导，但熟练劳动力与非熟练劳动力的工资差距则不会通过劳动力转移效应对环境质量产生间接影响。除了劳动力转移渠道外，本章在实证研究中也证明了规模效应、结构效应和技术效应作为收入不平等—环境污染的传导机制同样成立。

在前面结论的基础上，结合中国收入不平等和环境问题的现状，本章从以下几个方面提出政策建议：（1）推动"包容性增长"。根据我们的研究，无论是在长期还是短期，城乡收入差距的缩小都有助于改善环境质量，这就要求我们规范收入分配秩序，使包括弱势群体在内的广大群众都能享受到经济增长的成果，尤其是实现低收入群体的增收。（2）建立劳动力流动引导机制。首先，保证个人拥有平等地获取社会资源的机会，减少因起点、机会和过程的不公平所造成的收入差距；其次，加强地区间、行业间的职位流动性，鼓励各行各业研究出台吸纳各种类型的劳动者就业的政策；最后，通过给予熟练劳动力除工资以外的其他激励以吸引高素质的劳动力达成区域式集中，带动行业整体形成良好的发展态势。（3）保持合适的城市化水平。一方面，要密切关注城镇居民人口绝对数量以及相对占比的变化，保持人口在区域之间的合理流动；另一方面，城市化与社会中的每个人都息息相关，政府作为社会中的风向把控角色，在带动个人和企业的生产、生活方式变革上应该起到更大的作用，通过相关政策的推进实现我国经济社会协调可持续发展的目标。（4）形成污染治理的常态化、长效化机制。首先，要坚持"防、控、治"三位一体，分门别类对不同的问题加以风险管控和针对性的疏导；其次，协调、联合有关职能部门形成指导和监管合力，整合提升生态环境质量的改善效果；再其次，加快对先进环境保护技术的研发和应用，形成完善的污染防治技术体系，推动污染治理常态化发展；最后，地区间应形成良好的互动机制，如发达地区通过引进先进技术对中西部地区的污染进行治理，使不同地区得以良好有序地发展。

参考文献

［1］郝爱民：《我国城乡收入差距、经济结构变化与农村劳动力转移的实证分析》，载于《生产力研究》2006 年第 12 期。

［2］李实：《中国农村劳动力流动与收入增长和分配》，载于《中国社会科学》1999 年第2 期。

［3］李晓春：《劳动力转移和工业污染——在现行户籍制度下的经济分析》，载于《管理世界》2005 年第 6 期。

［4］李晓春：《我国劳动力转移的双重机制》，载于《南京社会科学》2005 年第 7 期。

［5］陆铭、陈钊：《城市化、城市倾向的经济政策与城乡收入差距》，载于《经济研究》2004 年第 6 期。

［6］马旭东：《中国收入分配差距引致环境问题的实证研究》，载于《税务与经济》2012 年第 3 期。

［7］潘丹、应瑞瑶：《收入分配视角下的环境库兹涅茨曲线研究——基于1986—2008 年的时序数据分析》，载于《中国科技论坛》2010 年第 6 期。

［8］杨树旺、肖坤、冯兵：《收入分配与环境质量演化关系研究》，载于《湖北社会科学》2006 年第 12 期。

［9］钟茂初、赵志勇：《城乡收入差距扩大会加剧环境破坏吗？——基于中国省级面板数据的实证分析》，载于《经济经纬》2013 年第 3 期。

［10］Beladi，H.，Frasca. R.，"Pollution Control under An Urban Binding Minimum Wage"，*Annals of Regional Science*，1999，33：523 –533.

［11］ Bergstrom, J. C. , Stoll, J. R. & Randall, A. , "The Impact of Information on Environ-mental Commodity Valuation Decisions", *American Journal of Agricultural Economics*, 1990, 72 (3): 614 – 621.

［12］ Boyce, J. K. , "Inequality as a Cause of Environmental Degradation", *Published Studies*, 1994, 11 (3): 169 – 178.

［13］ Chaudhuri, S. , Yabuuchi, S. & Mukhopadhyay, U. , "Inflow of Foreign Capital and Trade Liberalization in a Model with an Informal Sector and Urban Unemployment", *Pacific Economic Review*, 2006, 11 (1): 87 – 103.

［14］ Copeland, R. , Taylor, S. , "Trade, Spatial Separation, and the Environment", *Journal of International Economics*, 1999, 47 (1): 137 – 168.

［15］ Daitoh, I. , "Consumption Externality of Pollution and Environmental Policy Reform in the Dual Economy", *Japanese Economic Association*, 2002.

［16］ Daitoh, I. , "Environmental Protection and Trade Liberalization in a Small Open Dual Econo-my", *Review of Development Economics*, 2008, 12 (4): 728 – 736.

［17］ Harris, J. R. , Todaro, M. P. , "Migration, Unemployment and Development: A Two – sector Analysis", *American Economic Review*, 1970, 60 (1): 126 – 142.

［18］ Li, X. , Shen, Q. , Gu, C. & Ni, M. , "Analyzing the Effect of Advanced Agriculture Development Policy", *Journal of Economic Policy Reform*, 2013, 16 (4): 349 – 367.

［19］ Marjit, S. , Kar, S. , "Emigration and Wage Inequality", *Economics Letters*, 2005, 88 (1): 141 – 145.

［20］ Ravallion, M. , Heil, M. & Jalan, J. , "Carbon Emissions and Income Inequality", Oxford Economic Papers, 2000, 52 (4), 651 – 669.

［21］ Saito, M. & Sugiyama, Y. , "Transfer of Pollution Abatement Technology and Unemploy-ment", *Economics Bulletin*, 2007, 6 (5): 1 – 8.

［22］ Tawada, M. , Shuqin, Sun, "Urban Pollution, Unemployment and National Welfare in a Dualistic Economy", *Review of Development Economics*, 2010, 14 (2): 311 – 322.

［23］ Vona, F. , Patriarca, F. , "Income Inequality and the Development of Environmental Tech-nologies", *Ecological Economics*, 2011, 70 (11): 2201 – 2213.

［24］ Whalley, J. , Zhang, S. , "A Numerical Simulation Analysis of Hukou Labour Mobility Restrictions in China", *Journal of Development Economics*, 2007, 83 (2): 392 – 410.

［25］ Grossman, G. , Krneger, A. , "Economic Growth and the Environment", *The Quarterly Journal of Economics*, 1995, 110 (2): 353 – 377.

第十章

长三角地区最低工资标准对
环境污染的影响探究

一、引　言

自 1993 年发布《企业最低工资规定》及 1994 年通过《中华人民共和国劳动法》以来，最低工资制度在我国的实施效果就备受社会各界关注。随着 2004 年《最低工资规定》和 2008 年《中华人民共和国劳动合同法》的出台，地方开始屡次提升最低工资标准，政府调整最低工资标准的出发点一般是保证就业与劳动者基本生活水平，但往往忽视最低工资标准对其他因素的影响。

改革开放后，我国经历了一个经济快速发展阶段。但在粗放式工业化进程中，也带来资源、环境、生态方面的一系列问题，这些问题严重制约了我国经济发展的质量，严重的环境污染使环境问题成为政府宏观决策时越来越重要的因素。一个值得注意的事实是：伴随着最低工资标准的实施，我国的环境污染也一直在恶化。二者之间是否存在直接或间接的影响关系呢？若确实存在影响关系，则政府在提高最低工资标准时就必须考虑环境污染问题。因此，现阶段，探寻二者间的影响机制、制定正确的最低工资标准政策就成为经济工作中不能忽视的问题。

本章尝试提出最低工资标准对环境污染的影响机制，并根据对长三角地区所进行的实证分析的结果，提出相关政策建议。

二、文献回顾

最低工资制度产生于 19 世纪末，是指在法定劳动时间内，劳动者在正常劳动强度下，国家以法律方式保证其应得的、可满足其生活及供养家庭所需最低费用的制度。最低工资制度最早起源于新西兰，学术界自其出现便予以高度关注。对最低工资标准实施效果的关注点往往落在就业效果上，很少有人关注最低工资标准对环境污染的影响。我们找到一些相关的文献，大致可以分为以下三部分。

（一）最低工资标准的就业效应

提高最低工资标准会引致劳动力向劳动密集型产业的转移。一般认为，在完全竞争情况下，市场能够通过自发调节达到均衡工资，此时最低工资标准超出均衡工资的部分必然引起不必要的失业，如马双等（2012）认为，最低工资每降低 1%，制造业企业雇用人数会增加约 0.06%。但也有人持不同观点，如卡德和克鲁格（Card & Krueger，1995）对美国宾夕法尼亚州、新泽西州的快餐行业进行了研究，认为最低工资标准的提高并不会减少雇用工人的数量，只会增加企业压力；罗小兰（2007）经过实证研究提出在中国存在一个值，未达到该值时，提高最低工资会对农民工就业产生促进效果，只有大于该值时才会产生反效果。对这种现象的解释有两种，分别基于完全竞争市场假定和买方垄断市场假定。第一种解释以王梅（2012）为代表，即维持完全竞争市场的条件不变，认为最低工资标准的提高可以移动劳动力需求曲线从而创造新的就业量，并认为影响这种效应效果的原因包括最低生活保障、就业者负担、产业结构变动和技术进步。第二种解释则基于更符合低端劳动力市场现状的买方垄断市场，如李晓春、何平（2010）针对这种最低工资标准的阈值现象构建出理论模型进行解释；作为李晓春、何平（2010）研究的延伸，李晓春、董哲昱（2017）剖析了持续性的买方垄断劳动力市场下，最低工资标准如何促进就业的特点。以上文献都同意，劳动力市场只要存在买方垄断的因素，提高最低工资标准就可能存在一个"既提高农民工基本生活水平，又促进就业的效果"的双赢区间。此外，还有学者认为，最低工资标准的提高可能倒逼企业创新，间接影响产出（李后建，2017）。

（二）就业与经济增长

一般认为，就业与经济增长具有稳定的正向相关关系。例如，索洛（Solow，1956）基于改进的柯布—道格拉斯函数将经济增长的直接原因进行分解，认为经济增长是就业增长的正向函数；奥肯（Okun，1962）提出 GDP 增长率变化与失业率变化存在着稳定的负向关系，即奥肯定律（Okun's Law）；王经绫（2014）通过实证研究发现，我国农村剩余劳动力的减少与经济增长之间存在明显的同步性与协调性，提出这种正向相关关系的主要来源——农村剩余劳动力的进入。

（三）经济增长与环境污染

一般认为经济增长对环境污染影响的研究始于格罗斯曼和克鲁格（1992）以及世界银行的两份独立的实证研究报告，二者都提出了环境污染在低收入水平上与人均 GDP 水平正相关、在高收入水平上与人均 GDP 水平负相关的倒"U"型关系。帕纳约托（Panayotou，1996）将库兹涅茨曲线应用到环境中用以描述这种倒"U"型关系，称为环境库兹涅茨曲线（EKC），并提出二氧化硫、氮氧化物排放量转折点分别在人均收入 3000 美元、5500 美元左右。学术界通常认为 EKC 是一个经验图形，一般从经济规模、产业结构和技术进步对环境的影响方面进行研究，如洛佩兹（Lopez，1994）等。王玉君、韩冬临（2016）则认为经济发展通过对个人行为与公众行为的影响，会促进全社会的环境保护行为，从而缓解环境污染状况；陈向阳（2015）认为，EKC 的形成机制受经济、政策和公民意识等多重因素影响，并且具有非单一的形式，即倒"U"型与"N"型可能出现在不同的污染指标上。以上文献都没有直接研究最低工资标准对环境污染的影响，但是从中可以看出一条清楚的脉络：最低工资变化→产出的变化→经济增长变化→环境变化，这就是最低工资标准影响环境的路径。由于缺乏研究，最低工资标准变动究竟如何影响环境，我们还不得而知，不能不说是一种缺憾。基于此，本章将提出最低工资标准对环境污染的影响机制理论模型。

劳动者市场走向取决于人力资本状况及其所在行业（孙妍，2011），最低工资标准只影响低收入劳动者，选择买方垄断市场作为研究对象较符合实际情况。同时，冼国明和徐清（2013）通过实证验证了中国城市几乎都存在工资低于劳动力边际产出的事实，中国的劳动力买方市场特征突出。

三、理 论 模 型

考虑一个总人口不变、农村生产力过剩、没有人口净流出、城市第二产业具有完全劳动买方垄断特征的经济。图 10-1 中各图的解释如下：

图 10-1 （1）：劳动力市场买方垄断是指企业在劳动力市场上享有完全的议价优势的市场。即 AB 为企业所面对的正斜率的劳动供给曲线；OC 为雇用的边际成本曲线，斜率两倍于劳动供给曲线；CB 为负斜率的劳动需求曲线。市场是完全竞争的，以 B 点作为均衡点。考察最低工资标准的大小，容易看出：最低工资标准处于 O 到 A 点对应的工资之间时，对企业决策没有影响；从 A 点开始，最低工资标准开始影响企业决策，其中，AB 段的最低工资标准将会创造就业，同时没有失业产生；BC 段，在创造就业的同时，也会引起失业；C 点以上，既会减少就业又引起失业。故而不妨称 AC 为"可行区"，且 A 点、C 点对应的就业量是相同的。

图 10-1 （2）：最低工资处于 AC 段时，任意一点的对应就业量相对于初始状态 A 都有就业的提高和相应的就业增长率 $g_L = (L - L_A)/L_A$。值得一提的是，因最低工资标准提高而新增的劳动力绝大多数来自农村，假定农村劳动力并不能带来社会总产出的增加。这样就不需要考虑在城市新增产出的同时农业产出是否因劳动力转移而减少（当然，考虑到第二产业和第一产业的产值差异，即使农业产值有减少的部分，整个社会总产值也是提高的）。

图 10-1 （3）：将经济增长率分解为全要素增长率、资本存量增长率、就业增长率。即：

$$g_Y = g_A + \alpha g_L + (1 - \alpha) g_K$$

也就是 $g_L = \dfrac{g_Y}{\alpha} - \dfrac{g_A + (1 - \alpha) g_K}{\alpha}$ （$0 < \alpha < 1$），这样就建立了就业增长与经济增长的联系。

图 10-1 （4）：假定经济体总人口不变，那么人均 GDP 增长幅度等于总量 GDP 增长的幅度。然而，在不同地方，初始的经济发展程度是存在差异的，初始人均 GDP 不同，A 点、B 点造成的影响也因之不同。为方便比较，本章分别以 High 和 Low 表示人均 GDP 初始水平高、低两种典型情况，此时 A 点、B 点在不同初始水平下对应有 A_2 点、B_2 点以及 A_1 点、B_1 点。

图 10-1 （5）：为了增强模型可视化，将人均 GDP 进行坐标轴转换。

图 10-1 （6）：环境库兹涅茨曲线（EKC）描述的是污染随着经济水平的上升

"先恶化、到拐点之后再改善"的过程。图 10 - 1（6）的横轴为人均 GDP 水平，纵轴为环境压力。由于初始人均 GDP 不同，A 点、B 点在 EKC 上的位置是不确定的，最低工资标准对环境压力的效果取决于 A 点、B 点相对位置的不同，最低工资标准给环境带来的影响可以是积极的或消极的：若 A 点低于 B 点，在 AC 内提高最低工资标准可能引起环境的恶化；若 A 点高于 B 点，AC 内最低工资的提高可以改善环境压力。

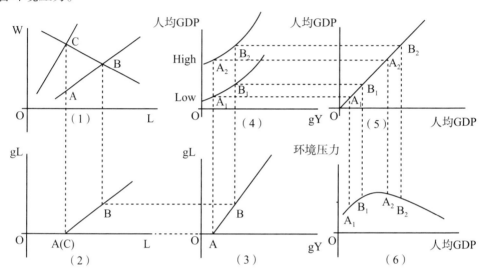

图 10 - 1　最低工资标准对环境压力的影响机制

当认为政府完全以提高市场有效性、保证就业和减少失业作为政策目标时，自然有均衡工资比最低工资标准高的假定，最低工资标准将在初始点 A 与完全竞争市场均衡点 B 之间移动。实际上，在买方垄断市场下，二者的这种大小关系确实是事实。

提高最低工资标准时，A 点、B 点在图 10 - 1（6）中可能处于三种位置：均在拐点左边、分别在拐点两边、均在拐点右边，如图 10 - 2 所示。一般地，最低工资标准不会超过完全竞争均衡点 B，最低工资标准与环境污染之间分别有三种关系与之对应：

（1）当 A 点、B 点均在 EKC 左边时，随着最低工资标准的提升，环境污染压力递增，如图 10 - 2（1）所示。

（2）当 A 点、B 点在 EKC 两边时，呈倒"U"型，随着最低工资标准的提升，环境污染压力先递增后递减，如图 10 - 2（2）所示。

（3）当 A 点、B 点均在 EKC 右边时，随着最低工资标准的提升，环境污染压力递减，如图 10 - 2（3）所示。

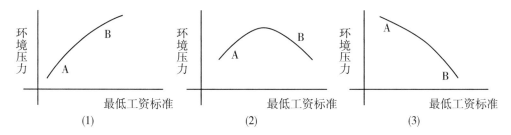

图 10 - 2　最低工资标准与环境压力的关系

四、实　证　分　析

（一）研究对象

本章选取经济发展水平较高的长三角地区作为研究对象，主要探寻最低工资标准的提高对长三角地区各省（市）环境污染造成的影响情况。鉴于选用污染指标物的不同可能会有不同的 EKC 位置结果，本章选取碳排放量和废水排放总量两个指标作为被解释变量以符合严谨性要求。

（二）研究变量

（1）Carb：碳排放量（单位：万吨）。本章使用碳排放量作为环境污染的指标物，之所以使用碳排放量而非其大气浓度，是因为根据王敏、黄滢（2015）的结论，对同一种类污染物而言，以大气浓度、排放量计算的污染物与经济增长之间的回归结果分别为"U"型与倒"U"型，所以使用碳排放量而非大气浓度更适用于本章需求。

政府间气候变化专门委员会（IPCC）认为，可以假定燃料在使用过程中，同一种能源具有稳定的碳排放系数。本章碳排放量数据基于各省（市）8 种主要碳排放来源燃料（原煤、焦炭、原油、汽油、煤油、柴油、燃料油、液化石油气）的使用量，根据 IPCC 提供的碳排放系数进行转化得到。数据来源于上海、江苏、浙江 2003～2016 年统计年鉴。2003～2016 年长三角地区碳排放量如图 10 - 3 所示。

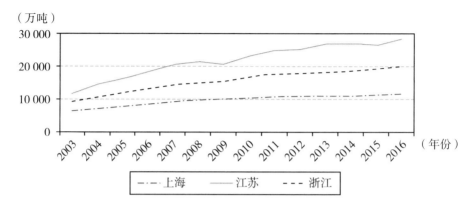

（万吨）

图 10 – 3　2003～2016 年长三角地区碳排放量

（2）*Wat*：废水排放总量（单位：万吨）。废水排放总量即生活废水与工业废水之和。本章使用废水排放总量作为污染物指标之一。数据来源于国家统计局。2003～2016 年长三角地区废水排放总量如图 10 – 4 所示。

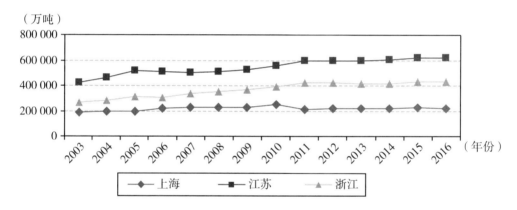

（万吨）

图 10 – 4　2003～2016 年长三角地区废水排放总量

（3）*Wage*：最低工资标准（单位：元）。最低工资标准是本章主要研究的解释变量。其中，截至 2016 年底，上海、江苏、浙江最低工资分别为 2 190 元、1 770元、1 860 元。数据来源于各省（市）政府历年相关文件。

（4）*TFP*：全要素生产率。本章根据杨再贵（2008）对全要素生产率的估计方法，以索洛余值代表全要素生产率，即 $A = g_r - \alpha g_k - (1 - \alpha) g_l$。其中，$\alpha$ 表示资本的产出弹性，直接取 0.35；g_r 表示实际经济增长率，以名义 GDP 的增长率去除CPI 的影响得到；K 表示资本存量，本章结合了贾润崧等（2014）采用的永续盘存法以及达德哈和扎赫迪（Dadkhah & Zahedi，1986）的方法，估算出 2003～2016 年的各省（市）资本存量；g_k 表示资本增长率，由估计出的资本存量所得的同比增长率表示；g_l 是劳动力增长率，以各省（市）劳动力资源（就业人数＋失业人数）的同比增长率表示。数据来源于 2003～2016 年各省（市）统计年鉴、《中国统计年鉴》、《中国国内生产总值核算历史资料（1952—2004）》和《新中国 60 年统计资料汇编》。

（5）*Gov*：政府环境污染治理支出（单位：万元）。本章以上海、江苏、浙江"工业污染治理完成投资"表示该变量。数据来源于国家统计局。

（6）*Stru*：产业结构。一般认为，第三产业产生及排放的污染可以忽略不计，第一、第二产业才是造成环境污染的罪魁祸首。例如，李鹏（2015）认为，经济体从第一产业主导到第二产业主导，会造成环境恶化；从第二产业主导到第三产业主导，环境问题会有所缓解。本章采用李鹏（2015）的方法，采用上海、江苏、浙江当年第三产业 GDP 占名义 GDP 的比重表示产业结构的影响。数据来源于 2003～2016 上海、江苏、浙江年统计年鉴。

（三）回归结果

基于理论模型部分的设定，作出以下回归模型：

$$Carb_{it}/Wat_{it} = \alpha_{0it} + \alpha_{1it}Wage + \alpha_{2it}Wage^2 + \alpha_{3it}Z + \mu_{it}$$

其中，下标 $i = 1$，2，3，分别代表上海、江苏、浙江；t 代表不同年份；α_{0it} 是模型的常数项，α_{1it}、α_{2it}、α_{3it} 是待估计参数；μ_{it} 是数学期望为 0 的残差项。

$Carb_{it}/Wat_{it}$ 为象征环境污染的被解释变量，用符号"/"隔开说明根据被解释变量的不同对两个方程分别进行回归。

Z 为控制变量，包括 *Gov*、*Stru*、*TFP*。选取三者作为控制变量，是因为这三个变量与被解释变量均明显具有相关性，且与最低工资标准明显不存在共线性。$Wage^2 = Wage \times Wage$，即最低工资标准的平方项。加入 $Wage^2$ 是为了识别最低工资标准与环境污染是否存在二次曲线关系。当 $Wage^2$ 系数显著时，最低工资标准与环境污染之间是二次曲线的关系：具体而言，$Wage^2$ 系数显著为正时为"U"型曲线；$Wage^2$ 显著为负时为倒"U"型曲线；$Wage$ 系数显著不为 0 时，曲线有或正或负的最值点。

在回归前，猜测最低工资标准与碳排放量、废水排放总量之间存在倒"U"型关系，且 2016 年最低工资标准处于拐点附近。考虑到最低工资标准是各省（市）独立制定的，故而对上海、江苏、浙江分别进行回归，三省（市）两个回归模型所得结果如表 10-1 和表 10-2 所示。为方便分析，表 10-1 和表 10-2 也同时将控制变量的系数回归结果列出。表 10-1 和表 10-2 中，各变量（包括控制变量）对应的第一行数字是系数，第二行数字是对应 p 值；R^2 为 R 的平方值，数值越大表明拟合的效果越好；最后三行是根据回归结果、最低工资标准及其平方项性质所拟合出曲线的特征，包括是否为倒"U"型曲线、曲线取最值时对应的最低工资标准数额、2016 年底最低工资标准与最值情况的相对位置关系。

表 10 - 1 　　　　　　　对碳排放量的回归分析结果

变量	上海	江苏	浙江
$Wage^2$	- 0.00377 0.0000	- 0.01597 0.0002	- 0.00577 0.0000
$Wage$	11.42002 0.0001	41.40186 0.0001	18.96889 0.0001
TFP	1 086.562 0.6413	2 947.34 0.6063	41.65 0.9774
$Stru$	5 652.617 0.0398	44 758.5 0.0867	26 709.41 0.0002
Gov	0.003696 0.0005	0.004883 0.1137	- 0.00098 0.125
R^2	0.9851	0.9811	0.9895
是否倒"U"型	是	是	是
最高点对应工资	1 515.798	1 296.645	1 645.177
2016 年相对最值位置	右	右	右

表 10 - 2 　　　　　　　对废水排放量的回归分析结果

变量	上海	江苏	浙江
$Wage^2$	- 0.04571 0.0244	- 0.13049 0.0066	- 0.10971 0.0000
$Wage$	103.2324 0.0795	547.9121 0.0003	370.5937 0.0001
TFP	76 645.52 0.4145	- 125 048 0.0884	8 542.333 0.8134
$Stru$	159 523.2 0.1271	- 762 431 0.1811	393154.9 0.0667

变量	上海	江苏	浙江
Gov	0.065676	-0.05841	-0.05198
	0.0313	0.1671	0.0019
R^2	0.6690	0.9501	0.9896
是否倒 "U" 型	是	是	是
最高点对应工资	1 129.284	2 099.425	1 689
2016 年相对最值位置	右	左	右

（四）结果分析

从表 10 - 1 和表 10 - 2 可以看出，上海、江苏、浙江 *Wage* 系数均显著为正，而 *Wage*^{2} 均显著为负，表明 *Wage* 与 *Carbin/Wat* 存在倒 "U" 型的库兹涅茨曲线关系，验证了前面的猜想。即在 2003 ~ 2016 年，在控制了技术、政策和产业结构的前提下，三省（市）的最低工资标准与环境压力之间均是倒 "U" 型曲线关系。

最低工资标准与环境污染之间有倒 "U" 型曲线关系，意味着三省（市）在以人均 GDP 作为解释变量的环境库兹涅茨曲线上均在拐点附近。进一步地，两个不同方程的结果显示，2016 年三省（市）都已经跨越了 EKC 拐点。分别观察最低工资标准与两种污染指标的倒 "U" 型曲线：碳排放量上，三省（市）都已经处于曲线后半段；而废水排放总量上，上海、浙江处于曲线后半段，江苏处于左半段。对应于 EKC，上海、浙江在两个污染指标上都跨越了 EKC 拐点，江苏则在碳排放量上超越了 EKC 拐点，同一地区在不同污染指标上处于 EKC 曲线不同位置。

李永刚、王硕（2017）通过对 1995 ~ 2014 年的污染物与人均 GDP 的省际 EKC 实证研究，得出我国仅北京、上海处于 EKC 后半段的结论。而本章的实证研究结果却证实，长三角地区的上海、江苏、浙江三省（市）都达到了 EKC 拐点附近，且三地在碳排放量上都达到 EKC 后半段。2016 年，浙江、江苏部分指标已经越过 EKC 拐点，可能的原因有以下四点。

（1）基层劳动力的议价能力提升。完全买方垄断劳动力市场是在企业具有完全议价能力的前提下成立的，在现实中，经济水平的不断发展、劳动者的学习等都将提高基层劳动力的议价能力，形成不完全买方垄断市场，这在理论模型中体现为曲线 *MC* 顺时针旋转，其中 *ED* 为增加就业区，并且随着议价能力的提高，*MC* 逐渐接近供给曲线（见图 10 - 5）。

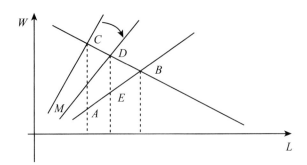

图 10 - 5　不完全买方垄断劳动力市场

如此，初始点位置由 A 移动到 E，以同样幅度提高最低工资标准，将更早到达 EKC 拐点（见图 10 - 6）。同样地，对应于最低工资标准与环境压力的倒"U"型曲线关系，也会比预计更早跨越拐点。

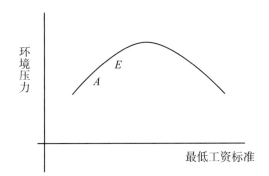

图 10 - 6　不完全买方垄断的初始位置（E 点）

（2）科技创新加速。近年来，层出不穷的国际环境问题使发展低碳型、减排型科技成为各国的必然选择。随着此类科技创新的不断出现及生产的环境保护水平的不断提高，单位产出的污染随之减少，因而总产出的增加并不一定意味着环境压力的增加。

（3）经济水平高。本章理论模型中，经济水平越高往往意味着初始位置在 EKC 位置越靠后。长三角地区作为中国现代化程度最高的地区，在国家对环境保护事业重视程度不断提高的大环境下，部分污染物指标达到 EKC 拐点也在情理之中。同时，经济的发展存在引致个人环境保护行为的促进效应（王玉君等，2016），该效应会给环境污染带来一个滞后的降低作用，也将加速到达拐点。

（4）地理位置的特点使上海、江苏、浙江三地有较强的正外部性。三地由于地理位置较近，经济发展水平虽有差异，但同处长三角地区的地理特征使三地的经济发展步调有一定的同步性，三地互有较强的正外部性。上海、江苏、浙江作为我国东部地区经济最发达、劳动力输入水平最高的三个相邻省级行政区，可能存在一定的跨行政区污染，但也可能在治理环境污染上取得一致性。

五、结　论

鉴于长三角地区上海、江苏、浙江三省（市）在不同污染指标上处于 EKC 的不同位置，以及提升最低工资标准对于环境的影响不一，我们建议长三角地区的有关部门在调整最低工资标准时要考虑对环境的影响，同时还要注意以下三点。

（1）就环境条件而言，上海、浙江有继续提高最低工资标准的空间；但对于江苏则不然。短期内，江苏需要在碳排放量和废水排放总量两个指标中做出取舍；长期来看，提升最低工资标准可以使环境跨越 EKC 拐点，但在此之前可能会出现环境恶化的阶段，也会因此产生失业。

（2）鉴于最低工资政策是省级行政区政府制定的，幅度相同的最低工资变动对各市、各县区的影响可能是有差异的。例如，江苏在废水排放总量上处于 EKC 左半段，此时提升最低工资标准会使水环境恶化，应适当控制提高最低工资标准的幅度。但根据李晓春、张平（2017）的测算，江苏常州市已经处于 EKC 的右半段，如果不提高最低工资标准或提高得慢，对常州市的环境保护反而不利。这就要求全省在统一最低工资标准下，还应该顾及各地级市、县区的特殊情况。

（3）仅根据本章结论，各地在原有基础上提高最低工资标准会有碳排放量缓解的环境效益，但最低工资标准提高到市场均衡以后会造成失业，形成新的社会问题，且可能改变最低工资标准对环境污染的影响机制，导致得不偿失，因此，最低工资标准的提高要注意幅度，不宜盲目拔高。

本章认为，最低工资标准不仅包括就业水平和生活水平的问题，也包含环境问题。我们基于买方垄断下的劳动力市场，通过构建最低工资标准与环境污染的理论影响模型，对最低工资标准对环境污染的影响机制作出理论解释，并提出最低工资标准与环境污染之间因初始经济条件不同而可能存在的不同关系，即正相关、负相关和倒“U”型曲线关系。同时，本章通过对长三角地区的上海、江苏、浙江三省（市）2003～2016 年最低工资标准对碳排放量、废水排放总量的影响进行实证分析，验证了最低工资标准与环境污染之间存在倒“U”型曲线关系以及曲线转折点上对应的最低工资标准，并得出上海、江苏、浙江三地在两种污染指标上都已经跨越 EKC 拐点的结果。最后，我们提出在制定最低工资标准时必须考虑环境污染因素的政策建议。

参考文献

[1] 陈向阳：《环境库兹涅茨曲线的理论与实证研究》，载于《中国经济问题》2015 年第 3 期。

[2] 范红敏：《环境规制会抑制农民工就业吗》，载于《人口与经济》2017 年第 5 期。

[3] 郝晓霞：《浅析跨境环境污染损害》，载于《北方经贸》2011 年第 8 期。

[4] 贾润崧、张四灿：《中国省际资本存量与资本回报率》，载于《统计研究》2014 年第 11 期。

[5] 李后建：《最低工资标准会倒逼企业创新吗?》，载于《经济科学》2017 年第 5 期。

[6] 李鹏：《产业结构调整恶化了我国的环境污染吗?》，载于《经济问题探索》2015 年第 6 期。

[7] 李晓春、董哲昱：《最低工资与买方垄断劳动市场的持续存在——长三角最低工资线的就业效果比较》，载于《审计与经济研究》2017 年第 6 期。

[8] 李晓春、何平：《最低工资线的农民工就业效应——以长三角地区为例》，载于《江苏社会科学》2010 年第 4 期。

[9] 李晓春等：《长三角经济发展中的问题及差异研究》，经济科学出版社 2017 年版。

[10] 李永刚、王硕：《中国环境库兹涅茨曲线 EKC 的研究——基于面板门限回归》，载于《现代经济》2017 年第 20 期。

[11] 罗小兰：《我国最低工资标准农民工就业效应分析——对全国、地区及行业的实证研究》，载于《财经研究》2007 年第 11 期。

[12] 马双、张劼、朱喜：《最低工资对中国就业和工资水平的影响》，载于《经济研究》2012 年第 5 期。

[13] 盛斌、牛蕊：《贸易、劳动力需求弹性与就业风险：中国的工业经验研究》，载于《世界经济》2009 年第 6 期。

[14] 孙妍：《中国劳动力市场结构解析》，中国劳动社会保障出版社 2011 年版。

[15] 王梅：《最低工资与中国劳动力市场》，中国经济出版社 2012 年版。

[16] 王敏、黄滢：《中国的环境污染与经济增长》，载于《经济学》（季刊）2015 年第 1 期。

[17] 王玉君、韩冬临：《经济发展、环境污染与公众环境保护行为》，载于《中国人民大学学报》2016 年第 2 期。

[18] 冼国明、徐清：《劳动力市场扭曲是促进还是抑制了 FDI 的流入》，载于《世界经济》2013 年第 9 期。

[19] 杨再贵：《企业职工基本养老保险、养老金替代率和人口增长率》，载于《统计研究》2008 年第 5 期。

［20］张坤明、潘家华、崔大鹏：《低碳经济论》，中国环境科学出版社 2008 年版。

［21］郑石明：《政治周期、五年规划与环境污染——以二氧化硫为例》，载于《政治学研究》2016 年第 2 期。

［22］钟水映、简新华：《人口、资源与环境经济学》，北京大学出版社 2017 年版。

［23］周申：《贸易自由化对中国工业劳动力需求弹性影响的经验研究》，载于《世界经济》2006 年第 2 期。

［24］Card. D. , Krueger, A. B. , "Minimum Wages and Employment：A Case Study of the Fast - Food Industry in New Jersey and Pennsylvania", *American Economic Review*, 1994（9）：772 - 793.

［25］Dadkhah, K. M. & F. Zahed, "Simultaneous Estimation of Production Functions and Capital Stocks for Developing Countries", *Review of Economic and Statistics*, 1986, 3（5）：1126 - 1150.

［26］Grossman, G. M. , Krueger, A. B. , "Environmental Impact of the North American Free Trade Agreement", NBER Working Paper, 1991, No. 3914.

［27］Lopez R. , "The Enviroment as a Factor of Production：The Effect of Economic Growth and Trade Liberalization", *Journal of Environmental Economics and Management*, 1994, 27：163 - 184.

［28］Okun, A. M. , "Potential GNP, Its Measurement and Significance", Coles Foundation, Yale University, 1962.

［29］Panayotou T. , "Empirical Tests and Policy Analysis of Environmental Degradation at Different States of Economic Development", International Labor Office Technology and Employment Program Working Paper, 1993, WP238.

第十一章 ◀

产业升级：农民工的培训成本与
异质劳动力转移

一、引　言

产业结构调整升级是指由低资本密集度、低技术密集度的行业向高资本密集度、高技术密集度行业的转型升级，是当前许多发展中国家致力进行的经济工作。例如，在我国，淘汰落后产能、调整产业结构，企业由劳动密集型向技术、资本密集型转变，在2013年被列入政府工作的主要目标之一。随着大批企业调整升级，中国的劳动力市场上也发生着变化，企业对劳动力的人力资本水平的要求不断提高。有技术、有技能的劳动力供不应求，而传统的无技术劳动力却有可能因找不到工作而失业。另外，作为企业劳动要素的主要供给者，农村劳动力的人力资本状况与城市相比还有不少差距。例如，2010年我国农村人均受教育年限与城市相比少了2年，75%的进城务工人员的受教育程度为初中以下，与15年前的情况相比并没有明显好转（Li & Qian，2011）。根据2012~2014年《全国农民工监测调查报告》可知，各年龄层受过技能培训的农民工数量逐年增长，如图11-1所示。

在产业升级的企业雇用标准上升的情况下，为了谋求收入较高的工作，许多农民积极参加各种技术学习和培训，而所需的费用大多由政府和自己解决。李和周（2013a）指出，近年来，在中国有许多地方政府为农村劳动培训提供了资金，但由于政府提供的培训项目与个人的意愿不一致，或者政府提供的培训资金不足等因素，使不少农民不得不自己出资参

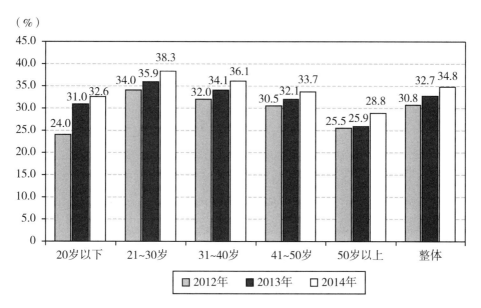

图 11 - 1 2012 ~ 2014 年各年龄层接受过技能培训的农民工比重

资料来源：《全国农民工监测调查报告》（2012 ~ 2014 年）。

加培训，提高自己的人力资本水平以适应企业的招工需求。当然，也有一部分农民则因缺少费用等因素而不参加培训学习，继续以无技术劳动力的状态进行转移。因此，在产业升级的背景下，农村劳动力转移出现了变化，即由原来同质的无技术劳动力转移变成有技术劳动力和无技术劳动力转移共存的局面，这里，培训成本对于新出现的两种劳动力转移共存的现象起了重要作用。

学术界对二元经济的劳动力转移的研究，大多使用哈里斯—托达罗（1970）模型进行研究，但这种理论只适用于同质劳动力的转移。马吉特和卡尔（2005）最先讨论了有技术劳动力和无技术劳动力的因素，考察了劳动力转移对两类劳动力工资差距的影响。随后，又有一些学者就异质劳动力转移带来的经济效果进行了研究，但是，这些研究存在两个具有共性的现象：一是研究焦点几乎都集中在收入差距问题上，只有李和周（2013b）考察了无技术农民工汇款回乡的经济效果；二是假设经济中已经存在有技术劳动力和无技术劳动力，即缺少对有技术劳动力培训成本的考察。

为了明确农民工为适应产业升级而主动接受培训的经济效果，本章将研究的重点放在有技术劳动力培训成本上，使用哈里斯—托达罗（1970）的劳动力转移模型从短期和长期两个视角讨论培训成本与异质劳动力转移对经济产生的各种影响。本章的新意在于以下三个方面：（1）基于哈里斯—托达罗模型讨论异质劳动力的转移；（2）在异质劳动力的研究中讨论职业培训成本问题；（3）培训成本体现出技术劳动力的培养过程。本章的主要结论为：在短期中，降低培训成本使农村部门的雇用量减少；在长期中则存在一个阈值，当初始培训成本大于该阈值时，降低培训成本使农业部门就业增加，并且减少工业部门就业和失业。

二、模型与分析

本章考虑的是一个三部门的小国开放的发展中经济。经济中存在三个部门，即城市产业升级后的高科技部门（以下简称"高科技部门"）、城市工业部门（以下简称"工业部门"）和农村部门；本章考虑的高科技部门是由工业部门升级而来并且不断发展中的部门，由于技术密集度高，所雇用的劳动力有较高的人力资本水平，这也是本章设定的高科技部门的特征；三部门均使用劳动力和资本进行生产。

为建立模型，本章作如下假定：

（1）农村劳动力向城市转移。农村迁移劳动力只有通过培训才能进入高科技部门，但并非所有经过培训的劳动力都能进入高科技部门，不能进入高科技部门的劳动力就进入工业部门，不存在失业，这是有技术的劳动力相对稀缺的缘故；未经过培训的迁移劳动力被雇用于工业部门，且存在失业的风险。在短期中，资本在部门间不流动，属于特定要素；而在长期中，资本可以在部门间自由流动。

（2）工业部门工资率是外生给定的，而农村部门的工资是弹性的，为简化分析，本章设想经过培训的劳动力在高科技部门的工资水平与其技术水平呈线性比例。

（3）产品市场是完全竞争的，且要素禀赋外生给定。

（一）短期下模型及比较静态分析

1. 模型

在短期中，高科技部门、工业部门和农村部门的生产函数为：

$$X_1 = F^1(hL_1, \bar{K}_1) \tag{11.1}$$

$$X_2 = F^2(L_2, \bar{K}_2) \tag{11.2}$$

$$X_3 = F^3(L_3, \bar{K}_3) \tag{11.3}$$

其中，X_i（$i = 1，2，3$）为部门 i 的产出；生产函数 F^1、F^2、F^3 对每个生产要素都是增函数和严格拟凹的，且满足一阶齐次性；L_1、L_2 和 L_3 分别为各部门雇用的劳动力；$\bar{K}_i$（$i = 1、2、3$）为部门 i 的特定资本要素；h 为经过培训后每个工人的效率水平，也即高科技部门所需要的人力资本水平，h 依赖于培训工人的单位时间成本：$h = h(c)$，其中，c 为单位时间培训成本。所谓单位时间培训成本，是指总受训成本平摊到受训人在高科技部门或工业部门持续工作的时间后得到的单位时间成本，$h(\cdot)$ 满足 $h(0) = 1$、$h'' > 0$，以及 $h'' < 0$。由于高科技部门刚由工业部门升级而来，效率水平 h 不会太高。令 L^L 为经济中未受培训人数，本章假设 $h > 1 + L^L/L_1$。

各部门利润最大化，有：

$$p_1 h F_L^1(hL_1，\bar{K}_1) = h\bar{w} \qquad (11.4)$$

$$p_2 F_L^2(L_2，\bar{K}_2) = \bar{w} \qquad (11.5)$$

$$F_L^3(L_3，\bar{K}_3) = w \qquad (11.6)$$

其中，$F_L^i = \partial F^i / \partial L_i (i = 1，2，3)$。$\bar{w}$ 为工业部门工资率且大于单位时间培训成本 c；根据前面假设，高科技部门的工资率是 $h\bar{w}$；农村部门工资率为 w。农产品价格单位化，$p_j(j = 1，2)$ 分别表示高科技部门和工业部门产品的相对价格，这里我们假定所有的产品都可贸易，产品价格就是国际产品价格。

在劳动市场上，设参加培训的转移农民人数为 L^H，转移到部门 1 的接受培训人数为 L_1，转移到部门 2 的接受培训人数为 L_2^H，转移到部门 2 的未接受培训人数为 L_2^L，经济的失业人数为 L_U。则有：

$$L^H = L_1 + L_2^H \qquad (11.7)$$

$$L^L = L_2^L + L_U \qquad (11.8)$$

$$L_2 = L_2^H + L_2^L \qquad (11.9)$$

令 $\bar{L}$ 表示经济中的劳动力禀赋，则劳动力市场出清有：

$$L_1 + L_2 + L_3 + L_U = \bar{L} \qquad (11.10)$$

接受培训的劳动力和未接受培训的劳动力的转移机制分别为：

$$w + c = \frac{L_1}{L^H} h\bar{w} + \frac{L^H - L_1}{L^H} \bar{w} \qquad (11.11)$$

$$w = \frac{L_2 - (L^H - L_1)}{L^L} \bar{w} \qquad (11.12)$$

在图 11-2 中，横轴表示经济中的劳动力禀赋；左边起始于的 O_1 的纵轴表示的是高科技部门的工资率水平；右边起始于的 O_3 的纵轴表示的是部门 3 的工资率水平；在高科技部门所需要的人力资本水平给定和工业部门的工资率外生给定的情况下，令 $O_1A = h\bar{w}$，作一条过 A 点平行于横轴的直线，穿过高科技部门的劳动边际生产线 aa 与 C 点；另作一条穿过 C 点垂直于 O_1O_3 的线，交 O_1O_3 于 O_2，得到 $O_1O_2 = L_1$；起始于 O_2 的纵轴表示的是工业部门的工资率；令 $O_2D = \bar{w}$，作一条过 D 点平行于横轴的线，交工业部门的劳动边际生产线 bb 于 E 点，过 E 点作垂直于 O_1O_3 的线交 O_1O_3 于 F 点，则 $O_2F = L_2$，并在 O_2F 上取 G 点，使 $O_2G = L^H - L_1$；过 G 点作 O_1O_3 的垂线交 DE 于 T 点；过 E 点作一条双曲线 qq 交部门 3 的劳动边际生产线 cc 于 S 点；过 S 点作一条平行于 O_1O_3 的直线交右边纵轴于 I 点，交 FE 于 M 点，交 TG 于 N 点，则 $O_3I = w_3$；过 S 点作一条垂直于 O_1O_3 的直线交 O_1O_3 于 J 点。则双曲线 qq 表示式（11.11）和式（11.12）的劳动力转移机制，并有 $O_3J = L_3$、$FJ = L_U$、面积 $S_{TEMN} =$ 面积 S_{MSJF}。

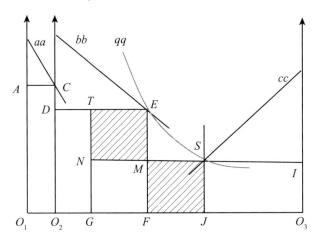

图 11-2　劳动力转移机制

2. 比较静态分析

对式（11.4）至式（11.12）进行全微分，可以得到 $\dfrac{\mathrm{d}L_1}{\mathrm{d}c} = -\dfrac{L_1}{c} S_{hc} < 0$ 以及 $\dfrac{\mathrm{d}L_2}{\mathrm{d}c} = 0$，其中，$S_{hc} = \dfrac{\mathrm{d}h}{\mathrm{d}c} \dfrac{c}{h}$ 为效率水平的成本弹性，并可以得到：

$$
\begin{bmatrix} 0 & F_{LL}^3 & -1 \\ w+c-\bar{w} & 0 & L^H \\ \bar{w}-w & -w & L^L \end{bmatrix} \begin{bmatrix} dL^H \\ dL_3 \\ dw \end{bmatrix} = \begin{bmatrix} 0 \\ A \\ B \end{bmatrix} dc \tag{11.13}
$$

其中，$A = \dfrac{L_1 \bar{w} S_{hc} - cL^H}{c}$，$B = -\dfrac{\bar{w} L_1 S_{hc}}{c} < 0$。令 Δ 为式（11.13）的系数矩阵行列式，则有 $\Delta = F_{LL}^3 L^H (\bar{w}-w) - F_{LL}^3 L^L (w+c-\bar{w}) + w(w+c-\bar{w}) > 0$。

为了运算的便利，本章作出以下假设。

假设 1 效率水平的成本弹性 $S_{hc} > \dfrac{L^H(\bar{w}-w)}{\bar{w} L_1}$。

根据假设 1 和克莱姆法则解式（11.13），可以得到 $\dfrac{dw}{dc} < 0$、$\dfrac{dL_3}{dc} > 0$ 以及 $\dfrac{dL^H}{dc} > 0$。归纳以上结果，可得到表 11 - 1。

表 11 - 1　　　　　　　　短期计算结果汇总

变量	dL_1	dL_2	dL_3	dL_U	dL^H	dw
dc		0	+	/	+	-

注：-表示横向栏中的项与相对纵向栏中的项之比为负值；+表示横向栏中的项与相对纵向栏中的项之比为正值；/表示表示横向栏中的项与相对纵向栏中的项之比无法判断符号；0表示两者之间没有影响。下同。

由上述结果，可以得到命题 11.1。

命题 11.1 培训成本的变化不会对工业部门的就业产生影响，但培训成本增加会减少高科技部门的就业；在满足假设 1 时，培训成本增加会激励更多的农村劳动力参加培训；农村部门的劳动雇佣量增加，农村部门工资率下降。

在短期中，城市传统部门的劳动雇佣量只与部门工资率有关，与高科技部门所需要的培训成本无关，培训成本变化不会导致该部门劳动雇佣量的变化。但是，随着培训成本的上升，人力资本水平也会提高，从而提高了高科技部门的劳动效率，雇用人数就会下降；而对于农村劳动力而言，高科技部门上升的工资 $h\bar{w}$ 是一个明确的信号，从而激励更多的农村劳动者参加培训；高科技部门劳动雇佣量减少以及工业部门的劳动雇佣量不变，从而使未参加培训的迁移劳动力更难进入工业部门，劳动力回流农村，农业部门劳动雇佣量增加，使农村部门工资降低。

培训成本降低对劳动市场的影响如图 11 - 3 所示。降低培训成本，曲线 qq 向上方移动至 qq' 位置，与曲线 cc 相交于 S' 点，从而农村工资由 O_3I 上升为 O_3I'，农村劳动力雇用数量由 O_3J 减少为 O_3J'，曲线 bb 与 $D'E'$ 线交于 E' 点，工业部门雇用的劳动力数量不变，$O_2F = O_2'F'$，直线 $F'N'$ 与曲线 qq' 交于点 N'，高科技部门在新的工资水平 O_1A' 下的劳动力雇用数量为 O_1O_2'；失业人数由 FJ 变动到 $F'J'$。

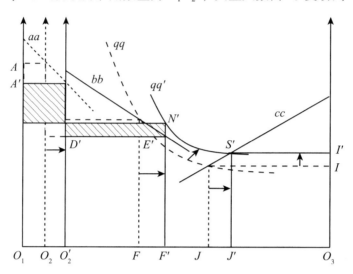

图 11-3 培训成本降低对劳动市场的影响

（二）长期下模型及比较静态分析

生产函数分别为：

$$X_1 = F^1(hL_1, K_1)$$
$$X_2 = F^2(L_2, K_2)$$
$$X_3 = F^3(L_3, K_3)$$

其中，生产函数 F^1、F^2、F^3 对每个生产要素都是增函数和严格拟凹的，且满足一阶齐次性；L_1、L_2 和 L_3 分别为各部门雇用的劳动力；$K_i(i=1、2、3)$ 为各部门的资本要素，在长期中，资本可以在三部门间流动。

各部门利润最大化，有：

$$p_1 h F_L^1(hL_1, K_1) = h\bar{w} \qquad (11.14)$$

$$p_1 F_K^1(hL_1, K_1) = r \qquad (11.15)$$

$$p_2 F_L^2(L_2, K_2) = \bar{w} \qquad (11.16)$$

$$p_2 F_K^2(L_2, K_2) = r \qquad (11.17)$$

$$F_L^3(L_3, K_3) = w \tag{11.18}$$

$$F_K^3(L_3, K_3) = r \tag{11.19}$$

其中，$F_K^i = \partial F^i / \partial K_i (i = 1, 2, 3)$；$r$ 为资本的利息率。

令 $\bar{K}$ 表示经济中的劳动力禀赋，$\bar{K} = \bar{K}_1 + \bar{K}_2 + \bar{K}_3$，则资本市场出清有：

$$K_1 + K_2 + K_3 = K \tag{11.20}$$

对式（11.7）至式（11.9）以及式（11.14）至式（11.20）进行全微分，表示为矩阵形式，可得：

$$
\begin{pmatrix}
hF_{LL}^1 & 0 & 0 & F_{LK}^1 & 0 & 0 & 0 \\
p_1 h F_{KL}^1 & 0 & 0 & p_1 F_{KK}^1 & 0 & 0 & -1 \\
0 & F_{LL}^2 & 0 & 0 & F_{LK}^2 & 0 & 0 \\
0 & p_2 K_{KL}^2 & 0 & 0 & p_2 F_{KK}^2 & 0 & -1 \\
F_{LL}^3 & F_{LL}^3 & F_{LL}^3 & F_{LK}^3 & F_{LK}^3 & 1 & 0 \\
F_{KL}^3 & F_{KL}^3 & F_{KL}^3 & F_{KK}^3 & F_{KK}^3 & 0 & 1 \\
A & B & E & 0 & 0 & 0 & 0
\end{pmatrix}
\begin{pmatrix}
dL_1 \\
dL_2 \\
dL_U \\
dK_1 \\
dK_2 \\
dw \\
dr
\end{pmatrix}
=
\begin{pmatrix}
-F_{LL}^1 L_1 h' \\
-p_1 F_{KL}^1 L_1 h' \\
0 \\
0 \\
0 \\
0 \\
F
\end{pmatrix}
dc
$$

$$\tag{11.21}$$

其中，$A = (hL_2 + hL_U - L_2)\bar{w} - c(L_2 - L_U)$，$B = (hL_1 + L_U - L_1)\bar{w} - c(L_1 + 2L_2 + L_U)$，$E = (hL_1 + L_2)\bar{w} - c(L_2 + L_1) > 0$，$F = (L_2 + L_U)(L_1 + L_2 - \bar{w}L_1 h')$。

式（11.21）的系数行列式值为：

$$\Delta_2 = p_1 h (F_{LK}^1 F_{KL}^1 - F_{LL}^1 F_{KK}^1) F_{LK}^2 F_{KL}^3 (\theta E + B)$$

其中，$\theta = k_2 / k_3 - 1 > 0$。由于 $\theta E + B$ 的符号不能决定，所以 Δ_2 值的正负无法判断。为方便判断 Δ_2 的符号，令 $\lambda = \dfrac{(\theta + 1) L_1 + (\theta + 2) L_2 + L_U}{(\theta h + h - 1) L_1 + \theta L_2 + L_U}$。于是，判断 Δ_2 符号就变成讨论单位时间培训成本 c 与 $\bar{w}/\lambda$ 的大小关系：如果 $c > \bar{w}/\lambda$，有 $\theta E + B < 0$，进而有 $\Delta_2 > 0$；如果 $c < \bar{w}/\lambda$，则有 $\theta E + B > 0$，故而有 $\Delta_2 < 0$。

求解式（11.21），可得：

$$\frac{dL_1}{dc} = -\frac{h' L_1}{h} < 0$$

$$\frac{dK_1}{dc} = \frac{dr}{dc} = 0$$

$$\frac{\mathrm{d}X_1}{\mathrm{d}c} = hF_L^1 \frac{\mathrm{d}L_1}{\mathrm{d}c} + F_K^1 \frac{\mathrm{d}K_1}{\mathrm{d}c} + h'L_1 F_L^1 = 0$$

综上所述，我们可以知道，在长期中，降低培训成本不会影响高科技部门的资本和利率，但会增加高科技部门的就业，该部门产量不变。值得注意的是，上述情况与短期相同，也就是说，不论长期还是短期，培训成本的变动对高科技部门的产量并无影响，这主要是因为培训成本的变动不影响资本，而降低（增加）培训成本同时也降低（提升）了高技术劳动力的边际生产力，它对产量的负向影响抵消了雇佣劳动增加对产量的正向影响，从而高科技部门产量不变。

为了计算上的便利，本章作出以下两个假设。

假设 2 人力资本的培训成本弹性 $\dfrac{h'c}{h} > \dfrac{c/(w+c)}{L_1/(L_1+L_2)}$。

假设 3 $\dfrac{\bar{w}}{c} < \dfrac{L_1 + 2L_2 + L_U}{(h-1)L_1 + L_U}$，即传统部门的工资率与培训成本的比值小于某个值。该假设的经济意义是，城市部门工资率 $\bar{w}$ 可以大于单位时间培训费 c 但不是无限大于单位时间培训费 c，符合经济实际。由此假设可以得到 $B < 0$。

在初始培训成本 $c > (<) \bar{w}/\lambda$ 情况下，利用假设 2 求解式（11.21），可以得到：

$$\frac{\mathrm{d}L_2}{\mathrm{d}c} = -\frac{Eh'L_1 - h'L_1 A - Fh}{h(\theta E + B)} > (<)0$$

$$\frac{\mathrm{d}K_2}{\mathrm{d}c} = F_{LL}^2 \frac{Eh'L_1 - (h'L_1 A + Fh)}{h(\theta E + B)} > (<)0$$

$$\frac{\mathrm{d}X_2}{\mathrm{d}c} = F_L^2 \frac{\mathrm{d}L_2}{\mathrm{d}c} + F_K^2 \frac{\mathrm{d}K_2}{\mathrm{d}c} > (<)0$$

$$\frac{\mathrm{d}K_3}{\mathrm{d}c} = \frac{\mathrm{d}K_2}{\mathrm{d}c} < (>)0$$

利用假设 2 以及假设 3 求解式（11.21），可以得到：

$$\frac{\mathrm{d}L_U}{\mathrm{d}c} = \frac{\theta(h'L_1 A + Fh) + Bh'L_1}{h(\theta E + B)} > (<)0$$

因此，可以得到：

$$\frac{\mathrm{d}w}{\mathrm{d}c} = -\left(F_{LL}^3 \frac{\mathrm{d}L_1}{\mathrm{d}c} + F_{LL}^3 \frac{\mathrm{d}L_2}{\mathrm{d}c} + F_{LL}^3 \frac{\mathrm{d}L_U}{\mathrm{d}c} + F_{LK}^3 \frac{\mathrm{d}K_2}{\mathrm{d}c} \right) > (<)0$$

$$\frac{\mathrm{d}L_3}{\mathrm{d}c} = -\left(\frac{\mathrm{d}L_1}{\mathrm{d}c} + \frac{\mathrm{d}L_2}{\mathrm{d}c} + \frac{\mathrm{d}L_U}{\mathrm{d}c} \right) < (>)0$$

$$\frac{dX_3}{dc} = F_L^3 \frac{dL_3}{dc} + F_K^3 \frac{dK_3}{dc} < (>)0$$

式（11.21）计算结果如表 11 – 2 所示。

表 11 – 2   **式（11.21）计算结果**

变量	dL_2	dL_3	dL_U	dK_2	dK_3	dw
dc $(c > \bar{w}/\lambda)$	+	−	+	+	−	+
dc $(c < \bar{w}/\lambda)$	−	+	−	−	+	−

根据表 11 – 2，可以得出命题 11.2。

命题 11.2 在长期中存在一个阈值 $\bar{w}/\lambda$，当初始培训成本大于这一阈值时，降低培训成本对经济的影响与初始培训成本小于这一阈值时降低培训成本的经济效果正好相反。

这是因为，人力资本培训成本小于 $\bar{w}/\lambda$，意味着高科技部门所需的人力资本水平还比较低，社会整体的人力资本水平不高，产业升级才刚开始。与命题 11.1 相比，我们发现，当初始成本低于阈值时，长期提升培训成本对经济的影响与短期情况相同，其原因正是产业升级还在起步阶段，与短期情况很接近。当然，经济发展水平和人力资本水平比较低时，会出现初始培训成本低于阈值的情况，但伴随着经济增长，初始培训成本就会超过阈值 $\bar{w}/\lambda$。

比较表 11 – 1 和表 11 – 2 可知，在短期和长期中，培训成本降低对经济中各元素的影响有所不同。降低培训成本，短期中对工业部门的产量没有影响，而在长期中对城市传统工业部门产量的影响则根据不同前提条件而定；在短期中对农业部门的影响是明确的：农村工资上升，减少雇佣劳动量，产量卜降，而在长期中对农业部门要素使用量和产量的影响则要根据不同前提条件而定。

综上所述，可以得到命题 11.3。

命题 11.3 在初始培训成本大丁阈值 $\bar{w}/\lambda$ 时，在满足假设 2 和假设 3 条件下，降低培训成本使工业部门就业、资本雇佣和产量降低，失业减少；农业部门增加雇佣劳动量和资本，工资率下降，农业部门产量增加。

就产业升级的高科技部门而言，不论是在长期还是在短期，降低培训成本都会使高科技部门的就业减少，这是因为培训成本下降必然导致单位劳动力生产率下降，从而高科技部门的劳动需求上升，这方面长期与短期相同。但是，从命题 11.3 可知，就对于城市失业和农村经济的影响而言，长期和短期的经济效果是不相同的。初始培训成本大于阈值 $\bar{w}/\lambda$ 时，长期的经济效果与短期正相反。

三、结　论

本章在产业升级的背景下，以哈里斯—托达罗的劳动力转移模型考察了培训成本的变动对经济的影响，本章所设的模型中包含接受过职业培训和没有接受过职业培训两种劳动力的转移，这在哈里斯—托达罗模型的研究中还是第一次。本章得到的一些结论可以为产业升级的发展中国家经济提供参考。特别要注意的是，在长期中，我们找出了一个阈值，当初始培训成本处于这个阈值的下方和上方时，培训成本的变动对工业部门和农业部门的影响在长短期有很大的不同。特别是对农业经济的影响反差尤为明显，可为从事实体经济工作的相关部门提供政策参考。

基于上述分析，我们以农民工培训费用可变为前提，提出以下政策建议。

（1）实施多元、灵活的劳动政策。劳动市场是经济市场的一个组成部分，农村部门的工资与阈值的大小关系也并非一成不变。我们应该顺应经济发展，实时把握市场动态，掌握阈值，并针对不同的时期和阈值采取多元、灵活的劳动政策。例如，当处于长期且农村部门的工资 $w > \lambda \bar{w}$ 时，为发展工业部门，就要采取降低培训费用的措施；而当处于长期且农村工资 $w < \lambda \bar{w}$ 时，采取提升培训费用的措施更加有利。

（2）评估阈值测算制度化的可行性。由于劳动市场多变，而阈值既是评估农村经济发展的标志，也是把握劳动市场动向的重要指标，所以建议各地在研判经济形势的同时测算阈值，为实施相应的经济政策提供依据。我们建议就阈值测算的制度化进行研究，评估其操作的可行性和应用于经济活动中的必要性，尽快建立该制度，为经济发展服务。

（3）以企业为主，多方开辟财源，加强对农民工的劳动培训。为积极推动对农民工的培训，让更多的人接受劳动技能教育，建议政府多方开辟财源。其中，雇人企业应该为员工的培训多出力。这项工作可谓利国利民利企业：对于国家而言，可以推动产业升级尽快和全面实现，使国家早日迈入现代化强国之列；对于农民工个人而言，提高了人力资本水平，可以增加收入；对于企业而言，可以将对农民工的劳动培训看成岗前培训的一部分，劳动力技能越高，企业生产效率越高，财富的创造也越多。

参考文献

［1］ Harris, J. & Todaro, M. , "Migration, Unemployment and Development: A Two – sector Analysis", *American Economic Review*, 1970, 60: 126 – 142.

［2］ Marjit, S. & Kar, S. , "Emigration and Wage Inequality", *Economic Letter*, 2005, 88: 141 – 145.

［3］ Li, X. & X. Qian, "Economic Analysis on the Urban – rural Disparity in Human Capital in China", *South African Journal of Economics*, 2011, 79（2）: 146 – 160.

［4］ Li, X. & Y. Zhou, "Economic and Environment Effect of Rural – Ur ban Migrants Training", *Prague Economic Papers*, 2013a, 9: 385 – 402.

［5］ Li, X. & Y. Zhou, "An Economic Analysis of Remittance of Unskilled Migration on Skilled – Unskilled Wage Inequality in Labor Host Region", *Economic Modelling*, 2013b, 33: 428 – 432.

第十二章

劳动培训对农民工汇款的影响研究

一、引　言

目前我国制造业的知识化、智能化已是产业转型升级的大势所趋，为此需要大批具备高人力资本水平的劳动力。如何使产业迈向中高端，避免落入"中等收入陷阱"已经成为社会各界共同关心的话题。近年来，农村劳动力被大量吸收进城市工业制造业部门，根据《中国产业发展报告：面向"十三五"的产业经济研究（2016）》，2015 年农民工总量就达到了将近 2.8 亿人。农民工群体为中国经济发展作出了巨大的贡献，但农民工的受教育程度偏低的情况一直没有得到根本性的改善，根据国家统计局发布的《2016 年农民工监测调查报告》显示，2016 年 73.6% 的中国农民工是初中及以下文化程度。在中国经济进入新常态、产业转型升级的大背景下，加强培训，提高农民工的人力资本水平，促进生产效率与质量的不断提升已成为经济发展的必然要求，企业不断加强对员工的技能培训，对农民工进行上岗前的劳动培训已经成为十分普遍的现象。关于劳动培训的研究多集中于对人力资本投资的讨论，其中，讨论较多的是人力资本的测度方法以及人力资本对经济增长、社会福利、产业结构、企业发展等经济各方面的影响。例如，张小蓓和李子豪（2014）通过我国省级面板数据进行实证分析，认为人力资本是造成区域经济发展失衡状况的重要因素，落后地区只有通过提升本地人力资本水平才有可能赶超发达地区；刘伟等（2014）认为快速的人力资本积累并不一定会带来经济的增长和社会福利的提高；巴希和范·布伦（Bassi & van Buren, 1999）认为人力资本水平会显著影响企业绩效；韦斯伯格（Weisberg，1996）利用1990年以色列最大的一家市政公司的企业数据进行实证分析，以受教育年限衡量一般人力资本，以工作年限衡量专用型人力资本，实证结果发现，两种人力资本对工作绩效均有显著的正向作用；哈奇和代尔（Hatch & Dyer，2004）的研究表明人力资本是企业得以可持续发展的重要源泉；卡梅利和肖布罗克（Carmeli & Schaubroeck，2005）利用以色列私营组织和公共机构两套数据进行实证分析，研究表明人力资本能够提高商业组织与公共机构的绩效，并认为在高层管理人员认同人力资本具有独特价值的时候，人力资本存量才会对公司绩效产生影响。由此可见，国家经济发展、产业转型以及企业自身发展都要求数量庞大的农民工群体要加强培训，不断提高自身人力资本水平。因此，对于转移劳动力的人力资本水平相关问题的研究具有十分现实的意义。李和周（2013）通过建立一个三部门一般均衡模型讨论了对农村转移劳动力进行培训对环境产生的影响，结论表明，提升每位农村转移劳动力的培训费用能够改善农村地区的环境质量。

　　我国自2005年以来出台大量惠农政策，中央年年提升"三农"的转移支付力度。根据《农村绿皮书：中国农村经济形势分析与预测（2015—2016）》，2015年，在中国财政收入增长明显放缓的情况下，国家继续把解决"三农"问题放在突出位置，用于农林水的财政支出达到了17 242亿元。但是，种种数据表明，政府对农村进行的大量转移支付中存在不少资金流失克扣的现象。在此背景下，农民工汇款的作用显得尤为重要。根据国家统计局数据显示，2015年我国2.8亿的农民工中有将近1.7亿为外出农民工，他们中只有约20%是举家外出务工。汇款是市场经济中农民工利他主义的表现，大量的农民工将家庭留在农村，他们势必会将一部分收入通过各种渠道送回家中。故而，本章中所指"汇款"并非仅指狭义的通过网络、邮局或银行的汇款，而是广义的农民工汇款，是农民工对农村家庭的各种形式的收入转移的总称（以下简称"汇款"）。汇款不同于政府对农村进行的各种形式的财政补助，它是私人之间的，不存在任何中间环节，是直接对农村家庭进行的收入转移。据程恩江和徐忠（2005）统计，2004年中国农民工汇款数量约为2 230亿元，2005年达到2 490亿元。其后，全国各地都连年上调最低工资标准，农民工收入也连年上升，加上农民工人数的增加，汇款总量是在不断上升的。本章在参数校准部分根据既往的调查估计出2014年全国汇款总数达到2万亿元以上，大约相当于同年新西兰GDP的两倍。当前的汇款已经是中国历史上规模最大的城市反哺农村、工业反哺农业的行为，对于农业现代化建设发挥着积极的作用。因为许多农民不仅用汇款来改善自己的生活，更有不少人将汇款来进行农业生产（李强，2008；胡枫和史宇鹏，2013）。正因为如此，我们不仅要在宏观层面上关注政府以及社会机构等对农村发展的资金支持，还要关心汇款变化及影响汇款的原因。但是，现有理论文献大多是关于汇款经济效果的研究。例如，伦达尔（Lundahl，1985）在研究中假设劳动流出地主要将收到的汇款用于消费，结果表明汇款将会影响劳动流出地非转移劳动力的收入；里维拉—巴蒂兹（Rivera-Batiz，1986）研究了短期和长期移民对物价、收入分配和社会福利的影响，结果表明移民将提高商品房价格、提高劳动收入分配、降低资本收入分配，汇款则会加强移民活动的影响；奎布里亚（1997）分析了汇款对劳动流出国不同社会阶层的福利水平的影响；李和王（Li & Wang，2015）考虑了一个三部门一般均衡模型，发现在短期汇款增加会降低非正式部门的产出并降低城市居民的福利水平，但在长期汇款增加则表现出相反的效果。除此之外，还有许多文献运用实证的研究方法考察汇款对经济增长、城市居民收入、移民流出地收入差距等的影响（Taylor & Wyatt，1996；World Bank，2001；Glytsos，2002；Cox & Ureta，2003；Lucas，2005），而这些成果没有就影响汇款的因素展开研究。

上述的文献回顾还表明，虽然劳动力培训和汇款是现实中重要的经济活动，也都是目前学术界比较关心的话题，可目前将两个话题结合起来进行研究的文献较少，故而，劳动力培训对汇款的影响如何我们无从得知。虽然如此，我们有理由相信劳动培训对于转移劳动力汇款应该有所影响，这是因为受训后劳动力的人力资本水平上升，从而劳动效率上升，收入也会因此而上升，故而汇款总数应该有所变化。本章正是为了解明劳动力培训对汇款的影响而展开研究的，为此，我们构建了一个两部门理论模型，重点考察加强农村转移劳动力的培训是否会影响汇款数量，研究发现，当城市部门提高总产出中培训费用的占比时，在短期会降低汇款总量，在长期则出现相反的效果。

二、模　型

本章考虑了一个小型开放的城市—农村两部门经济，城市部门和农村部门都以劳动力和资本为投入要素进行生产，城市部门雇用农村转移劳动力生产工业产品（严格地说，城市部门雇用的是城市劳动力和农村转移劳动力，但在本章中城市劳动力为外生变量，故可以简略地认为城市部门雇用农村转移劳动力），且所有被雇用的农村转移劳动力均需进行岗前培训后才能正式参与生产；农村部门使用劳动力生产农业产品。两部门的生产函数如下：

$$Y = F^1(H(h)L_1, K_1) \tag{12.1}$$

$$X = g(k)F^2(L_2, K_2) \tag{12.2}$$

其中，Y、X 分别为城市部门和农村部门的产出，两部门的生产函数 F^1、F^2 均为一阶齐次、拟凹函数；L_1 为城市部门雇用的农村转移劳动力；K_1 为城市部门生产投入的资本量；L_2 为农村部门生产所用的劳动力；K_2 为农村部门生产投入的资本量；h 为每位工人的培训费用，而 H 是关于 h 的一个凹函数，记为 $H = H(h)$，它表示为每位工人花费的培训费用对工人生产效率的影响，培训费用花费越多，越有利于提高转移劳动力的技能，使每位工人的生产能力由原本的 1 提高为 H（$H \geqslant 1$；当 $h = 0$ 时，$H = 1$），但 H 随着单位工人培训费用的不断增加而减弱，即 $H'(h) > 0$，$H''(h) < 0$；k 为农村转移劳动力的汇款量，$g(k)$ 为一个关于 k 的凹函数，它表示汇款规模对农村部门产出的外部效应，汇款越多，越有利于农村生产条件的改善，从而越有利于促进农村部门生产水平的提高 $[g(k) \geqslant 1$；当 $k = 0$ 时，$g(k) = 1]$，但 $g(k)$ 会随着汇款的不断增加而减弱，即 $g'(k) > 0$、$g''(k) < 0$。

根据哈里斯—托达罗（1970）的劳动力转移均衡表达式为：

$$W_a = \bar{W}/(1 + \lambda) \tag{12.3}$$

其中，$\bar{W}$ 为城市部门工资；W_a 为农村部门工资；λ 为城市部门失业人数与在职人数之比，本章用 λ 衡量失业状况。在现实生产生活中，公司经常会对员工开展一些培训活动以提高员工的生产效率，因此，我们假定工业部门会拿出一定比例的收入进行在岗培训。用公式表达如下：

$$\beta PY/h = L_1 \tag{12.4}$$

其中，β 为工业部门使用的培训费用占总收入的比重，β 越大，同样条件下用于劳动培训的投入就越多，每位工人获得的培训费用就越多，其人力资本水平就会获得较大的提升；本模型将农产品的价格单位化，P 为工业品的相对价格，由于本章考虑的是一个小型开放经济，因此工业品和农业品的价格均为外生给定；h 为每位工人的培训费用，$H(h)$ 可以用来表示劳动培训的水平，也即农民工通过劳动培训获得的人力资本水平。类似的设定可以参考李和钱（Li & Qian，2011）的研究。

现实中，农民工出于利他主义在取得收入后拿出一部分资助农村家庭的现象普遍存在，因此我们假设农村转移劳动力会拿出占工资 a 比例的金额汇往农村家中。用式（12.5）表达如下：

$$k = a\bar{W}L_1 \tag{12.5}$$

其中，k 为汇款总量。由各部门利润最大化可得：

$$(1 - \beta)PHF_L^1 = \bar{W} \tag{12.6}$$

$$(1 - \beta)PF_K^1 = r_1 \qquad (12.7)$$

$$g(k)F_L^2 = W_a \qquad (12.8)$$

$$g(k)F_K^2 = r_2 \qquad (12.9)$$

其中，$F_L^1 = \partial F^1/\partial HL$，$F_K^1 = \partial F^1/\partial K$，$F_L^2 = \partial F^2/\partial L$，$F_K^2 = \partial F^2/\partial K$，由于城市部门会拿出 β 比例的收入用于农村转移劳动力的培训，因此城市部门利润最大化条件如式（12.6）、式（12.7）所示。r_1 为城市部门利率，r_2 为农村部门利率。本模型中我们假定该经济的劳动力禀赋和资本禀赋外生给定：

$$(1 + \lambda)L_1 + L_2 = \bar{L} \qquad (12.10)$$

$$K_1 + K_2 = \bar{K} \qquad (12.11)$$

其中，$\bar{L}$ 为经济中的劳动力禀赋；$\bar{K}$ 为经济中的资本禀赋。

三、分　析

（一）短期分析

短期中，资本在城市和农村两部门不能自由流动，两部门使用各自特有的资本量，因此形成不同的资本回报率 r_1、r_2。由于短期中两部门资本是固定的，因此我们使用 $\bar{K}_1$、$\bar{K}_2$ 分别表示短期中城市部门和农村部门使用的资本量。式（12.1）至式（12.10）构成短期的一般均衡模型。其中，Y、X、L_1、L_2、r_1、r_2、W_a、k、λ、h 为内生变量，$\bar{K}_1$、$\bar{K}_2$、$\bar{L}$、$\bar{W}$、β、P、a 为外生变量。

对式（12.1）、式（12.4）和式（12.6）进行全微分，整理如下：

$$\begin{pmatrix} 1 & A & B \\ 0 & -h & -L_1 \\ 0 & C & D \end{pmatrix} \begin{pmatrix} \mathrm{d}Y \\ \mathrm{d}L_1 \\ \mathrm{d}h \end{pmatrix} = \begin{pmatrix} 0 \\ 0 \\ mF_L^1 \end{pmatrix} \mathrm{d}\beta \qquad (12.12)$$

其中，$A = -HF_L^1 < 0$，$B = -L_1H'F_L^1 < 0$，$C = H^2F_{LL}^1 < 0$，$D = H'(F_L^1 + HF_{LL}^1)$，$F_{LL}^1 = \partial F_L^1/\partial HL_1$。

我们设 $\varepsilon_{LL}^1 = \dfrac{\partial F_L^1}{\partial L_1}\dfrac{L_1}{F_L^1}$ 为城市部门劳动力的边际产出弹性，表示当城市部门雇用

的农村转移劳动力 L_1 增加1%时，城市部门劳动的边际产出下降 $|\varepsilon_{LL}^1|$。在现实经济活动中，发展中国家城市部门对农村转移劳动力需求旺盛，雇用的农村转移劳动力数量增加对其边际生产力的影响幅度比较小，因此，$|\varepsilon_{LL}^1|<1$ 在实际经济活动中是普遍成立的。故而，我们可以算得 $D=H'(F_L^1+HF_{LL}^1)>0$，以 Δ 表示式（12.12）的系数行列式，则 $\Delta=-hD+L_1C<0$。

运用克莱姆法则计算式（12.12）可得：

$$\frac{\mathrm{d}Y}{\mathrm{d}\beta}=\frac{-HF_L^1L_1A+hHF_L^1B}{\Delta}$$

我们设 $\varepsilon_{Hh}=\frac{\partial H}{\partial h}\frac{h}{H}$ 为劳动力生产效率的培训费用弹性，它表示城市部门每个转移劳动力的培训费用 h 增加1%时，劳动力生产效率 H 的增加幅度，在现实经济中，不论以前有无转移经历，在接受岗前培训时绝大多数人是没有该项工作经验的，而初期的培训费用投入对生产效率的影响较大，因此设定 $\varepsilon_{Hh}>1$ 是合理的。据此，有：

$$\frac{\mathrm{d}Y}{\mathrm{d}\beta}=\frac{-HF_L^1L_1A+hHF_L^1B}{\Delta}>0,\frac{\mathrm{d}L_1}{\mathrm{d}\beta}=\frac{HF_L^1L_1}{\Delta}<0,\frac{\mathrm{d}h}{\mathrm{d}\beta}=\frac{-hHF_L^1}{\Delta}>0$$

对式（12.5）进行全微分，整理后可得：$\frac{\mathrm{d}k}{\mathrm{d}\beta}=a\overline{W}\left(\frac{\mathrm{d}L_1}{\mathrm{d}\beta}\right)$。因为 $\frac{\mathrm{d}L_1}{\mathrm{d}\beta}<0$，所以有 $\frac{\mathrm{d}k}{\mathrm{d}\beta}=a\overline{W}\left(\frac{\mathrm{d}L_1}{\mathrm{d}\beta}\right)<0$。

对式（12.3）、式（12.8）、式（12.10）进行全微分，然后将式（12.5）全微分代入后整理成矩阵形式如下：

$$\begin{pmatrix}1 & R & 0\\-1 & 0 & S\\0 & L_1 & 1\end{pmatrix}\begin{pmatrix}\mathrm{d}W_a\\\mathrm{d}\lambda\\\mathrm{d}L_2\end{pmatrix}=\begin{pmatrix}0\\T\\-(1+\lambda)\end{pmatrix}\mathrm{d}L_1 \tag{12.13}$$

其中，$R=\frac{\overline{W}}{(1+\lambda)^2}>0$，$S=g(k)F_{LL}^2<0$，$T=-g'(k)a\overline{W}F_L^2<0$。我们以 Δ 表示式（12.13）的系数行列式，则 $\Delta=-L_1S+R>0$。运用克莱姆法则计算式（12.13），可得：

$$\frac{\mathrm{d}W_a}{\mathrm{d}L_1}=\frac{-(1+\lambda)RS-RT}{\Delta}>0,\frac{\mathrm{d}\lambda}{\mathrm{d}L_1}=\frac{T+(1+\lambda)S}{\Delta}<0,\frac{\mathrm{d}L_2}{\mathrm{d}L_1}=\frac{-L_1T-(1+\lambda)R}{\Delta}$$

我们设 $\varepsilon_L^2 = \dfrac{\partial X}{\partial L_2}\dfrac{L_2}{X}$ 为农村部门劳动要素的产出弹性。根据刘易斯的劳动力转移理论，发展中国家在农村存在大量剩余劳动力，且农村的劳动边际生产率几乎等于零，所以，我们可以设 $\varepsilon_L^2 = \dfrac{\partial X}{\partial L_2}\dfrac{L_2}{X} < \dfrac{1}{\varepsilon_k}\dfrac{W_a L_2}{X}$，其中 $\varepsilon_k = \dfrac{\partial g(k)}{\partial k}\dfrac{k}{g(k)}$ 为 $g(k)$ 对汇款 k 的弹性。也就是说，如果农村部门的劳动力数量增加 1%，农村部门的产出增加幅度 ε_L^2 小于一定比例的 $\dfrac{1}{\varepsilon_k}$，这个比例为农村部门劳动力收入占农村部门总产出的比例。据此，有 $\dfrac{dL_2}{dL_1} = \dfrac{-L_1 T - (1+\lambda)R}{\Delta} < 0$。

以上短期一般均衡比较静态分析结果如表 12-1 所示。从表 12-1 可以看出，短期中城市部门提高城市总产出中培训费用的占比，农村转移劳动力的雇用数量会下降，转移劳动力的汇款总量会下降，分配到每位工人的培训费用将上升，失业率上升，但城市部门产出将上升；在农村部门，农村劳动力的数量将上升，农村工资将下降。

表 12-1 短期一般均衡分析结果

变量	Y	L_1	k	h	X	L_2	λ	W_a	r_1	r_2
β	+	−	−	+	/	+	+	−	/	/

注：+ 和 − 分别表示 β 的变化使对应的内生变量向相同或相反方向变化。

命题 12.1 在短期中，提高城市总产出中培训费用的占比将使转移劳动力汇款总量减少，使城市部门雇用的劳动力数量减少、失业加剧，但使城市产出增加、劳动培训水平上升；农村部门的劳动力雇用数量增加，工资下降。

在短期中提高培训费用在城市总产出中的占比有以下效果：一方面，企业拿出更高比例的收入去进行培训会使用于雇用转移劳动力的资金减少；另一方面，培训后农民工的生产效率得到提升，从而使其产生涨薪的要求，这都会促使企业倾向用技术、资本等去替代劳动，导致企业减少雇用转移劳动力。农民工雇用数量减少直接使其汇款总量下降；培训费用在城市总产出的占比提高、城市部门雇用转移劳动力的数量下降使单位工人的培训费用上升。在短期中，失业的转移劳动力一部分滞留在城市部门，另一部分则回流到农村，在城市使失业加剧，在农村则又增加劳动力雇用数量，进而使农村工资下降。

根据命题 12.1，城市部门劳动力雇用数量下降，但产出上升，这似乎是一个矛盾。但考虑到提高城市部门总产出中培训费用的占比有提升人力资本水平、提高劳动生产效率的作用，当劳动生产效率提高对产出的正面作用大于减少劳动力雇用数量对产出的负面效应的时候，命题 12.1 就顺理成章了。

短期中城市部门提高总产出中培训费用的占比对汇款和经济的影响如图 12 − 1 所示。短期中，由式（12.4）可知 $\dfrac{\mathrm{d}h}{\mathrm{d}\beta} = \dfrac{PY}{L_1} > 0$，即 h 与 β 呈正相关关系，即如图 12 − 1 中直线 βh 所示，城市部门拿出的培训费用在其总产出中的占比越高，在其他条件不变的情况下，分配给每位工人的培训费用就越多。我们用直线 hL 表示式（12.6）中 L_1 与 h 的关系（为了简化图形，我们在图 12 − 1 中将曲线 hL 简化为向右上倾斜的直线），对式（12.6）进行全微分可得 $\dfrac{\mathrm{d}L_1}{\mathrm{d}h} = -\dfrac{H'(F_L^1 + HL_1 F_{LL}^1)}{H^2 F_{LL}^1}$，由于 $|\varepsilon_{LL}^1| < 1$，我们有 $\dfrac{\mathrm{d}L_1}{\mathrm{d}h} > 0$，但 $\dfrac{\mathrm{d}L_1}{\mathrm{d}h}$ 是关于 L_1 和 h 的函数，所以直线 hL 的斜率是变化的；如式（12.4）所示，L_1 与 h 亦存在负相关关系，我们用曲线 HL 表示。对式（12.4）进行全微分，可得 $\dfrac{\mathrm{d}L_1}{\mathrm{d}h} = -\dfrac{L_1}{h} < 0$，且 $\dfrac{\mathrm{d}L_1}{\mathrm{d}h}$ 是关于 L_1 和 h 的函数，即 HL 的斜率是变化的，HL 是一条曲线，并且会随着 h 的增大而越来越平缓。hL 与 HL 相交的点即为初始均衡点。直线 LK 表示 L_1 对 k 的影响，由式（12.5）可得 $\dfrac{\mathrm{d}k}{\mathrm{d}L_1} = a\overline{W} > 0$，即 k 与 L_1 同向变动。当 β 上升时，城市部门拿出更大部分的收入进行员工培训，在其他条件不变的情况下，每个工人的培训费用会增加，由初始均衡值 h^* 增加到 h^{**}。由式（12.4）、式（12.6）可知，β 的上升将使曲线 HL 上移至 HL'，直线 hL 下移至 hL'，如图 12 − 1 所示，均衡点变为 HL' 与 hL' 的交点，转移劳动力的雇用数

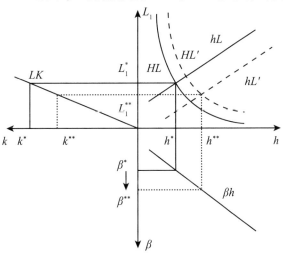

图 12 − 1　短期城市部门提高总产出中培训费用占比对汇款和经济的影响

量由 L_1^* 下降到 L_1^{**}，L_1 的下降使汇款总量由 k^* 下降到 k^{**}。β 上升的结果与命题 12.1 一致。

（二）长期分析

长期中，资本在城市和农村两部门自由流动，有 $r_1 = r_2 = r$ 成立，式（12.7）、式（12.9）变为：

$$(1 - \beta)PF_K^1 = r \tag{12.7$'$}$$

$$g(k)F_K^2 = r \tag{12.9$'$}$$

因此，根据前面所述，式（12.1）至式（12.11）构成长期中的一般均衡模型，其中式（12.7）、式（12.9）用式（12.7$'$）、式（12.9$'$）替代，Y、X、L_1、L_2、K_1、K_2、W_a、r、k、λ、h 为内生变量，$\overline{L}$、$\overline{K}$、$\overline{W}$、β、P、a 为外生变量。

在长期模型中，对式（12.1）、式（12.3）至式（12.11）进行全微分，整理后写成矩阵形式如下：

$$\begin{pmatrix} -h & 0 & 0 & -L_1 & 0 & 0 \\ C & E & 0 & D & 0 & 0 \\ F & G & 0 & U & 0 & -1 \\ I & J & K & 0 & L & 0 \\ M & N & Q & 0 & 0 & -1 \\ 1+\lambda & 0 & 1 & 0 & L_1 & 0 \end{pmatrix} \begin{pmatrix} \mathrm{d}L_1 \\ \mathrm{d}K_1 \\ \mathrm{d}L_2 \\ \mathrm{d}h \\ \mathrm{d}\lambda \\ \mathrm{d}r \end{pmatrix} = \begin{pmatrix} V \\ W \\ Z \\ 0 \\ 0 \\ 0 \end{pmatrix} \mathrm{d}\beta \tag{12.14}$$

其中，C、D 与短期含义相同，$E = HF_{LK}^1 > 0$，$F = PHF_{KL}^1 > 0$，$G = PF_{KK}^1 < 0$，$I = a\overline{W}g(k)F_L^2 > 0$，$J = -g(k)F_{LK}^2 < 0$，$K = g(k)F_{LL}^2 < 0$，$L = \dfrac{\overline{W}}{(1+\lambda)^2} > 0$，$M = a\overline{W}g'(k)F_K^2 > 0$，$N = -g(k)F_{KK}^2 > 0$，$Q = g(k)F_{KL}^2 > 0$，$U = PH'LF_{KL}^1 > 0$，$V = -PY < 0$，$W = HF_L^1 > 0$，$Z = PF_K^1 > 0$；$F_{LL}^1 = \partial F_L^1 / \partial HL_1$，$F_{KL}^1 = \partial F_K^1 / \partial HL_1$，$F_{LK}^1 = \partial F_L^1 / \partial K_1$，$F_{KK}^1 = \partial F_K^1 / \partial K_1$，$F_{ij}^2 = \partial F_i^2 / \partial L_j (i = L, K; j = L, K)$。

我们以 Δ 表示式（12.14）的系数行列式，则：

$$\Delta = L_1^2(CJQ + EKM - CKN - EIQ) + hL_1D(NK - JQ) + (1 + \lambda)L_1LQE + L(L_1CN - L_1EM - hDN) + (L - L_1K)(-hEU - L_1CG + L_1EF + hDG)$$

为了以下的行文便利，我们设定如下两个假设。

假设 1　$\varepsilon_{KL}^2 = \dfrac{\partial F_K^2}{\partial L_2} \dfrac{L_2}{F_K^2} < \varepsilon_k \dfrac{L_2}{(\bar{L} - L_2)}$

其中，$\varepsilon_k = \dfrac{\partial g(k)}{\partial k} \dfrac{k}{g(k)}$，$\varepsilon_{KL}^2$ 为农村部门资本边际产出对农村部门劳动力数量的弹性。我们假设农村部门的劳动力数量增加 1%，农村部门资本边际产出增加幅度 ε_{KL}^2 小于一定比例的 ε_k，这个比例为农村部门劳动力收入与非农村部门劳动力之比，ε_k 为 $g(k)$ 对汇款 k 的弹性。由于假设 1 左边式子是大于零的，因此假设 1 在现实经济活动中是有可能成立的。

假设 2　$\varepsilon_{KL}^1 = \dfrac{\partial F_K^1}{\partial L_1} \dfrac{L_1}{F_K^1} > \dfrac{1-\beta}{r}$

其中，ε_{KL}^1 为城市部门资本边际产出对雇用的转移劳动力数量的弹性。我们假设城市部门雇用的转移劳动力数量增加 1%，则其资本边际产出增加幅度 ε_{KL}^1 将小于一个数值，这个值为 $\dfrac{1-\beta}{r}$。由于假设 2 左边式子大于零，因此，在现实经济活动中假设 2 是有成立的可能的。

Δ 的符号需要在 $|\varepsilon_{LL}^1| < 1$ 和假设 1 同时成立的情况下才能确定，根据 $|\varepsilon_{LL}^1| < 1$ 和假设 1，有 $\Delta < 0$。

运用克莱姆法则计算式（12.14），可得 $\dfrac{\mathrm{d}h}{\mathrm{d}\beta} > 0$。

根据假设 2，有 $\dfrac{\mathrm{d}L_1}{\mathrm{d}\beta} > 0$、$\dfrac{\mathrm{d}r}{\mathrm{d}\beta} > 0$，对式（12.5）进行全微分，整理后可得 $\dfrac{\mathrm{d}k}{\mathrm{d}\beta} = a\bar{W}\left(\dfrac{\mathrm{d}L_1}{\mathrm{d}\beta}\right)$，因为 $\dfrac{\mathrm{d}L_1}{\mathrm{d}\beta} > 0$，所以有 $\dfrac{\mathrm{d}k}{\mathrm{d}\beta} = a\bar{W}\left(\dfrac{\mathrm{d}L_1}{\mathrm{d}\beta}\right) > 0$。根据 $\varepsilon_L^2 = \dfrac{\partial X}{\partial L_2} \cdot \dfrac{L_2}{X} < \dfrac{1}{\varepsilon_k} \dfrac{W_a L_2}{X}$，在假设 2 同时成立时，有 $\dfrac{\mathrm{d}L_2}{\mathrm{d}\beta} < 0$。

长期一般均衡比较静态分析结果如表 12-2 表示。从表 12-2 可以看出，长期中提高城市总产出中培训费用的占比，将使城市部门雇用的农村转移劳动力数量上升，转移劳动力的汇款总量上升，分配到每位工人的培训费用将上升，利率上升，劳动力将从农村部门流向城市部门，农村部门雇用劳动力数量下降。

表 12-2　　　　　　　　　　长期一般均衡分析结果

变量	Y	L_1	k	h	X	L_2	λ	W_a	r	K_1	K_2
β	/	+[1][2]	+[1][2]	+[1]	/	−[1][2]	/	/	+[1][2]	/	/

注：+ 和 − 分别表示 β 的变化使对应的内生变量向相同或相反方向变化；[1] 表示对应的符号只在假设 1 成立时才能确定；[1][2] 表示对应的符号只在假设 1 和假设 2 同时成立时才能确定。

命题 12.2 在长期中，提高城市总产出中培训费用的占比将增加转移劳动力汇款总量，并使劳动力从农村部门流向城市部门，城市部门增加劳动力雇用数量，劳动培训水平上升；农村部门雇用劳动力数量下降。

长期中，提高城市总产出中培训费用的占比将使利率上升，由于城市部门存在工资刚性，利率上升使劳动力相对价格下降，从而使城市部门增加转移劳动力的雇用数量，劳动力从农村部门流向城市部门；由于城市部门转移劳动力的雇用数量增加，汇款量也会增加。

比较命题 12.1 和命题 12.2，我们发现，短期提高城市总产出中培训费用的占比将减少汇款总量，长期将增加汇款总量，这是因为短期减少了转移劳动力雇用数量，而长期增加了转移劳动力雇用数量所致。

四、参数校准与数值模拟

为了考察本章构建的模型是否正确解释了城乡转移劳动力培训对汇款的影响，我们将使用现有的经济数据及相关文献对模型的参数进行校准，再利用校准后的参数对模型进行数值模拟，并将模拟结果与命题 12.1、命题 12.2 作比较，以检验模型结论的数值特征，并对数值模拟进行敏感性检验。

（一）参数校准

我们按可计算一般均衡的模式，将城市部门的生产函数形式设为柯布—道格拉斯生产函数形式，$H(h)$ 为每位工人花费的培训费用对工人生产效率的影响函数，根据前面模型部分对 $H(h)$ 的性质设定，我们将它的具体函数形式设为：$H(h) = h^{a_1} + 1$，其中参数 α_1（$0 < \alpha_1 < 1$）表示培训费用提升对工人效率提升的影响因子，根据模型设定，生产函数是规模报酬不变的，因此，城市部门生产函数的具体形式可表示为：$Y = [(h^{a_1}+1)L_1]^{a_2}K_1^{1-\alpha_2}$；同时，我们将农村部门的生产函数形式也设为柯布—道格拉斯生产函数形式，$X = g(k)L_2^{m_2}K_2^{1-m_2}$。$g(k)$ 为汇款规模对农村部门产出的外部效应函数，根据前面模型部分对其相关性质的设定，我们将它的具体函数形式设为：$g(k) = k^{m_1}+1$，$0 < m_1 < 1$。

我们使用 2014 年的相关经济数据进行参数校准。根据国家统计局发布的《中国统计年鉴（2014）》的相关数据，2014 年，我国第一产业国内生产总值为 58 336.1 亿元，就业人数为 22 790 万人；第二产业国内生产总值为 271 764.5 亿元，就业人数为 23 099 万人。2014 年农村居民年人均可支配收入为 10 488.9 元（折算成月收入约为 874.1 元），城镇调查失业率约为 5.1%。根据《2014 年全国农民工检测调查报告》公布的数据显示，2014 年我国农民工总量约为 27 395 万人，农民工月收入约为 2 864 元。于丽敏（2013）以外来人口流入大市东莞为调查地研究农民工消费情况时发现，东莞市农民工汇款量约占收入的 32.67%，调查数据显示 2008 年东莞农民工平均工资约为 1 625.43 元；而根据《2009 年全国农民工检测调查报告》公布的数据显示，2008 年全国农民工平均工资约为 1 340 元。由于东莞市农民工收入对于全国水平而言相对较高，因此我们将全国汇款占收入的比例 a 按这个比例作调整，可得 $a/1\,340 = 32.67/1\,625.43$，$a = 0.269$，由此估算的 2014 年农民工汇款总量 k 约为 21 105.55 亿元，约占同年 GDP 的 3.26%。田友春（2016）对中国分行业进行资本存量估算，估算出 2014 年我国第一产业的资本存量约为 19 188.58 亿元，第二产业资本存量约为 304 302.16 亿元。根据中国人民银行货币分析小组公布的《中国货币政策执行报告（2014 年第四季度）》数据显示，2014 年第四季度末人民币一般贷款加权平均利率（名义利率）约为 6.92%，由于本章模型设定中短期内资本无法在城市部门和农村部门自由流动，而我国货币政策对于农村地区是有相关优惠政策的，因此我们认为短期中农村部门的利率高于城市部门，于是我们设 $r_1 = 6.35$、$r_2 = 7$。根据国家统计局公布的价格指数，我们计算出 2010~2014 年 5 年平均通货膨胀率约为 3.4%，因此我们设长期利率 $r = 3.5$。

根据以上的现实经济数据，我们先对短期模型中的参数 α_1、α_2、m_1、m_2 进行校准，结果如表 12-3 所示。

表 12-3　　　　　　　　　短期模型参数校准

α_1	α_2	m_1	m_2
0.13	0.254	0.462	0.597

同样，我们对长期模型进行参数校准，结果如表 12-4 所示。

表 12-4　　　　　　　　　长期模型参数校准

α_1	α_2	m_1	m_2
0.13	0.383	0.503	0.745

（二）数值模拟

在参数校准的基础上，我们进行数值模拟分析，以检验在现实经济数据下模型的结论是否与比较静态分析结果一致。

根据《国务院关于大力推进职业教育改革与发展的决定》中关于"一般企业按照职工工资总额的 1.5% 足额提取教育培训经费，从业人员技术要求高、培训任务重、经济效益较好的企业，可按 2.5% 提取，列入成本开支"的规定，我们将 β 的初始值设为 0.02，在外生变量和被校准的参数保持不变的情况下，逐步提升 β 的值来进行数值模拟，观察主要的内生变量的变化。

短期模型数值模拟结果如表 12-5 所示。

表 12-5 短期模型数值模拟

变量	Y（亿单位）	L_1（百万人）	k（千万元）	h（百元）	L_2（百万人）	λ	W_a（十元）
$\beta = 0.020$	11 078.033	230.954	21 102.237	23.434	227.992	0.051	87.430
$\beta = 0.021$	11 088.948	230.946	21 101.475	24.631	227.995	0.051	87.428
$\beta = 0.022$	11 099.231	230.924	21 099.468	25.830	228.004	0.051	87.422
$\beta = 0.023$	11 108.935	230.889	21 096.322	27.032	228.017	0.051	87.414
$\beta = 0.024$	11 118.108	230.844	21 092.130	28.236	228.035	0.051	87.403
$\beta = 0.025$	11 126.790	230.787	21 086.973	29.443	228.058	0.051	87.390
$\beta = 0.026$	11 135.018	230.721	21 080.924	30.652	228.084	0.051	87.374
$\beta = 0.027$	11 142.825	230.646	21 074.045	31.863	228.113	0.052	87.356
$\beta = 0.028$	11 150.240	230.562	21 066.396	33.078	228.146	0.052	87.337
$\beta = 0.029$	11 157.290	230.470	21 058.028	34.294	228.182	0.052	87.315
$\beta = 0.030$	11 163.997	230.371	21 048.987	35.513	228.226	0.052	87.291

从表 12-5 中可以看出，在短期中，随着培训费用在城市部门总收入中的占比从 0.02 逐步提升至 0.03，城市部门劳动力雇用数量从 23 095.4 万人逐步下降到 23 037.1 万人，汇款总量则从 2 110.2237 亿元渐次下降到 2 104.8987 亿元，产量从 11 078.033 亿单位逐步上升到 11 163.997 亿单位，失业率从 5.1% 上升到 5.2%，每年每位工人的培训费用从 2 343.4 元逐次上升到 3 551.3 元；农村部门劳动力雇用数量从 22 799.2 万人逐步增加到 22 822.6 万人，农村劳动力月收入从 874.3 元下降到 872.91 元。可以看到，短期模型数值模拟的结果与命题 12.1 的数值特征完全一致。

我们再进行长期模型的数值模拟，结果如表 12-6 所示。

表 12 – 6　　　　　　　　　　　长期模型数值模拟

变量	L_1（百万人）	k（千万元）	h（百元）	L_2（百万人）	r
$\beta = 0.020$	231.138	21 119.406	23.533	226.859	3.501
$\beta = 0.021$	231.330	21 136.976	24.735	226.729	3.504
$\beta = 0.022$	231.496	21 152.123	25.940	226.616	3.506
$\beta = 0.023$	231.638	21 165.050	27.146	226.520	3.508
$\beta = 0.024$	231.757	21 175.935	28.356	226.439	3.510
$\beta = 0.025$	231.855	21 184.932	29.567	226.372	3.511
$\beta = 0.026$	231.935	21 192.184	30.782	226.319	3.512
$\beta = 0.027$	231.996	21 197.815	31.998	226.277	3.513
$\beta = 0.028$	232.041	21 201.934	33.218	226.246	3.514
$\beta = 0.029$	232.071	21 204.642	34.440	226.226	3.514
$\beta = 0.030$	232.086	21 206.030	35.664	226.216	3.514

从表 12 – 6 可以看出，在长期中，培训费用在城市部门总收入中的占比 β 从 0.02 上升到 0.03，使城市部门劳动力雇用数量从 23 113.8 万人逐步上升至 23 208.6 万人，农民工汇款总量从 2 111.9406 亿元逐次上升至 2 120.603 亿元，每位工人的培训费用从 2 353.3 元增加至 3 566.4 元，利率从 3.501 逐渐上升至 3.514；劳动力从农村部门流入城市部门，农村部门的劳动力雇用数量从 22 685.9 万人逐渐减少到 22 621.6 万人。长期模型数值模拟结果与命题 12.2 的数值特征完全一致。

（三）敏感性分析

由于《2014 年全国农民工检测调查报告》中对于农民工平均月收入的统计是抽样调查的结果，可能存在小的偏差，为了检验数值模拟结果的敏感性，我们将农民工平均月收入上下浮动 100 元再次进行参数校准和数值模拟，模拟结果与前面结论依然是一致的，[①] 可见模型模拟结果对城市部门刚性工资的浮动是稳健的，即使由于统计方法导致农民工工资与真实水平存在小的偏差，数值模拟结果依旧有效。

（四）数值模拟的结论

基于现实经济数据进行参数校准后的长短期模型数值模拟结果与前面模型分析

---

① 有需要具体结果的读者，可以向作者索取。

的结果特征一致，证实了本章模型关于转移劳动力培训对汇款的影响问题的解释力，也说明在当前经济环境下，加大农民工培训投入力度在长期中对于促进农村剩余劳动力转移、减轻失业状况都有积极的作用。

五、结 论

自 2004 年《中共中央 国务院关于促进农民增加收入若干政策的意见》提出要"拓宽农民增收渠道""改善农民进城就业环境"等意见以来，中共中央已经连续 13 年发布关注"三农"的"一号文件"，对农民的补贴力度不断提高，补贴范围不断扩大。习近平总书记在党的十九大报告《决胜全面建成小康社会 夺取新时代中国特色社会主义伟大胜利》中明确指出，"农业农村农民问题是关系国计民生的根本性问题"，提出要实施"乡村振兴战略"，为了促进农民收入增长，应"支持和鼓励农民就业创业"。党的种种重大文件和报告中不断强调对解决"三农"问题、促进农民增收的极大重视。根据本章的文献回顾，转移劳动力的汇款对农村经济有着重大意义，而劳动培训亦是促进农民就业的重要环节，基于这样的经济现实，本章讨论了提升劳动培训费用对转移汇款的影响问题，得出的主要结论是：在短期，提升培训费用在城市部门总产出中的占比会减少转移劳动力的汇款数量；在长期，提高这个比例则会增加转移劳动力的汇款数量。这样的结论在劳动力转移的理论研究中还是第一次得出，它对于新兴的发展中国家制定促进工农业经济发展的政策有重要的参考价值。

参考文献

[1] 程恩江、徐忠：《中国农民工国内汇款服务问题报告》，收录于《世界银行扶贫协商小组报告》，2005 年。

[2] 国家发展和改革委员会产业经济与技术经济研究所：《中国产业发展报告：面向"十三五"的产业经济研究（2016）》，经济科学出版社 2016 年版。

[3] 胡枫、史宇鹏：《农民工回流的选择性与非农就业：来自湖北的证据》，载于《人口学刊》2013 年第 3 期。

[4] 李强：《民工汇款的决策、数量与用途分析》，载于《中国农村观察》2008 年第 5 期。

[5] 刘伟、张鹏飞、郭锐欣：《人力资本跨部门流动对经济增长和社会福利的影响》，载于《经济学》（季刊）2014 第 13 卷第 2 期。

[6] 田友春：《中国分行业资本存量估算：1990—2014 年》，载于《数量经济技术经济研

究》2016 年第 6 期。

　　［7］魏后凯、杜志雄、黄秉信:《农村绿皮书:中国农村经济形势分析与预测（2015—2016）》,社会科学文献出版社 2016 年版。

　　［8］于丽敏:《农民工消费行为影响因素研究:以东莞为例》,经济管理出版社 2013 年版。

　　［9］张晓蓓、李子豪:《人力资本差异加剧了区域经济失衡吗?》,载于《经济学家》2014 年第 4 期。

　　［10］Bassi L. J. , M. van Buren, "Valuing Investments in Intellectual Capital", *International Journal of Technology Management*, 1999, 18 (5 – 8): 414 – 432.

　　［11］Carmeli A. , J. Schaubroeck, "How Leveraging Human Resource Capital with Its Competitive Distinctiveness Enhances the Performance of Commercial and Public Organizations", *Human Resource Management*, 2005, 44 (4): 391 – 412.

　　［12］Edwards, A. C. , M. Ureta, "International Migration, Remittances and Schooling: evidence from El Salvador", *Journal of Development Economics*, 2003, 72: 429 – 461.

　　［13］Glytsos N. P. , "The Role of Migrant Remittances in Development: Evidence from Mediterranean Countries", *International Migration*, 2002, 40 (1): 5 – 26.

　　［14］Harris J. R. , M. P. Todaro, "Migration, Unemployment and Development: A Two Sector Analysis", *American Economic Review*, 1970, 60: 126 – 142.

　　［15］Hatch N. W. , J. H. Dyer, "Human Capital and Learning as a Source of Sustainable Competitive Advantage", *Strategic Management Journal*, 2004, 25 (12): 1155 – 1178.

　　［16］Li, X. , D. Wang, "The Impact of Rural – urban Migrants' Remittances on the Urban Economy", *The Annals of Regional Science*, 2015, 54 (2): 591 – 603.

　　［17］Li, X. , X. Qian, "Economic Analysis on the Urban – rural Disparity in Human Capital in China", *South African Journal of Economics*, 2011, 79 (2): 146 – 160.

　　［18］Li, X. , Y. Zhou, "Economic and Environmental Effects of Rural – urban Migrant Training", *Prague Economic Paper*, 2013, 9 (3): 385 – 402.

　　［19］Lucas R. E. B. , "International Migration and Economic Development", Expert Group on Development Issues, Swedish Ministry for Foreign Affairs, Stockholm, 2005.

　　［20］Lundahl M. , "International Migration, Remittance and Real Incomes: Effects on the Source Country", *The Scandinavian Journal of Economics*, 1985, 87 (4): 647 – 657.

　　［21］Quibria M. G. , "International Migration, Remittance and Income Distribution in the Source Country: A Synthesis", *Bulletin of Economic Research*, 1997, 49 (1): 29 – 46.

　　［22］Rivera – Batiz F. L. , "International Migration, Remittance and Economic Welfare in the Source Country", *Journal of Economic Studies*, 1986, 13 (3): 3 – 19.

　　［23］Taylor J. E. , T. J. Wyatt, "The Shadow Value of Migrant Remittances, Income and Inequality in a Household – farm Economy", *The Journal of Development Studies*, 1996, 32 (6): 899 – 912.

　　［24］Weisberg J. , "Differential Teamwork Performance the Impact of General and Specific Human Capital Levels", *International Journal of Manpower*, 1996, 17 (8): 18 – 29.

　　［25］World Bank, "2001: World Tables", The World Bank, Washington.

第十三章

现代农业的职业培训：
企业出资还是个人出资

一、引　言

　　现代农业是以高资本投入为基础，以市场为导向，使用现代科学技术进行生产管理的农业。发展中国家的现代农业大多是从传统农业的基础上发展起来的，劳动力来源于传统农业，人力资本水平较低。以中国为例，截至 2012 年中国的农村劳动力仍有 85% 为初中及以下文化水平，并且这样的情况持续了 40 余年（见图 13 - 1）。但是，现代农业引进高新技术进行生产和管理，就必须要求劳动力具有较高的职业技能水平，现实却是劳动力的人力资本水平远远不相适应。近年来，在中国等发展中国家，现代农业发展很快（Li & Wu, 2016），政府对农民的培训投入也在不断增加。以中国为例，据公开数据显示，2015 年中央财政拨付农民培训补助经费 10.96 亿元，2016 年拨付经费 13.86 亿元，全国培育各类型职业农民超过 100 万人，但是这样的规模对现代农业的发展仍然是杯水车薪。所以，现代农业职业培训的费用将主要由民间解决，也就是由企业或者个人来承担（企业指现代农业的代表性企业，个人则指农民个人。下同）。但是，发展中国家的现代农业企业科技研发经费基数小，实际投入的研发经费实际数额不大，投入农民教育培训的经费更少（王震、唐欣，2014）；并且农村相对落后，负担职业培训的成本对农民个人也不是一个轻松的话题。企业与个人都希望对方承担或多承担培训费用，自己则尽量少出或不出，因为企业认为培训的受益者是个人，所以应该由个人出资，而个人则认为受训后提高了劳动效率，有益于企业生产，培训费用应该由企业出。有调查显示，培训费用的高低是影响农民是否参加培训的一个直接因素，个人能接受培训费用在 100 元的仅占受调查人数的 7%，然而，根据中国各地方的职业农民培训经费预算来看，一科的培训费用却在每人每次 1 000 元以上（张亮等，2013）。

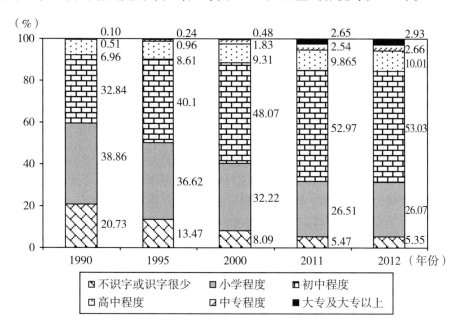

图 13-1 1990～2012 年农村居民家庭劳动力各文化程度占比状况

资料来源：《中国农村统计年鉴（2015）》。

那么，现代农业培训的经费究竟是应该由企业出资还是个人出资？本章认为，这除了与企业和个人的经济能力有关外，更为重要的是与出资的经济效果有密切关联。如果这个问题明确了，对社会经济发展有益的出资方式就会成为经济主体的共识，可以减少相互推诿、增加出资的积极性。然而，对于企业和个人出资进行职业培训的经济效果方面，当前的理论研究方面还缺乏相关结论。

在发展中国家，现代农业的劳动力主要由传统农业转移而来。在既有的文献中，在劳动力转移背景下研究现代农业发展的理论研究还不是很多，代表性的有：古普塔（1997）基于哈里斯—托达罗（1970）模型分析了非正式资本市场和现代农业情况下经济变量变动产生的经济影响；乔杜里（2006，2007）构建了三部门哈里斯—托达罗模型分析了劳动力市场改革和外资流入对社会福利及失业的影响；李和沈（Li & Shen，2012）讨论了城市资本流入现代农业情况下，政府对现代农业的不同补贴政策所产生的不同经济影响；李等（Li et al.，2013）在更为完整的框架下分析了政府补贴政策对现代农业发展的影响。

学术界一般将职业培训纳入人力资本投资范畴。在人力资本投资和劳动力转移的研究文献中，达杰克（1985）研究了生产部门劳动力的职业培训和城市失业的问题；李和钱（2011）研究了城市和农村劳动力人力资本水平差异对劳动力转移和社会福利的影响。

通过上述回顾我们可以知道，在劳动力转移背景下，既有研究文献中研究现代农业的没有研究职业培训投资问题，而研究人力资本投资问题的却没有联系现代农业，即缺少将人力资本投资和现代农业发展结合起来的研究，现有研究当然也都没有提及职业培训资金来源与经济效果的关联问题，然而这个问题无法回避。究其原因，除了实施环节上的具体问题外，缺乏理论依据是根本性问题，正是因为缺乏理论依据，造成了社会对于职业培训由谁出资的认识不足，影响了投资动力。考虑到职业培训对现代农业发展的重要性，我们认为有必要从理论上明确现代农业的职业培训对经济发展影响的市场机制，厘清不同投资主体出资情况对经济和现代农业的影响，这不仅是理论上对现有文献的有益补充，也可以为制定相关的政策提供理论依据。

本章基于扩展的哈里斯—托达罗模型框架构建了三部门模型，包含城市部门、现代农业部门和传统农业部门，分析不同投资主体出资时对现代农业发展的影响。主要结论是：由企业出资进行培训时，现代农业使用的资本和劳动都会减少；由个人出资时，现代农业部门的雇佣劳动和资本都会增加。

二、企业投资的分析

（一）理论模型

考虑一个由城市部门、现代农业部门和传统农业部门组成的三部门小国开放经济：城市部门和现代农业部门使用劳动和资本作为生产要素，生产可进口商品；传统农业部门使用劳动力作为唯一生产要素，生产可出口商品。劳动力由传统农业部门向城市部门和现代农业部门转移，由于现代农业相对于传统农业而言是技术型产业，所以我们假定劳动力进入现代农业部门需要经过职业培训。资本在城市部门和现代农业部门间自由流动；要素禀赋外生给定。

各部门的生产函数如下：

$$X_1 = F^1(L_1, K_1)$$
$$X_2 = F^2(hL_2, K_2)$$
$$X_3 = F^3(L_3)$$

其中，$X_i(i=1,2,3)$ 表示城市部门、现代农业部门和传统农业部门的产出；$L_i(i=$

$1,2,3)$ 表示各部门使用的劳动力；$K_i(i=1,2)$ 表示城市部门和现代农业部门使用的资本。生产函数 $F^i(i=1,2,3)$ 具有拟凹性，F^1、F^2 为一阶齐次函数。h 表示经过职业培训后单位劳动力的效率，即人力资本系数，所以 hL_2 为现代农业部门的有效劳动力，h 取决于单位劳动力的培训成本，存在如下关系：

$$h = h\ (c)$$

其中，c 表示培训劳动力的单位成本，没有进行职业培训时，$h(0)=1$；$h(\cdot)$ 满足 $h'>0$ 和 $h''<0$。因为 F^1、F^2 为一阶齐次函数，有 $F^1(L_1,K_1)=L_1 f(k_1)$ 和 $F^2(hL_2, K_2)=hL_2 g(k_2)$，其中，$k_1 = K_1/L_1$ 表示城市部门的人均资本；$k_2 = K_2/hL_2$ 表示现代农业部门基于有效劳动力的人均资本。根据城市部门企业利润最大化的一阶条件，有以下等式成立：

$$p_1(f(k_1) - k_1 f'(k_1)) = \bar{w}_1 \tag{13.1}$$

$$p_1 f'(k_1) = r \tag{13.2}$$

其中，p_1 表示城市部门产品相对于传统农业部门产品的价格；$\bar{w}$ 表示城市部门劳动力的工资，由于政策保护等原因，是下方刚性的；r 表示城市部门资本的回报率。

而现代农业部门企业出资进行培训时，成本由企业从其收入中拿出一部分来提供，关系可用下式表示［类似的设定参见李和沈（2012）］：

$$c = \frac{\mu p_2 F^2}{L_2} = \mu p_2 h g(k_2) \tag{13.3}$$

其中，μ 表示企业用于职业培训的成本占收入的比例，为外生变量；p_2 表示现代农业部门产品相对于传统农业部门产品的价格。所以，根据利润最大化的一阶条件，有：

$$(1-\mu)h p_2(g(k_2) - k_2 g'(k_2)) = w_2 \tag{13.4}$$

$$(1-\mu)p_2 g'(k_2) = r \tag{13.5}$$

其中，w_2 表示现代农业部门劳动力的工资；r 表示现代农业部门资本的回报率，由于资本在城市部门和现代农业部门自由流动，所以两部门的资本回报率相同。

另外，传统农业的利润最大化条件满足：

$$F_L^3 = w_3 \tag{13.6}$$

其中，w_3 表示农业部门的劳动力工资。

K 为经济的资本禀赋，资本被城市部门和现代农业部门完全使用，有：

$$K_1 + K_2 = K \tag{13.7}$$

即：

$$k_1 L_1 + k_2 h L_2 = K \qquad (13.7')$$

下方刚性的工资 $\bar{w}_1$ 使城市部门存在失业，以 L_u 表示城市失业人数，L 代表整个经济的劳动禀赋。有以下等式：

$$L_1 + L_2 + L_3 + L_u = L \qquad (13.8)$$

以 $\lambda = L_u / L_1$ 表示城市部门的失业率，式（13.8）变形为：

$$L_1(1 + \lambda) + L_2 + L_3 = L \qquad (13.8')$$

另外，现代农业部门的劳动力来自传统农业部门，人数虽然为 L_2，但有效劳动为 hL_2，故而，传统农业劳动力向现代农业转移在均衡处满足以下条件［类似的设定参见李和周（2013）］：

$$w_2 = h w_3 \qquad (13.9)$$

传统部门劳动力向城市转移，在均衡时满足以下条件：

$$\frac{1}{(1 + \lambda)} \bar{w}_1 = w_3 \qquad (13.10)$$

至此，我们建立了模型。式（13.1）至式（13.10）包括 10 个内生变量 L_1、L_2、L_3、λ、K_1、K_2、w_2、w_3、r、c 和 6 个外生变量 $\bar{w}_1$、L、K、p_1、p_2、μ。

（二）理论分析

首先，我们研究城市部门。由式（13.1）和式（13.2），劳动力工资 $\bar{w}_1$ 外生给定，意味着城市部门劳动力边际生产力不变；由于城市部门规模报酬不变，从而资本的利息 r 不变；同时，人均资本量不变，所以有 $dk_1 = 0$、$dr = 0$。

然后，我们研究企业出资进行培训的投入比例增加时，对传统农业部门的影响。将式（13.9）代入式（13.4）、式（13.5）、式（13.6）、式（13.10），并代入 $dr = 0$，决定 k_2、w_3、L_3、λ 4 个变量。全微分形式如下：

$$\begin{pmatrix} (1-\mu)p_2 k_2 g''(k_2) & 1 & 0 & 0 \\ (1-\mu)p_2 k_2 g''(k_2) & 0 & 0 & 0 \\ 0 & -1 & F_{LL}^3 & 0 \\ 0 & (1+\lambda) & 0 & w_3 \end{pmatrix} \begin{pmatrix} dk_2 \\ dw_3 \\ dL_3 \\ d\lambda \end{pmatrix} = \begin{pmatrix} -p_2(g(k_2) - k_2 g'(k_2)) \\ p_2 g'(k_2) \\ 0 \\ 0 \end{pmatrix} d\mu$$

有：

$$dk_2 = \frac{g'(k_2)}{(1-t)g''(k_2)} d\mu \qquad (13.11)$$

$$dw_3 = -p_2 g(k_2) d\mu \tag{13.12}$$

$$dL_3 = -\frac{p_2 g(k_2)}{F_{LL}^3} d\mu \tag{13.13}$$

$$d\lambda = \frac{1+\lambda}{w_3} p_2 g(k_2) d\mu \tag{13.14}$$

最后，我们研究企业出资进行培训的投入比例增加对城市部门和现代农业部门劳动力和资本配置的影响。对式（13.7′）和式（13.8′）进行全微分，并代入式（13.11）至式（13.14），得：

$$\begin{pmatrix} k_1 & hk_2 \\ 1+\lambda & 1 \end{pmatrix} \begin{pmatrix} dL_1 \\ dL_2 \end{pmatrix} = \begin{pmatrix} -L_2(1+\varepsilon_{kh}^{-1}) hg'(k_2)/((1-\mu)g''(k_2)) \\ p_2 g(k_2)(w_3 - (1+\lambda)L_1 F_{LL}^3)/(w_3 F_{LL}^3) \end{pmatrix} d\mu \tag{13.15}$$

其中，$\varepsilon_{kh} = \dfrac{h dk_2}{k_2 dh}$，表示现代农业部门有效人均资本的人力资本系数弹性。

劳动力人力资本的提升可以提高劳动效率，故现代农业部门会更愿意使用劳动力，且程度较大，我们假定 $\varepsilon_{kh} < -1$。记 $A = -L_2(1+\varepsilon_{kh}^{-1}) hg'(k_2)/((1-\mu)g''(k_2))$、$B = p_2 g(k_2)(w_3 - (1+\lambda)L_1 F_{LL}^3)/(w_3 F_{LL}^3)$，由于 $\varepsilon_{kh} < -1$，可以得到 $A > 0$、$B < 0$。另外，在发展中国家城市部门资本密集度一般高于现代农业部门，表示为 $k_1 > (1+\lambda)hk_2$，满足汗和纳克维（Khan & Neary，1983）的均衡稳定条件。

对式（13.15）求解，系数行列式以 Δ 表示，可得 $\Delta = k_1 - (1+\lambda)hk_2 > 0$。根据克莱姆法则，有：

$$dL_1/d\mu = \frac{A - hk_2 B}{\Delta} > 0, dL_2/d\mu = \frac{k_1 B - (1+\lambda)A}{\Delta} < 0$$

根据 $k_1 = K_1/L_1$ 以及式（13.7），可以得到：

$$dK_1/d\mu = k_1 dL_1/d\mu = k_1 \frac{A - hk_2 B}{\Delta} > 0$$

$$dK_2/d\mu = -dK_1/d\mu = -k_1 \frac{A - hk_2 B}{\Delta} < 0$$

各项计算结果如表 13-1 所示。

表 13-1　　　　　　　　企业投资的各项计算结果

变量	dL_1	dL_2	dL_3	dK_1	dK_2	dK_3	dr	$d\lambda$	dc
$d\mu$	+	−	+	+	−	−	0	+	+

注：+表示对应变量对于 $d\mu$ 的变动是正相关的；−表示对应变量对于 $d\mu$ 的变动是负相关的；0 表示对应变量与 $d\mu$ 的变动无关。

命题 13.1 现代农业部门企业增加收益中培训投入比例时，城市部门劳动力雇用数量和资本会增加，失业率增加；现代农业部门减少劳动力雇用数量和资本，提升单位劳动力得到的人力资本；传统农业部门工资下降，劳动力雇用数量增加。

现代农业部门增加收益中培训投入比例 μ 时企业利润下降，根据式（13.5）资本的回报率 r 高于其边际生产力，企业会减少资本雇佣，用更多的有效劳动力替代资本，资本流向城市部门。一方面，现代农业部门的有效人均资本的人力资本系数弹性 ε_{kh} 为负，那么现代农业部门增大人力资本培训投入比例时，单位劳动力得到了更多的人力资本提升，单位劳动力能够发挥更大的作用，现代农业部门会减少劳动力雇用数量，劳动力流向传统农业部门，传统农业部门劳动力人数增加，工资下降，会有更多的劳动力向城市部门流动；另一方面，城市部门的生产函数是一阶齐次的，故在增加资本雇佣的同时会相应地增加劳动力雇用数量，然而，城市部门雇用劳动力的数量有限，传统农业部门转移来的劳动力不能被完全雇用时，城市部门的失业率也会增加。

企业出资提升人力资本水平对现代农业部门和城市部门的影响机制如图 13 - 2 所示。由式（13.15）得出 L_1 与 μ 同向变动，而 L_2 与 μ 反向变动，图 13 - 2 中分别由直线 aa 和直线 bb 表示。另外，由式（13.5）得出 K_2 和 hL_2 的正相关关系，由直线 cc 表示。由式（13.1）、式（13.7）得出 L_1 与 K_2 的负相关关系，由直线 dd 表示。当现代农业部门将人力资本投入的比例 μ^* 增加至 μ^{**} 时，城市部门劳动力数量会由 L_1^* 增加至 L_1^{**}，而现代农业部门的劳动力雇用数量由 L_2^* 减少至 L_2^{**}；相应地，

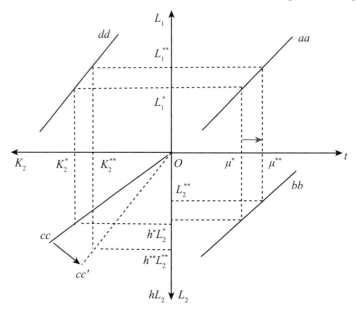

图 13 - 2　企业出资的经济效果

城市部门劳动力数量增加的同时，现代农业部门的资本由 K_2^* 减少至 K_2^{**}。另外，由于 μ 增加时 k_2 减小，直线 cc 逆时针旋转至 cc' 线。在 cc' 上，K_2^{**} 对应于 $h^{**} L_2^{**}$。此时，$h^{**}(h^{**} L_2^{**}/L_2^{**})$ 大于 $h^*(h^* L_2^*/L_2^*)$，这表示单位劳动力的人力资本水平得到了提升。

三、个人投资的分析

（一）理论模型

若由个人进行自身的人力资本提升，这里我们假设人力资本提升的成本由农村家庭负担，即传统农业部门的家庭拿出其工资收入的一部分 c 以供农民自身进行职业培训（人力资本提升）。对于现代农业企业来说，其利润最大化一阶条件为：

$$hp_2(g(k_2) - k_2 g'(k_2)) = w_2 \tag{13.4'}$$

$$p_2 g'(k_2) = r \tag{13.5'}$$

另外，在劳动力转移的过程中，劳动力会以将实际收入与在城市部门的期望工资相比较，所以哈里斯—托达罗条件变为：

$$w_3 - c = \frac{1}{1 + \lambda} \bar{w}_1 \tag{13.10'}$$

这样，我们构建了模型。式（13.1）、式（13.2）、式（13.4'）、式（13.5'）、式（13.6）、式（13.7）、式（13.8'）、式（13.9）和式（13.10'）共有 9 个内生变量 L_1、L_2、L_3、λ、K_1、K_2、w_2、w_3、r 和 6 个外生变量 $\bar{w}_1$、L、K、p_1、p_2、c。

（二）理论分析

我们已经得到，城市部门的要素价格和使用比例保持不变，即 k_1、r 不变。由式（13.4'）、式（13.5'）、式（13.6）、式（13.9）和式（13.10'）可以决定 w_2、k_2、w_3、L_3 和 λ 这 5 个变量。通过计算，我们可以发现 k_2、w_3 和 L_3 均保持不变，w_2 和 λ 随着 c 的增加而增加，即：

$$\frac{\mathrm{d}\lambda}{\mathrm{d}c} = \frac{1 + \lambda}{w_3 - c} > 0, \quad \frac{\mathrm{d}w_2}{\mathrm{d}c} = w_3 h' > 0 \tag{13.16}$$

对式（13.7′）和式（13.8′）进行全微分，并代入式（13.16）得：

$$\begin{pmatrix} k_1 & hk_2 \\ 1+\lambda & 1 \end{pmatrix}\begin{pmatrix} dL_1 \\ dL_2 \end{pmatrix} = \begin{pmatrix} -k_2 L_2 h' \\ -(1+\lambda)L_1/(w_3 - c) \end{pmatrix}dc \tag{13.17}$$

计算式（13.17）的系数行列式，得到 $\Delta = k_1 - (1+\lambda)hk_2 > 0$，根据克莱姆法则计算式（13.17）可得：

$$dL_1/dc = \frac{-k_2 L_2 h' + hk_2(1+\lambda)L_1/(w_3 - c)}{\Delta}$$

$$dL_2/dc = \frac{-k_1(1+\lambda)L_1/(w_3 - c) + (1+\lambda)k_2 L_2 h'}{\Delta}$$

整理得：

$$dL_1/dc = \frac{1}{\Delta}\left(\frac{K_2}{w_3 - c}\left(\frac{(1+\lambda)L_1}{L_2} - \frac{w_3 - c}{c}\varepsilon_{hc}\right)\right)$$

$$dL_2/dc = \frac{1}{\Delta}\left(-\frac{(1+\lambda)K_2}{w_3 - c}\left(\frac{K_1}{K_2} - \frac{w_3 - c}{c}\varepsilon_{hc}\right)\right)$$

其中，$\varepsilon_{hc} = cdh/hdc$ 表示人力资本系数的成本弹性。因为在进行职业培训的初始阶段，投入成本 c 比较小，职业培训的效果显著，即此时 ε_{hc} 较大；而且初始阶段 c 占农民工资收入 w_3 的比例小，所以 $(w_3 - c)/c$ 也较大。由此，我们认为，在初始阶段 $(w_3 - c)\varepsilon_{hc}/c$ 会取得足够大的值，即：

$$(w_3 - c)\varepsilon_{hc}/c > K_1/K_2$$

所以，我们得到：

$$dL_1/dc = \frac{1}{\Delta}\left(\frac{K_2}{w_3 - c}\left(\frac{(1+\lambda)L_1}{L_2} - \frac{w_3 - c}{c}\varepsilon_{hc}\right)\right) < 0^{①}$$

$$dL_2/dc = \frac{1}{\Delta}\left(-\frac{(1+\lambda)K_2}{w_3 - c}\left(\frac{K_1}{K_2} - \frac{w_3 - c}{c}\varepsilon_{hc}\right)\right) > 0$$

进而有：

$$dK_1/dc = k_1 dL_1/dc = \frac{k_1}{\Delta}\left(\frac{K_2}{w_3 - c}\left(\frac{(1+\lambda)L_1}{L_2} - \frac{w_3 - c}{c}\varepsilon_{hc}\right)\right) < 0$$

$$dK_2/dc = -k_1 dL_1/dc = -\frac{k_1}{\Delta}\left(\frac{K_2}{w_3 - c}\left(\frac{(1+\lambda)L_1}{L_2} - \frac{w_3 - c}{c}\varepsilon_{hc}\right)\right) > 0$$

各项计算结果如表13-2所示。

---

① 由 $k_1 > (1+\lambda)hk_2$，有 $K_1/K_2 > (1+\lambda)L_1/L_2$。

表 13 - 2 个人投资的各项计算结果

变量	$\mathrm{d}L_1$	$\mathrm{d}L_2$	$\mathrm{d}L_3$	$\mathrm{d}K_1$	$\mathrm{d}K_2$	$\mathrm{d}w_2$	$\mathrm{d}w_3$	$\mathrm{d}r$	$\mathrm{d}\lambda$
$\mathrm{d}c$	−	+	0	−	+	+	0	0	+

注：+ 表示对应变量对于 $\mathrm{d}c$ 的变动是正相关的；− 表示对应变量对于 $\mathrm{d}c$ 的变动是负相关的；0 表示对应变量与 $\mathrm{d}c$ 的变动无关。

命题 13.2 当农民个人出资进行培训时，城市部门劳动力雇用数量和资本会减少，失业率增加；现代农业部门劳动力雇用数量和资本增加，劳动力工资上升；传统农业部门劳动力雇用数量和工资不受影响。

当农民增加培训投入时不影响传统农业部门。然而，随着 c 的增加，h 上升，有效劳动力总量增加，根据雷布金斯基定理、城市部门生产函数的一阶齐次性以及城市部门的资本密集度相对较高，现代农业部门的劳动力雇用数量和资本雇用数量会增加，城市部门的劳动力雇用数量和资本雇用数量会减少。所以，城市部门的失业增加。虽然现代农业部门劳动力增加，但是劳动力的人力资本得到提升，劳动力的工资上升。

由个人出资的影响机制如图 13 - 3 所示。由式（13.17）得出 L_1 与 c 反向变动，L_2 与 c 正向变动，在图 13 - 2 中分别由直线 aa 和直线 bb 表示。另外，由式（13.5）可以得出 K_2 和 hL_2 的正向关系，用直线 cc 表示。由 $\mathrm{d}k_1 = 0$ 和式（13.7）得出 L_1 与 K_2 的负相关关系，用直线 dd 表示。当农民将人力资本投入由 c^* 增加至

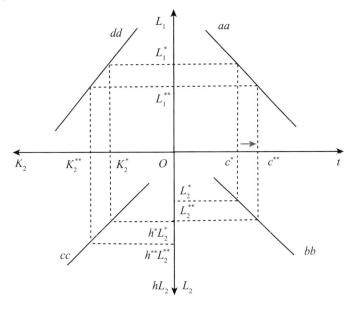

图 13 - 3 个人出资的经济效果

c^{**} 时，城市部门劳动力雇用数量会由 L_1^* 减少至 L_1^{**}，现代农业部门的劳动力雇用数量由 L_2^* 增加至 L_2^{**}；城市部门劳动力雇用数量减少的同时，现代农业部门的资本由 K_2^* 增加至 K_2^{**}，有效劳动力由 $h^* L_2^*$ 增加至 $h^{**} L_2^{**}$。

比较命题 13.1 和命题 13.2 可以发现，企业出资和农民个人出资提升人力资本水平对城市部门、现代农业部门和传统农业部门的影响大不一样。在个人出资的情况下，不影响农业部门生产；而由企业投资时，传统农业部门的劳动力雇用数量增加，工资下降；对于城市部门而言，在个人出资的情况下，城市部门的产出下降，在企业出资时，城市部门的产出则上升；对现代农业部门而言，在个人出资的情况下，现代农业部门的劳动力雇用数量和增加资本，而在企业出资时，现代农业部门的劳动力雇用数量和资本减少。由此，根据企业出资和个人出资对经济产生的不同影响，可以针对经济运行的具体问题和特点来制定鼓励企业出资或是鼓励个人出资的经济政策。

四、社会福利水平分析

本章以 U 表示社会效用，代表社会的福利水平，$e = e(p_1, p_2, 1, U)$ 为效用 U 下的最小支出函数；G 表示国民收入。经济的收支均衡表示为：

$$e(p_1, p_2, 1, U) = G \tag{13.18}$$

(一) 企业出资

由现代农业企业出资提升人力资本水平时，考虑到关税的因素，国民收入表示为：

$$G = p_1 X_1 + (1 - \mu) p_2 X_2 + X_3 + t_1 p_1^* (e_{p_1} - X_1) + t_2 p_2^* (e_{p_2} - X_2) \tag{13.19}$$

其中，t_1、t_2 分别表示对城市部门和现代农业部门进口产品征收的税率；p_1^* 和 p_2^* 分别表示城市部门和现代农业部门产品的国际价格。将式 (13.19) 代入式 (13.18)，全微分可得：$e_U dU = a dX_1 + b dX_2 + dX_3 - p_2 X_2 d\mu$，其中，$a = p_1 - t_1 p_1^*$，$b = (1 - \mu) p_2 - t_2 p_2^*$，进一步有：

$$e_U \frac{dU}{d\mu} = af(k_1) \frac{dL_1}{d\mu} + b \left(L_2 h' F_L^2 \frac{dc}{d\mu} + hF F_L^2 \frac{dL_2}{d\mu} + F_K^2 \frac{dK_2}{d\mu} \right) + F_L^3 \frac{dL_3}{d\mu} - p_2 X_2 \tag{13.20}$$

企业出资进行培训，使城市部门和传统农业部门的产出增加。根据式（13.20）可知：

当 $af(k_1)\dfrac{\mathrm{d}L_1}{\mathrm{d}\mu} + F_L^3\dfrac{\mathrm{d}L_3}{\mathrm{d}\mu} > p_2X_2 - b\left(L_2h'F_L^2\dfrac{\mathrm{d}c}{\mathrm{d}\mu} + hFF_L^2\dfrac{\mathrm{d}L_2}{\mathrm{d}\mu} + F_K^2\dfrac{\mathrm{d}K_2}{\mathrm{d}\mu}\right)$ 时，企业出资对城市部门和传统农业部门的影响大于对现代农业部门的影响，能够使社会福利水平提高；

当 $af(k_1)\dfrac{\mathrm{d}L_1}{\mathrm{d}\mu} + F_L^3\dfrac{\mathrm{d}L_3}{\mathrm{d}\mu} < p_2X_2 - b\left(L_2h'F_L^2\dfrac{\mathrm{d}c}{\mathrm{d}\mu} + hFF_L^2\dfrac{\mathrm{d}L_2}{\mathrm{d}\mu} + F_K^2\dfrac{\mathrm{d}K_2}{\mathrm{d}\mu}\right)$ 时，社会福利水平则会降低。

（二）个人出资

由个人出资提升人力资本水平时，国民收入表示为：

$$G = p_1X_1 + p_2X_2 + X_3 + t_1p_1^*(e_{p_1} - X_1) + t_2p_2^*(e_{p_2} - X_2) - cL_3 \qquad (13.21)$$

将式（13.21）代入式（13.18），全微分可得：

$$e_U\mathrm{d}U = a\mathrm{d}X_1 + m\mathrm{d}X_2 + \mathrm{d}X_3 - L_3\mathrm{d}c$$

其中，$m = p_2 - t_2p_2^*$，进一步有：

$$e_U\dfrac{\mathrm{d}U}{\mathrm{d}c} = af(k_1)\dfrac{\mathrm{d}L_1}{\mathrm{d}c} + mhf(k_2)\dfrac{\mathrm{d}L_2}{\mathrm{d}c} + mh'L_2f(k_2) - L_3 \qquad (13.22)$$

个人出资进行培训时，现代农业部门产出增加，城市部门的产出则下降。由式（13.22）可知：

当 $mhf(k_2)\dfrac{\mathrm{d}L_2}{\mathrm{d}c} > -af(k_1)\dfrac{\mathrm{d}L_1}{\mathrm{d}c} - mhL_2'f(k_2) + L_3$ 时，个人出资对现代农业部门的影响大于对城市部门的影响，能够使社会福利水平提高；

当 $mhf(k_2)\dfrac{\mathrm{d}L_2}{\mathrm{d}c} < -af(k_1)\dfrac{\mathrm{d}L_1}{\mathrm{d}c} - mhL_2'f(k_2) + L_3$ 时，社会福利水平则会降低。

五、结　论

通过本章的分析可以得知：企业出资或是个人出资进行职业培训有着不同的经济效果。我们虽然不能明确地判别出哪种经济效果更好，但是我们可以知道这两种投资的不同经济效果。本章的结论除了具有学术研究意义外，对于促进现代农业发展的实际工作也具有参考价值。有关部门可以将本章分析的不同经济效果和时下经济发展的特点结合起来，制定出有针对性的经济政策，以提高工作效率。当然，企业和个人的经济能力对解决出资问题有很大影响，这应该在提升经济发展水平上另行研究。

参考文献

［1］王震、唐欣：《推进农民教育培训的机制与路径——基于农业龙头企业的视角》，载于《高等农业教育》2014 年第 1 期。

［2］张亮、张媛、赵帮宏等：《中国农民教育培训需求分析——基于河北省农民教育培训调查问卷》，载于《高等农业教育》2013 年第 8 期。

［3］Chaudhuri S. , "Foreign Capital, Welfare and Urban Unemployment in the Presence of Agricultural Dualism", *Japan & the World Economy*, 2007, 19（19）：149 – 165.

［4］Chaudhuri S. , "Labour Market Reform, Welfare and Urban Unemployment in a Small Open Economy", *Ssrn Electronic Journal*, 2006, 43：1 – 17.

［5］Djajić, S. , "Human Capital, Minimum Wage and Unemployment：A Harris – Todaro Model of a Developed Open Economy", *Economica*, 1985, 52（208）：491 – 508.

［6］Gupta M. R. , "Foreign Capital and the Informal Sector Comments on Chandra and Khan", *Economica*, 1997, 64（254）：353 – 363.

［7］Harris, J. R. & Todaro, M. P. , "Migration, Unemployment and Development：A Two – Sector", *The American Economic Review*, 1970, 60（1）：126 – 142.

［8］Khan, M. A. & Naqvi, S. N. H. , "Capital Markets and Urban Unemployment", *Journal of International Economics*, 1983, 15（3 – 4）：367 – 385.

［9］Li X. , Shen Q. , Gu C. , et al. "Analyzing the Effect of Advanced Agriculture Development Policy", *Journal of Economic Policy Reform*, 2013, 16（4）：349 – 367.

［10］Li, X. & Q. Shen, "A Study On Urban Private Capital in the Modern Agriculture Sector and the Transfer of Labour", *Journal of Economic Policy Reform*, 2012, 15（2）：135 – 152.

［11］Li, X. & X. Qian, "Economic Analysis on the Urban – Rural Disparity in Human Capital in China", *South African Journal of Economics*, 2011, 79（79）：146 – 160.

［12］Li, X. & Y. Zhou, "Economic and Environmental Effects of Rural – Urban Migrants Training", *Prague Economic Papers*, 2013, 9：385 – 402.

［13］Li, X. & Y. Wu, "Environment and Economy in the Modern Agricultural Development", *Asia – Pacific Journal of Accounting & Economics*, 2016：1 – 14.

第十四章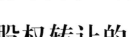

中外合资混合制企业股权转让的
经济效果研究

一、引　言

对于国有企业的部分私有化问题，学术界已经有了一些研究成果。松村（Matsumura，1998）最先提出部分私有化的可能性；赵和俞（Chao & Yu，2006）研究了部分私有化和国外竞争对于最优关税率的影响；藤原（Fujiwara，2007）探究了产品的异质性在长期和短期中对于国有企业最优私有化比例的影响。在这些研究中，还有一些考虑外资渗透的研究。例如，王和陈（Wang & Chen，2011）研究了国外资本的民营企业的渗透对混合制企业部分私有化的影响；随后，林和松村（Lin & Matsumura，2012）分析了国外资本对混合制企业的资本渗透，即国外私人企业的竞争和国外资本购买混合制企业的股权对于部分私有化政策的影响。但是，部分私有化研究的出发点是完全国有企业，而对外资渗透的研究是在此基础上研究国外资本进入混合企业的私有化影响，即现有文献着眼于研究外资进入混合企业对国内产品市场或经济的福利水平所产生的影响。

然而，发展中国家政府或国营企业与国外投资者共同出资成立合资形式的混合制企业已成为非常典型的一类企业。这些企业的特点是外资的进入方式不是"渗透"，而是从企业成立之日起就有外资，企业同时也有国营股份。例如，在中国，1996 年上海通用汽车有限公司（SGM）由上海汽车集团股份有限公司和美国通用汽车公司各出资 50% 组建而成；广汽本田汽车有限公司由广州汽车集团公司与日本本田技研工业株式会社共同出资组建，双方各占 50% 股份；等等。本章将这样的由国内政府或国营企业

（以下简称"国营企业"）和国外投资者共同出资成立的企业称为"合资混合制企业"。在现实经济中，合资混合制企业与国有企业相同，也存在股权转让、上市等国内部分私有化问题，一般地，在像中国这样的发展中国家，由于合资混合制企业的规模大、数量多，它们的部分私有化对经济也有不能忽视的影响。但现有文献对合资混合制企业的部分私有化罕有研究，从而，合资混合制企业的部分私有化对经济产出、社会福利水平的影响是不清楚的。

本章对合资混合制企业股权结构变化的影响进行研究，主要探讨不同股权转让方式导致的两种股权结构变化对产出和福利水平的影响：国内国营企业和国外投资者之间的股权转让；合资混合制企业向国内私人的公开转让。主要结论有：外资持股比例上升，合资混合制企业的产出降低；从社会福利水平的角度来看，国营企业持股比例很低时，提高国营企业持股比例可以提高社会福利，国营企业持股比例很高时，降低国营企业持股比例可以提高社会福利；合资混合制企业股权的公开转让使其产量减少，当国营企业持股水平较低或者较高时，进行少量的股权公开转让会提高社会福利。

二、模　型

在一个混合寡占市场存在两个企业：企业 0 和企业 1。企业 0 代表合资混合制企业，企业 1 代表国内私人企业；两个企业生产同质的产品，并且采用相同的生产技术，成本函数为：

$$C_i(q_i) = (1/2)q_i^2, \ i = 0, 1$$

其中，q_i 代表企业 i 的产量。该产品在国内市场上的反需求函数为 $P = a - Q = a - (q_0 + q_1)$，$P$ 是市场价格，Q 是总需求。α 代表企业 0 中国营企业所持股的比例，θ 代表企业 0 股权公开转让给国内私人的比例。企业 1 作为私人企业通过最大化利润

$$\pi_1 = Pq_1 - (1/2)q_1^2$$

来实现自己的目标。国营企业则主要关心社会的总福利水平：

$$W = CS + PS$$

也即社会总剩余。其中，$CS = (1/2)Q^2 = (1/2)(q_0 + q_1)^2$ 是消费者剩余；PS 为生产者剩余，会因股权转让形式的不同而不同。企业 0 的目标函数为最大化利润和社会福利（国营企业目标）的一个加权平均值：

$$V = (1 - \alpha)\pi_0 + \alpha W$$

其中，π_0 为企业 0 的利润。最后，两家企业进行的是完全信息的同时行动博弈。

三、合资混合制企业的股权转让分析

（一）国内外股东之间的股权转让

企业 0 中，国营企业的持股比例 α 会因为国营企业或外资的增资、撤资行为而发生变化。在国内外股权转让的情况下，企业 1 的目标是利润 π_1 的最大化；企业 0 的目标是 $V = (1-\alpha)\pi_0 + \alpha W$ 的最大化，其中，$W = CS + PS = CS + \pi_1 + \alpha\pi_0$。企业 0 和企业 1 的一阶条件分别为：

$$[1+\alpha(\alpha-1)]a - [3+\alpha(3\alpha-4)]q_0 - [1+\alpha(\alpha-1)]q_1 = 0 \qquad (14.1)$$

$$a - q_0 - 3q_1 = 0 \qquad (14.2)$$

由式（14.1）和式（14.2）联立并解，得到古诺均衡解：

$$q_0^E = \frac{2+2\alpha(\alpha-1)}{8+\alpha(8\alpha-11)},\ q_1^E = \frac{2+\alpha(2\alpha-3)}{8+\alpha(8\alpha-11)},\ Q^E = \frac{4+\alpha(4\alpha-5)}{8+\alpha(8\alpha-11)} \qquad (14.3)$$

对式（14.3）中各式进行求导，得到：

$$\frac{\partial q_0^E}{\partial \alpha} = \frac{6-6\alpha^2}{H^2} > 0$$

$$\frac{\partial q_1^E}{\partial \alpha} = \frac{-2+2\alpha^2}{H^2} < 0$$

$$\frac{\partial Q^E}{\partial \alpha} = \frac{4-4\alpha^2}{H^2} > 0 \qquad (14.4)$$

其中，$H = 8 + \alpha(8\alpha-11)$。从而有 $\frac{\partial q_0^E}{\partial(1-\alpha)} < 0$、$\frac{\partial q_1^E}{\partial(1-\alpha)} > 0$、$\frac{\partial Q^E}{\partial(1-\alpha)} < 0$。

综上所述，叫以得到命题 14.1。

命题 14.1　外资持股比例上升，合资混合制企业的产出降低，国内私人企业的产出增加，总产出减少。

这一结果与考虑外资渗透的林和松村（2012）的结论不同。林和松村（2012）认为，外资持股比例上升，混合制企业的产出上升，国内私人企业的产出减少。其原因在于：在考虑外资渗透时，外资是通过购买混合制企业私有化部分的股份进入市场的，在这一过程中国营企业持股的比例始终不变。而本章考虑的是在合资混合制企业中，外资持股比例上升，国营企业持股比例必然下降。当国营企业在合资混合制企业中的持股比例减少时，国营企业通过合资混合制企业追求社会福利最大化的欲望降低，使企业 0 的产出下降，而相应的企业 1 的行动就是增加自身的产出。

另外，此时的社会福利水平为：

$$W^E = CS^E + \pi_1^E + \alpha\pi_0^E$$

考虑股权转让对福利的影响：

$$\frac{\partial W^E}{\partial \alpha} = \frac{2a^2}{H^3}(24\alpha^6 - 99\alpha^5 + 126\alpha^4 - 138\alpha^3 + 112\alpha^2 - 96\alpha + 24) \qquad (14.5)$$

我们能够获得：

$$\left.\frac{\partial W^E}{\partial \alpha}\right|_{\alpha=0^+} > 0, \quad \left.\frac{\partial W^E}{\partial \alpha}\right|_{\alpha=1^-} < 0$$

综上所述，可以得到命题 14.2。

命题 14.2 国营企业持股比例很低时，提高国营企业持股比例可以提高社会福利；国营企业持股比例很高时，降低国营企业持股比例可以提高社会福利。

国营企业持股比例很低时，内外合资混合制企业近乎外资独资公司，故合资混合制企业几乎不考虑国内居民的消费者剩余，此时，如果提升国营企业的持股比例，社会福利水平必然会上升。相反，当国营企业无限增资以相对"挤出"国外资本时，内外合资混合制企业又近乎一个完全的国有企业。不少学者对国有企业的部分私有化问题进行过研究，松村（1998）最早提出国有企业部分私有化的问题，认为在混合寡占市场模型中部分私有化可以提高社会福利。而命题 14.2 告诉我们，在考虑合资混合制企业的情况下，当国营企业持股比例很低时，提高国营企业持股比例也可以提高社会福利，这种情形与既有研究的结果不同。

（二）国营企业对外资的激励

许多发展中国家的政府为了吸引外资，会对外资投资企业进行激励。例如，中国在经济开放后，长期对外资合资（独资）企业实行盈利后两年免征企业所得税、其后的三年减半征收所得税的"两免三减半"的优惠制度。以下，我们在上述内容的基础上，加入政府对外资的激励因素来考察其经济影响。

我们假定政府对外资的激励 s 与合资混合制企业的利润以及外资投资比例相关：$s = t(1-\alpha)\pi_0$，t 为外资的激励比例。考虑激励时的社会福利为：

$$W^s = CS + \pi_1 + \alpha\pi_0 - t(1-\alpha)\pi_0 \qquad (14.6)$$

相应地，企业 0 最大化利润和社会福利的加权平均：

$$V = (1-\alpha)\pi_0 + \alpha W^s$$

企业 1 作为国内私人企业最大化其利润 $\pi_1 = Pq_1 - (1/2)q_1^2$。

企业 0 和企业 1 的一阶条件分别为：

$$[1 + (1+t)(\alpha^2 - \alpha)]a - [3 + 3(1+t)(\alpha^2 - \alpha) - \alpha]q_0 - [1 + (1+t)(\alpha^2 - \alpha)]q_1 = 0 \tag{14.7}$$

$$a - q_0 - 3q_1 = 0 \tag{14.8}$$

由式（14.7）和式（14.8）得到古诺均衡解：

$$q_0^{sE} = \frac{2 + 2(1+t)(\alpha^2 - \alpha)}{8 + 8(1+t)(\alpha^2 - \alpha) - 3\alpha}$$

$$q_1^{sE} = \frac{2 + 2(1+t)(\alpha^2 - \alpha) - \alpha}{8 + 8(1+t)(\alpha^2 - \alpha) - 3\alpha}$$

$$Q^{sE} = \frac{4 + 4(1+t)(\alpha^2 - \alpha) - \alpha}{8 + 8(1+t)(\alpha^2 - \alpha) - 3\alpha} \tag{14.9}$$

对式（14.9）中 α 和 t 分别求导，可得：

$$\frac{\partial q_0^{sE}}{\partial \alpha} = \frac{6 - 6(1+t)\alpha^2}{(H^s)^2}, \quad \frac{\partial q_1^{sE}}{\partial \alpha} = \frac{-2 + 2(1+t)\alpha^2}{(H^s)^2}, \quad \frac{\partial Q^{sE}}{\partial \alpha} = \frac{4 - 4(1+t)\alpha^2}{(H^s)^2} \tag{14.10}$$

$$\frac{\partial q_0^{sE}}{\partial t} = \frac{6\alpha(\alpha - \alpha^2)}{(H^s)^2} > 0, \quad \frac{\partial q_1^{sE}}{\partial t} = \frac{-10\alpha(\alpha - \alpha^2)}{(H^s)^2} < 0, \quad \frac{\partial Q^{sE}}{\partial t} = \frac{-4\alpha(\alpha - \alpha^2)}{(H^s)^2} < 0 \tag{14.11}$$

其中，$H^s = 8 + 8(1+t)(\alpha^2 - \alpha) - 3\alpha$。通过式（14.10）可以看到，国营企业增资或减资对于企业产出的影响是不确定的。在考虑激励的情况下，当 $(1+t)\alpha^2 < 1$ 时，合资混合制企业的产量会随着国营企业的增资而增加。另外，通过式（14.11）可以看出，激励比率的变化有明确的经济意义。

命题 14.3　存在对外资的激励时，提高激励比率使合资混合制企业产量增加、私人企业产出减少、总产出减少。

从式（14.6）可以看出，对外资实施激励会减少社会福利 W^s。对外资实行激励后，利润的目标在合资混合制企业中的权重下降，而消费者剩余对社会福利 W^s 的贡献就显得相对重要，所以合资混合制企业会提高产量，相反，国内私人企业会降低产量，且产量下降得更多，最终社会的总产出会因激励提高而减少。

（三）股权的公开转让

企业 0 中，国内国营企业和外资的持股比例会因为内外合资混合制企业的公开转让股权而降低。在这种公开的股权转让情况下，按照前面模型的假定，θ 代表企业 0 股权公开转让给国内私人的比例，公开转让后，国内国营企业和外资的持股比例分别为 $(1-\theta)\alpha$ 和 $(1-\theta)(1-\alpha)$。此时，企业 0 的目标是利润最大化：

$$V = (1 - \alpha + \theta\alpha)\pi_0 + (1-\theta)\alpha W$$

其中，$W = CS + \pi_1 + (\theta + \alpha - \alpha\theta)\pi_0$。企业 1 最大化利润 $\pi_1 = Pq_1 - (1/2)q_1^2$，企业 0 和企业 1 的一阶条件分别为：

$$[1 + \alpha(1-\theta)(\theta + \alpha - \alpha\theta - 1)]a - [3 + \alpha(1-\theta)(3\theta + 3\alpha - 3\alpha\theta - 4)]q_0 -$$
$$[1 + \alpha(1-\theta)(\theta + \alpha - \alpha\theta - 1)]q_1 = 0 \tag{14.12}$$

$$a - q_0 - 3q_1 = 0 \tag{14.13}$$

由式（14.12）和式（14.13）得到古诺均衡解：

$$q_0^{\theta E} = \frac{2 + 2\alpha(1-\theta)(\theta + \alpha - \alpha\theta - 1)}{8 + \alpha(1-\theta)(8\theta + 8\alpha - 8\alpha\theta - 11)}$$

$$q_1^{\theta E} = \frac{2 + \alpha(1-\theta)(2\theta + 2\alpha - 2\alpha\theta - 3)}{8 + \alpha(1-\theta)(8\theta + 8\alpha - 8\alpha\theta - 11)}$$

$$Q^{\theta E} = \frac{4 + \alpha(1-\theta)(4\theta + 4\alpha - 4\alpha\theta - 5)}{8 + \alpha(1-\theta)(8\theta + 8\alpha - 8\alpha\theta - 11)} \tag{14.14}$$

对式（14.14）中 θ 求导，可得：

$$\frac{\partial q_0^{\theta E}}{\partial \theta} = \frac{-a\alpha[6 + 6\alpha(1-\alpha)(1-\theta)^2]}{(H^\theta)^2} < 0$$

$$\frac{\partial q_1^{\theta E}}{\partial \theta} = \frac{a\alpha[2 + 2\alpha(1-\alpha)(1-\theta)^2]}{(H^\theta)^2} > 0$$

$$\frac{\partial Q^{\theta E}}{\partial \theta} = \frac{-a\alpha[4 + 4\alpha(1-\alpha)(1-\theta)^2]}{(H^\theta)^2} < 0$$

其中，$H^\theta = 8 + \alpha(1-\theta)(8\theta + 8\alpha - 8\alpha\theta - 11)$。

综上所述，可以得到命题 14.4。

命题 14.4 合资混合制企业股权公开转让的比例提高时，合资混合制企业产量减少，民间企业的产量增加，社会总产出减少。

命题 14.4 和完全的国有企业的私有化结果是一致的（Matsumura，1998；Han & Ogawa，2008）。这是因为，合资混合制企业股权公开转让时，对于国内经济而言，国营企业在合资混合制企业中的持股比例被稀释，这一点与既有的相关文献考虑的是基本相同的。股权公开转让的比例 θ 越大，即合资混合制企业中私人的持股比例越大，私有化程度也就越高；而私有化程度越高，合资混合企业因更加重视企业的利润而减少产量，这一行动由于策略博弈而增加了其竞争对手（企业 1）的产出。在新均衡点上，社会总产出减少。

现在考虑股权的公开转让对于社会福利的影响。在均衡时的社会福利为：

$$W^{\theta E} = aq_1^{\theta E} + a(\alpha + \theta - \alpha\theta)q_0^{\theta E} - (\alpha + \theta - \alpha\theta)q_0^{\theta E}q_1^{\theta E} - (q_1^{\theta E})^2$$
$$+ [1/2 - (3/2)(\alpha + \theta - \alpha\theta)](q_0^{\theta E})^2$$

考虑进行少量的股权公开转让下的福利变化：

$$\left.\frac{\partial W^{\theta E}}{\partial \theta}\right|_{\theta = 0^+} = \frac{2a^2}{(H^\theta)^3}(-26\alpha^7 + 131\alpha^6 - 232\alpha^5 + 263\alpha^4 - 250\alpha^3 + 214\alpha^2 - 123\alpha + 24)$$

令 $g(\alpha) = \left.\dfrac{\partial W^{\theta E}}{\partial \theta}\right|_{\theta = 0^+}$，解 $g(\alpha) = 0$ 可知，这一方程最多有 7 个零点。不失一般性，我们通过验证可以得到 $g(0) > 0$、$g(0.5) < 0$、$g(1) > 0$，从而，我们知道：在 $\alpha \in (0, 0.5)$ 必存在一个最接近 0 的零点 α_1，使 $g(\alpha_1) = 0$，当 $\alpha \in (0, \alpha_1)$ 时，$\left.\dfrac{\partial W^{\theta E}}{\partial \theta}\right|_{\theta = 0^+} > 0$；并且存在 $\delta_1 > 0$，当 $\alpha \in (\alpha_1, \alpha_1 + \delta_1)$ 时，$\left.\dfrac{\partial W^{\theta E}}{\partial \theta}\right|_{\theta = 0^+} < 0$；同理，在 $\alpha \in (0.5, 1)$ 必存在一个最接近 1 的零点 α_2，使 $g(\alpha_2) = 0$，故当 $\alpha \in (\alpha_2, 1)$ 时，$\left.\dfrac{\partial W^{\theta E}}{\partial \theta}\right|_{\theta = 0^+} > 0$；并且存在 $\delta_2 > 0$，当 $\alpha \in (\alpha_2, \alpha_2 - \delta_2)$ 时，$\left.\dfrac{\partial W^{\theta E}}{\partial \theta}\right|_{\theta = 0^+} < 0$。以上结果可以参见图 14 - 1。

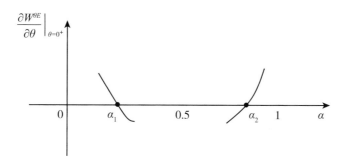

图 14 - 1　福利变化

故而，可以得到命题 14.5。

命题 14.5 存在持股水平 α_1 和 $\alpha_2(\alpha_1 < \alpha_2)$，当国营企业持股水平低于水平 α_1 或高于水平 α_2 时，进行少量的股权公开转让会提高社会福利；当国营企业持股水平处于 α_1 右邻域或 α_2 左邻域时，进行少量的股权公开转让则会减少社会福利。

这一结果具有对称性，当国内国营企业持股水平低于水平 α_1 时，股权公开转让使国外合资者的持股比例下降导致的福利增加弥补了国内国营企业持股比例卜降导致的福利减少，而当国内国营企业持股水平高于水平 α_1 时，股权的公开转让将带来相反的结果；当国内国营企业持股水平高于水平 α_2 时，股权的公开转让导致国营企业持股比例下降，对于国内经济而言，国营企业在合资混合制企业中的持股比例下降会导致该国有部分私有化程度提高，并由此带来福利增加，这点与既有文献中有关部分私有化会提高社会福利的观点基本相同，但当国内国营企业持股水平低于水平 α_2 时，股权下降也会带来相反的结果。以上两个相反的结果是不同于既有研究结果的新结论。

四、结　论

与既有文献关于外资渗透型的研究不同，本章研究了"合资混合制企业"——国营企业和国外投资者共同出资成立的企业的两种股权结构变化：一是国营企业和国外投资者之间的股权转让；二是合资混合制企业向国内私人的公开转让。我们得到一些与现有成果不同的结论。例如，命题 14.1 与考虑外资渗透的林和松村（2012）的结论不同，林和松村（2012）认为外资持股比例上升，合制企业的产出上升；而本章则认为外资持股比例上升，合资混合制企业的产出降低。再如，一般地，人们认为混合制企业的部分私有化可以提高社会福利，而本章命题 14.2 告诉我们，在考虑合资混合制企业的情况下，当国营企业持股比例很低时，提高国营企业持股比例也可以提高社会福利。故而，在处理合资混合制企业的部分股权转让或民营化问题时，应该根据合资混合制企业的股权特点来展开。本章的结论可以为长三角地区混合制企业的民营化提供参考。

最后，如果能从本章的理论分析中得出一个股权结构的优化比例，将会对实体经济工作产生较大意义，但还需要进一步论证，这可作为我们今后努力的方向。

参考文献

[1] Chi – Chur Chao, Eden S. H. Yu., "Partial Privatization, Foreign Competition, and Optimum Tariff", *Review of International Economics*, 2006, 14：87 – 92.

[2] Fujiwara K., "Partial Privatization in a Differentiated Mixed Oligopoly", *Journal of Economics*, 2007, 92：51 – 65.

[3] Han L., Ogawa H., "Economic Integration and Strategic Privatization in an International Mixed Oligopoly", *Finanz Archiv*, 2008, 64：352 – 363.

[4] Leonard F. S. Wang, Tai – Liang Chen, "Mixed Oligopoly, Optimal Privatization, and Foreign Penetration", *Economic Modelling*, 2011, 28：1465 – 1470.

[5] Matsumura T., "Partial Privatization in Mixed Duopoly", *Journal of Public Economics*, 1998, 70：473 – 483.

[6] Ming Hsin Lin, Toshihiro Matsumura, "Presence of Foreign Investors in Privatized Firms and Privatization Policy", *Journal of Economics*, 2012, 107：71 – 80.

第十五章

农民工汇款与现代农业的发展

一、引 言

农民工对故乡的汇款（以下简称"汇款"），是农民工经济中的普遍现象。程恩江、徐忠（2005）估算 2005 年农民工汇款规模为 2 000 亿 ~ 3 000 亿元，约占当年中国 GDP 规模的 1.3%；2012 年广州市流动人口动态监测调查数据发现，79.5% 的务工者都会向家里汇款，平均汇款数额为 6 106 元，而当年农民工总量为 26 261 万人，据此估算当年农民工汇款总额约为 1.6 万亿元，占当年中国 GDP 规模已上升到约 3%，根据本书第十二章的估计，2014 年我国农民工的汇款总量已经超过 2.1 万亿元人民币。

这样规模的汇款，对整个国民经济规模和结构产生了很大的影响。从微观来看，农民工的汇款将为农村家庭生活带来一定的改善，首先，会提高农村家庭的消费水平，增加农村家庭对食物和日常生活用品的消费；其次，对于有老人和子女的家庭来说，汇款的一部分将作为老人的赡养费和子女的教育费用；最后，汇款也会用在住房建设与农业生产等事务中。另外，汇款还改变了农村的经济金融生态：汇款的存在客观上使农村存在可观的生活结余，通过政府和团体集资以及地下金融，这些资金被部分用于基础设施建设和规模化生产。不论是用于生活改善还是规模化生产，这些都有提高农村劳动力的素质、促进农村市场化进度的作用，还提供了部分购置设备所需的资金，对现代农业的发展有积极的推动作用。众多研究认为，相当部分的农民工汇款被用于农村资本投入，提高了农村的生产效率。例如，亚当斯（Adams，1998）对巴基斯坦的研究指出，汇款有助于增加农村资本投入。而对于现代化过程中的发展中国家，农业既包含资本深度运作、市场导向较高的现代农业，又包含小本小户的传统农业。近年来，现代农业在中国的发展非常迅速。然而，现代农业是否会受到汇款变动的影响，以及与整个经济是否存在关联反应，却很少被学者提及。

学术界对移民汇款问题的研究大多停留在实证分析的层面上，理论分析的文献十分有限。例如，伦达尔（Lundahl，1985）假定在劳动外购国家汇款被用于消费，作出二乘二模型以解明汇款对经济发展和福利水平的影响，认为汇款引起了移民输入国非移民收入的变动；拉尔夫·查米等（Ralph Chami et al.，2003）则认为汇款导致了用于发展的资本流出，因而不利于移民输入国（地区）经济的发展；李和王（2015）研究了一个经济中农民工汇款对于城市和农村的影响。但是，由于这些研究没有考虑经济中的现代农业部门，因而局限了对国民收入的结论，也无从知晓汇款对现代农业的影响究竟如何。为了更好、更完善地研究一个经济中汇款对经济总量和现代农业的影响，本章以哈里斯—托达罗（1970）的模型为基础考虑劳动力的移动，建立了一个包含汇款因素和现代农业的经济模型，并以此进行了政策分析。主要结论是：在现代农业发展初期，农民工增加汇款有增加国民收入和促进现代农业增加投入的效果；在现代农业深入发展阶段，增加汇款仍会增加国民收入，但却使现代农业的投入下降。

二、模　型

本章考虑的是四部门小国开放经济。四个部门包括城市正式部门、城市非正式部门、现代农业部门和传统农业部门。本章假设城市正式部门雇佣劳动 L_1，使用资本 K_1 生产可进口产品 X_1；城市非正式部门代指零散或小规模服务业部门，只使用劳动 L_2 生产不可贸易的产品 X_2，完全由城市居民消费。现代农业部门使用劳动 L_3 和资本 K_3 生产可出口产品 X_3；传统农业部门仅使用劳动 L_4 生产可出口产品 X_4；X_1、X_3、X_4 的价格由国际市场外生给定，其中，X_4 价格设为1。

各部门生产函数为：

$$X_1 = F_1(L_1, K_1) \tag{15.1}$$
$$X_2 = F_2(L_2) \tag{15.2}$$
$$X_3 = G_1(\beta)F_3(L_3, K_3) \tag{15.3}$$
$$X_4 = G_2(\beta)F_4(L_4) \tag{15.4}$$

其中，F_1、F_2 是严格拟凹、规模报酬不变的函数；F_3、F_4 则表示要素投入的效果，分别称为现代农业部门、传统农业部门的"规模函数"；$G_i (i=1,2)$ 表示汇款对农业生产的"影响函数"，G 是农民工汇款量 β 的函数，并假定有 $G_i = G_i(\beta)$、$G_i(0) = 1$、$G_i' > 0$、$G_i'' < 0 (i = 1,2)$。在我们的模型中，X_3 和 X_4 分别表示现代农业部门和传统农业部门的生产量。要注意的是，本章之所以将规模函数和生产函数分开，是因为规模函数与生产函数不一样，不能直接表达生产量，表达的是要素投入的效果，是一种"准生产函数"，通过投入要素的规模来影响产出。生产量则由规模函数与汇款的影响函数相乘得到。

在市场是完全竞争的情况下，有：

$$p_1 = a_{L_1}\bar{w} + a_{K_1}r_1 \tag{15.5}$$

$$p_2 = a_{L_2}w_2 \tag{15.6}$$

$$p_3 G_1(\beta) = a_{L_3}w_3 + a_{K_3}r_3 \tag{15.7}$$

$$G_2(\beta) = a_{L_4}w_4 \tag{15.8}$$

其中，a_{ij} 表示要素 i 用于 j 单位产品生产的平均消耗量；$\bar{w}$ 表示城市正式部门的工资，是外生变量；r_1 和 r_3 分别表示工业部门和现代农业部门的利息率。根据禀赋条件，有：

$$a_{L_1}X_1 + a_{L_2}X_2 + a_{L_3}F_3 + a_{L_4}F_4 = L \tag{15.9}$$

$$a_{K_1}X_1 = K_1 \tag{15.10}$$

$$a_{K_3}F_3 = K_3 \tag{15.11}$$

依据哈里斯—托达罗模型，传统农业部门的工资等于其他部门的预期工资：

$$w_4 = (a_{L_1}X_1 w_1 + a_{L_2}X_2 w_2 + a_{L_3}F_3 w_3)/(a_{L_1}X_1 + a_{L_2}X_2 + a_{L_3}F_3) \tag{15.12}$$

城市居民以其可支配收入的一定比例消费 X_2，g 反映了城镇居民对这些产品的边际消费倾向，有：

$$p_2 X_2 - g(p_2 X_2 + p_1 X_1 - \beta) = 0 \tag{15.13}$$

至此，模型主体构建完毕。

三、比较静态分析

（一）现代农业的发展初期

在现代农业发展初期我们设 $w_3 = \bar{w}$。这是因为在一般的情况下，现代农业首先出现于城市周边或者交通沿线等交通便利的地方，如果不以城市正式部门的工资雇用劳动力，那么劳动力就很容易流入城市。根据式（15.5）至式（15.13）可以确

定 w_2、w_4、r_1、r_3、X_1、X_2、F_3、F_4、p_2 共 9 个内生变量，我们将汇款 β 作为一个变动参数来考察静态均衡。通过依次对式（15.9）、式（15.12）、式（15.7）、式（15.8）、式（15.13）和式（15.11）进行全微分并化简，得到：

$$
\begin{pmatrix}
a_{L_2}+s_{LX}^2 a_{L_2} & a_{L_3} & s_{LF}^4 a_{L_4} & s_{LK}^3 a_{L_3}F_3/r_3 & 0 & 0 \\
(a_{L_2}+a_{L_2}s_{LX}^2)(w_2-w_4) & a_{L_3}(\bar{w}-w_4) & 0 & s_{LK}^3 a_{L_3}F_3(\bar{w}-w_4)/r_3 & a_{L_2}X_2 & -(L_1+L_2+L_3) \\
0 & 0 & 0 & \dfrac{s_{LK}^3\bar{w}a_{L_3}}{r_3}+s_{KK}^3 a_{K_3}+a_{K_3} & 0 & 0 \\
0 & 0 & \dfrac{s_{LF}^4 a_{L_4}}{F_4} & 0 & 0 & a_{L_4} \\
a_{L_2}w_2(s_{LX}^2+1) & 0 & 0 & 0 & a_{L_2}X_2 & 0 \\
0 & a_{K_3} & 0 & \dfrac{s_{KK}^3 a_{K_3}F_3}{r_3} & 0 & 0
\end{pmatrix}
$$

$$
\begin{pmatrix}
\mathrm{d}X_2 \\
\mathrm{d}F_3 \\
\mathrm{d}F_4 \\
\mathrm{d}r_3 \\
\mathrm{d}w_2 \\
\mathrm{d}w_4
\end{pmatrix}
=
\begin{pmatrix}
0 \\
0 \\
p_3 G_1'\mathrm{d}\beta \\
G_2'\mathrm{d}\beta \\
-g\mathrm{d}\beta/(1-g) \\
0
\end{pmatrix}
\tag{15.14}
$$

系数矩阵为：

$$
\Delta_1 = a_{K_3}\left(\frac{s_{LK}^3 w_3 a_{L_3}}{r_3}+s_{KK}^3 a_{K_3}+a_{K_3}\right)\{-a_{L_2}X_2(a_{L_2}+s_{LX}^2 a_{L_2})(L_1+L_2+L_3)
$$
$$
+s_{LK}^3 a_{L_3}F_3[a_{L_2}X_2(a_{L_2}+a_{L_2}s_{LX}^2)(w_2-w_4)-a_{L_2}w_2(s_{LX}^2+1)a_{L_2}X_2]\}<0
$$

由于计算的结果部分依赖于参数的大小，我们作出假设 1。

假设 1 假设不等式 $G_2' > \dfrac{g}{1-g}$ 成立。

假设 1 是基于经济现实作出的，依据在于：人们在汇款时会比较效益和成本，有净收益才会作出汇款决定，此时不等式左面偏大；而由于城镇非正式部门在城镇经济中属于从属地位，人们对其的边际消费倾向通常不会太大，故而不等式右面偏小。

依据克莱姆法则求解式（15.14），得到以下关系：

$$
\frac{\mathrm{d}F_3}{\mathrm{d}\beta}>0,\ \frac{\mathrm{d}r_3}{\mathrm{d}\beta}>0,\ \frac{\mathrm{d}X_1}{\mathrm{d}\beta}=0
$$

即意味着发展初期农民工汇款会使现代农业部门投入规模上升、利息上升，城市正式部门的产出保持不变。在假设 1 的前提下，汇款上升，w_4 将会上升。由于模型中传统农业部门生产受汇款影响函数的作用，一般地哈里斯-托达罗模型中的 L_4 和 w_4 的反向关系在这里并不明确，我们分 L_4 下降和不下降两种情况来讨论 w_4 的变化：若传统农业部门的劳动人数减少，则该部门人均生产规模增加，而汇款增加使影响函数 k_2 增加，故 $w_4 = G_2 a_{L_4}$ 上升；若传统农业部门劳动人数不减少，工资总和的变化为：

$$d(\bar{w}L_1 + p_2 X_2 + \bar{w}L_3 + X_4) > -\frac{g}{1-g}d\beta + \bar{w}dL_3 + G_2' d\beta > 0$$

由式（15.12）可知，w_4 为社会平均工资，因而工资总和上升，w_4 必然上升。也就是说，不论 L_4 下降与否，w_4 都上升。

以下对国民收入进行分析。国民收入由利息总和和工资总和两部分构成，其表达式为：

$$I = r_1 K_1 + r_3 K_3 + \bar{w}L_1 + \bar{w}L_3 + w_4 L_4 + w_2 L_2$$
$$= r_1 K_1 + r_3 K_3 + w_4 L$$

汇款上升时，由于 r_1 不变、r_3 上升、w_4 上升以及资本量和劳动量不变，因而国民收入上升，也就意味着汇款上升对国民收入将有提高作用。

综上所述，式（15.14）的计算结果如表 15-1 所示。

表 15-1　　　　　　　　式（15.14）的计算结果

变量	dX_1	dX_2	$dF_3(dL_3)$	dF_4	dp_2	dw_2	dw_4	dr_1	dr_3	dI
$d\beta$	0	/	+	/	/	/	+	0	+	+

注：+ 表示横向栏中的项与相对纵向栏中的项之比为正值；0 表示横向栏中的项变化对纵向栏中的项无影响；/ 表示横向栏中的项对纵向栏中项的影响无法判断。

综上所述，可以得到命题 15.1。

命题 15.1　在现代农业发展初期，农民工汇款增加会提高现代农业部门的产出和劳动雇佣量，投入规模上升；提升现代农业部门利息，提升国民收入。

（二）现代农业深入发展阶段。

随着现代农业的发展，经济的发展水平得到足够的提高，现代农业渐渐发展到了农村各处，因而该部门不再需要以城市正式部门的工资来雇用劳动力，同时各部门的资本共用一个统一利率 r 流动。式（15.10）和式（15.11）替换为：

$$a_{K_1} X_1 + a_{K_3} F_3 = \bar{K} \tag{15.10'}$$
$$w_3 = w_4 \tag{15.11'}$$

同时将所有的 r_1、r_3 统一成 r。

对式（15.9）、式（15.12）、式（15.7）、式（15.8）、式（15.13）、式（15.10′）进行全微分，整理后得到：

$$
\begin{pmatrix}
a_{L_1} & (1+s_{LX}^2)a_{L_2} & a_{L_3} & (1+s_{LF}^4)a_{L_4} & 0 & s_{LL}^3 a_{L_3}F_3/w_3 \\
a_{L_1}(\bar{w}-w_3) & (1+s_{LX}^2)a_{L_2}(w_2-w_4) & 0 & 0 & a_{L_2}X_2 & -(a_{L_1}X_1+a_{L_2}X_2) \\
0 & 0 & 0 & 0 & 0 & a_{L_3}(1+s_{LL}^3)+s_{KL}^3 a_{K_3}r/w_3 \\
0 & 0 & 0 & s_{LF}^4 a_{L_4}w_4/F_4 & 0 & a_{L_4} \\
-\dfrac{gp_1}{1-g} & a_{L_2}w_2(1+s_{LX}^2) & 0 & 0 & a_{L_2}X_2 & 0 \\
a_{K_1} & 0 & a_{K_3} & 0 & 0 & a_{K_3}F_3 s_{KL}^3/w_3
\end{pmatrix}
\begin{pmatrix}
dX_1 \\ dX_2 \\ dF_3 \\ dF_4 \\ dw_2 \\ dw_3
\end{pmatrix} / d\beta =
\begin{pmatrix}
0 \\ 0 \\ p_3 G_1' \\ G_2' \\ -\dfrac{g}{1-g} \\ 0
\end{pmatrix}
\qquad (15.15)
$$

为了方便计算，我们作出假设 2。

假设 2 $\dfrac{a_{K_3}}{a_{L_3}} \approx \dfrac{a_{K_1}}{a_{L_1}}$，$\dfrac{c_6}{p_3 G_1'} < \dfrac{a_{L_4}}{G_2'}$。其中，$c_6 = a_{L_3}(1+s_{LL}^3)+s_{KL}^3 a_{K_3} r/w_3$。

假设 2 的第一个式子来自现代农业部门与城市正式部门人均资本量相当，这在现代农业的深入发展阶段是可以实现的。假设 2 的第二个式子中的 c_6/p_3 反映了现代农业部门的工资变动对该部门生产成本影响的百分比。由于现代农业部门使用两种要素，生产要素投入比不变时，成本变动比例将小于单个要素价格变动比例，而考虑到生产投入要素比的变化是生产成本最小化的结果，这将比原生产要素投入比成本低，也就是说，最终的生产成本变动比例将小于工资变动比例。传统农业部门成本则完全来自工资，二者比例相等，即 $\dfrac{c_6}{p_3} < a_{L_4}$，如果 $k_2' \leqslant k_1'$，我们便可以得到假设 2，而在现代农业深入发展阶段，汇款对于现代农业部门和传统农业部门生产率的影响接近，较为符合现实情况。

根据克莱姆法则求解式（15.15），并考虑假设 2，式（15.15）的计算结果如表 15 − 2 所示。

表 15 – 2			式（15.15）的计算结果						
变量	dX_1	dX_2	dF_3	dF_4	dp_2	dw_2	dw_4	dr_1	dr_3	dI
$d\beta$	+	/	–	–	/	/	+	0	0	/

注：－表示横向栏中的项与相对纵向栏中的项之比为负值；＋表示横向栏中的项与相对纵向栏中的项之比为正值；0 表示横向栏中的项变化对纵向栏中的项无影响；/表示横向栏中的项对纵向栏中项的影响无法判断。

综上所述，可以得到命题 15.2。

命题 15.2　在现代农业深入发展阶段，农民工汇款增加使城市正式部门的产出增加、现代农业部门和传统农业部门的规模函数下降、农村工资上升。

汇款变动不会影响社会的利率 r，这是因为汇款不会影响城市正式部门的工资、生产函数和产品价格，由生产成本最小化可得 $c(r, \bar{w}) = \bar{p_1}$，$r$ 应为定值。汇款增加虽然提高了现代农业部门和传统农业部门的生产率，但二者投入规模反而减小了。这是因为，由于汇款流入，现代农业部门和传统农业部门生产效率提高，现代农业部门的边际劳动生产力高于工资，会提高工资雇用工人，直至工资与最小成本下边际劳动生产率相等，传统农业部门则劳动力流出、工资上升而投入规模减小。增加汇款的经济效果如图 15 – 1 所示。

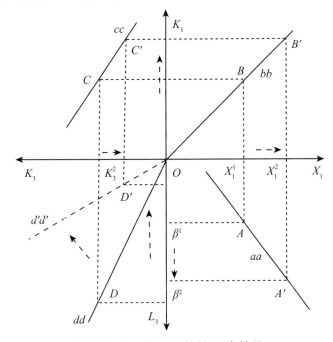

图 15 – 1　增加汇款的经济效果

图 15 – 1 中的 L_3/β 轴的左侧为 L_3，右侧为汇款 β。根据表 15 – 2，我们以直线 aa

表示 β 与 X_1 之间的关系；由于城市部门生产要素和产品的价格不变，故而 a_{K_1} 不变，又因为 $K_1 = a_{K_1} X_1$，所以 X_1 与 K_1 呈正比例关系，以直线 bb 表示；根据式（15.10'），以直线 cc 表示 K_1 与 K_3 之间的关系；K_3 与 L_3 的关系取决于 w_3 和 r，当 w_3 和 r 确定时，根据生产成本最小化和 F_3 规模报酬不变的性质，要素投入比为定值，k_3 和 L_3 呈正比例关系，以直线 dd 表示。经济起点的汇款量为 β^1，依次在直线 aa、直线 bb、直线 cc 和直线 dd 上取得对应点 A、B、C、D，当汇款由 β^1 上升至 β^2 时，要素价格 w_3 上升，劳动与资本的投入比下降，直线 dd 旋转至 $d'd'$，对应点为 D'；β^2 与直线 aa、直线 bb 和直线 cc 上的对应点分别为 A'、B' 和 C'；此时对应的 K_3^2 和 L_3^2 较前下降了。

在此过程中，现代农业部门的经营者可能会发现，虽然工资提高后生产仍有利可图，但成本最小化时的利率有下降趋势，因而投资会从现代农业部门转向城市正式部门，劳动力也因此开始从农村流向城镇，现代农业部门的投入规模比汇款增加前下降。

最后，分析国民收入的变化情况。国民收入为：

$$I = rK + \bar{w} L_1 + w_3 L_3 + w_3 L_4 + w_2 L_2 = rK + w_3 L$$

由于 r、K、L 保持不变，w_3 随着汇款的增加而上升，因而 $I = rK + w_3 L$ 上升，国民收入提高。

命题 15.3 在现代农业深入发展阶段，农民工汇款增加使国民收入上升。

比较二阶段的结果可以发现，在现代农业发展初期，汇款增加既提高了现代农业部门的生产效率，也提高了现代农业部门的劳动投入。而在现代农业深入发展阶段，汇款增加仍提高了现代农业部门的生产效率，却导致该部门投入资本和劳动的下降，这说明两阶段汇款对现代农业发展产生了不同的影响。这种不同主要和现代农业发展阶段的特性有关。

在现代农业发展初期，产业主要位于地理位置靠近城镇或者道路沿线等较为优越的地方，生产效率比较高，产品相对新颖，属于社会中相对先进的生产企业，高昂的劳动成本和资本成本是限制产业发展的关键因素，因而汇款增加提高的生产效率可以使现代农业部门进一步扩大劳动投入；而随着现代农业的深入发展，在规模扩大的同时，不再占据相对优越的地理位置，部门生产效率下降，产品供给的大幅度上升也不再有相对稀缺的特性，此时需求对产业规模的影响显现，伴随着汇款的增加，生产率上升，投入规模自然下降。

而汇款的增加对国民收入一直具有的正向作用反映了配置资源的一种先前较少被察觉的方式：不仅仅是市场通过竞争或政府调控来配置资源，生活在其中的人们同样会基于血缘或地域的联系实现收入配置优化并实现国民收入增加，只是因为通过汇款使货币由边际效用较低的人转向了货币边际效用较高的人，增加了经济的货币边际效用。汇款越多反映了对当前资源配置的优化程度越高，越能提高国民收入。值得注意的是，政府可以做的不仅仅是直接鼓励汇款——汇款对收入配置的优化是在个体自发判断的前提下，更应该做的是减少其中的交易成本，如减少汇款手续费、增加汇款渠道和进行普及性的宣传等。

（三）考虑关税时的国民收入

我们考虑模型中进口产品关税设置的问题，研究此时汇款变动对社会福利的影响。基于经济发展阶段，假设该国进口工业品和现代农业产品，并有税率分别为 t_1、t_2，那么，根据税率该国产品的国内价格 p_1、p_3 和国际价格 p_1^*、p_3^* 的关系应为：

$$p_1 = (1 + t_1) p_1^* \tag{15.16}$$

$$p_3 = (1 + t_2) p_3^* \tag{15.17}$$

本章以 U 表示社会效用，即社会的福利水平；$e = e(p, U)$ 为社会效用 U 下的最小支出函数；G 表示国民收入。经济的收支均衡表示为：

$$e(p, U) = I \tag{15.18}$$

此时，该国国民收入应该包括关税，据此我们得到：

$$I = p_1 X_1 + p_2 X_2 + p_3 X_3 + X_4 + t_1 p_1^* (e_{p_1} - X_1) + t_2 p_3^* (e_{p_3} - X_3) \tag{15.19}$$

对式（15.19）进行微分，得到 $e_p \mathrm{d}p + e_U \mathrm{d}U = \mathrm{d}I$，由于 β 变动对除 p_2 外的产品价格不产生影响，即 $e_p \mathrm{d}p/\mathrm{d}\beta = e_{p_2} \mathrm{d}p_2/\mathrm{d}\beta$，两边同除以 $\mathrm{d}\beta$，得到：

$$\frac{\mathrm{d}U}{\mathrm{d}\beta} = \frac{1}{e_U} \left(\frac{\mathrm{d}I}{\mathrm{d}\beta} - e_{p_2} \frac{\mathrm{d}p_2}{\mathrm{d}\beta} \right)$$

其中，e_U 表示最小支出函数对 U 的偏导，$e_U > 0$，代入式（15.19），得到：

$$\frac{\mathrm{d}U}{\mathrm{d}\beta} = \frac{1}{e_U} \left[\frac{p_1 - t_1 p_1^*}{a_{L_1}} \frac{\mathrm{d}L_1}{\mathrm{d}\beta} + p_2 F_2' \frac{\mathrm{d}L_2}{\mathrm{d}\beta} + (p_3 - t_2 p_3^*) \left(\frac{\mathrm{d}G_1}{\mathrm{d}\beta} X_3 + G_1 F_L^3 \frac{\mathrm{d}L_3}{\mathrm{d}\beta} + G_1 F_K^3 \frac{\mathrm{d}K_3}{\mathrm{d}\beta} \right) \right.$$
$$\left. + G_1' X_4 + G_1 F_4' \frac{\mathrm{d}L_4}{\mathrm{d}\beta} \right] \tag{15.20}$$

当式（15.20）结果大于 0 时，表示汇款增加使社会福利增加；当式（15.20）结果为 0 时，表示无影响；当式（15.20）小于 0 时，表示汇款增加使社会福利减少。对应于现代农业发展初期的情况，此时应有 $\frac{\mathrm{d}K_3}{\mathrm{d}\beta} = 0$。对应于现代农业深入发展阶段，此时该国不再进口现代农业产品，因而有 $e_{p_3} = X_3$ 以及 $t_2 = 0$。

四、数值模拟分析

数值模拟的方法能够很好地帮助我们考察得出模型数值特征，得到相关冲击的定量结果。我们尝试在本部分探讨当前中国经济对应的参数，检验模型的合理性，并依据这些参数探讨先前无法判断汇款影响方向的变量（特别是代表城市化进度的 L_4）。结合当前经济状况，我们的数值模拟针对第一阶段模型（现代农业仍未充分发展）。

（一）数据来源与参数校准

由于当前没有全局层面的现代农业的数据，所以我们采取国家成立的现代农业示范区作为经济中的现代农业部门。对于模型中三部门生产函数的设定，设城市部门（部门1）和现代农业部门（部门3）有柯布—道格拉斯形式的生产函数，而传统农业部门（部门4）和传统服务业部门（部门2）规模报酬递减，即：

$$X_1 = L_1^{\alpha_1} K_1^{1-\alpha_1}$$
$$X_2 = L_2^{\alpha_2}$$
$$X_3 = (1 + A\beta) L_3^{\alpha_3} K_3^{1-\alpha_3}$$
$$X_4 = (1 + A\beta) L_4^{\alpha_4}$$

2015 年各部门劳动力数据、工资采用国家统计局公布的数据；现代农业部门的劳动力数据来源于中国农业农村部网站中现代农业示范区的成果汇报文件；城镇部门资本价格采用 2015 年央行 1～5 年贷款的基准利率上浮 5 个点，即 10%。资本存量的估计采用永续盘存法（10% 折旧）的估算结果。汇款采用本书第十二章估算的约为 2.17 万亿元。

我们需要校准的数据包括 $\{\alpha_1, \alpha_2, \alpha_3, \alpha_4, A, p_3, \bar{w}, \bar{L}, \bar{K}, g\}$，校准基准如表 15 – 3 所示。

表 15 – 3　　　　　用于外生变量校准的内生变量值

内生变量	部门1	部门2	部门3	部门4
工资（元）	59 924.6	23 727.2	59 924.6	22 500.5
劳动力数量（万人）	56 252.7	5 549.4	805.5	28 488.4
资本数量（亿元）	1 620 000	—	9 870	—
部门增加值	626 047	2 090.02	4 827	56 036

校准结果如表 15 – 4 所示。

表 15 – 4　　　　　　模型外生变量的校准值

α_1	α_2	α_3	α_4	A	p_3	$\bar{w}$	$\bar{L}$	$\bar{K}$	g
0.68	0.63	0.77	0.82	1.2×10^{-8}	0.3	59 925	91 096	1 629 870	0.04

（二）数值模拟

我们采用通用代数建模系统（GAMS）中的可计算一般均衡（CGE）模型来进行数值模拟，用校准后的数据及调节的汇款金额得到农民工汇款与现代农业部门产出值间的若干组数据，用平滑的曲线连接起来，结果如图 15 - 2 所示。

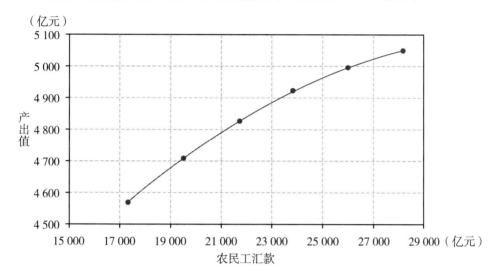

图 15 - 2　现代农业部门产出值与农民工汇款

类似地，我们得到总产出与农民工汇款间的关系如图 15 - 3 所示。

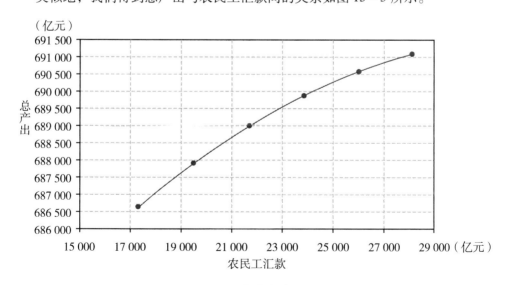

图 15 - 3　总产出与农民工汇款

传统农业部门（部门4）劳动力数量与农民工汇款间的关系如图15-4所示。

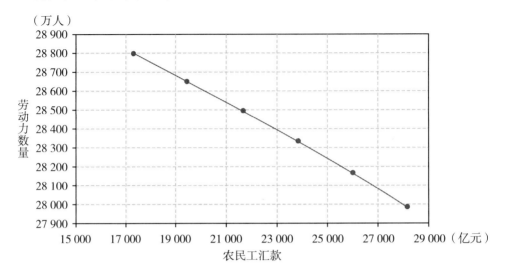

图15-4　传统农业部门劳动力数量与农民工汇款

这意味着，在其他外部条件不变的情况下，在2015年的水平下，如果农民工汇款增加10%，会带来以下经济效果：现代农业增长约2.2%、农村人口向现代农业和城镇转移0.56%，以及GDP上升约0.138%。

五、结　论

本章主要研究了两阶段的涉及现代农业下的汇款问题。不论是现代农业问题还是汇款问题，在研究中都较少涉及，但二者的规模和作用都值得研究。在现代农业发展初期，汇款增加不但提高了现代农业的生产率，也提高了现代农业部门的劳动投入；而到了现代农业深入发展阶段，汇款增加仍然能提高现代农业的生产率，但现代农业部门的资本投入和劳动投入都在下降。二者区别的主要原因是，现代农业在初期属于利用社会资源效率比较高的部门，到了深入发展阶段则逐步演变成了相对一般的部门。值得注意的是，本章之所以使用投入规模而不是产量来进行两阶段现代农业受汇款影响的变动分析，就在于它是直接反映要素投入效果的量而不直接受外生的汇款函数和价格的干扰，它的变动直接体现了现代农业所占用社会资源的变化，因而可以直观地得出现代农业在社会经济结构受汇款影响情况下的相对变动，这正是本章的目标之一。

汇款增加对国民收入一直具有正效应，这反映了汇款作为一种微观自发的收入调节方式对于资源配置的改善作用。政府应该做的是尽力降低农民工汇款中的交易成本，以促进资源合理配置。

参考文献

［1］程恩江、徐忠：《中国农民工国内汇款服务问题报告》，收录于《世界银行扶贫协商小组报告》，2005 年。

［2］Adams，R. H. J. "Remittances，Investment and Rural Asset Accumulation in Pakistan"，*Economic Development and Cultural Change*，1998，47（1）：155 – 173.

［3］Harris J. R.，Todaro M P.，"Migration Unemployment and Development：A Two – sector Analysis"，*American Economic Review*，1970，60（1）：126 – 142.

［4］Li X. C.，Wang D.，"The Impacts of Rural – urban Migrants' Remittances on the Urban Economy"，*Annals of Regional Science*，2015，54（2）：591 – 603.

［5］Lundahl M.，"International Migration，Remittances and Real Incomes：Effects on the Source Country"，*Scand J Econ*，1985，87（4）：647 – 657.

［6］Ralph Chami，Samir Jahjah，"Are Immigrant Remittance Flows a Source of Capital for Development"，*Social Science Electronic Publishing*，2003，52（1）：55 – 81.

第十六章

农民工汇款对就业和福利的影响

一、引　言

农民工汇款是当前我国经济活动中一个非常值得重视的领域。原因有两个方面：一是规模巨大，根据第十二章的估算，2014 年农民工汇款达到 2.17 万亿元，故而，当前的农民工汇款是中国历史上规模最大的城市反哺农村的行动；二是汇款是私人行为，可以保证汇款实实在在地为农民所得。农民工汇款是指农民工将务工所得的一部分收入通过汇款或携带回乡（以下简称"汇款"），从经济上援助留在故乡的家人，或为自己在家乡添置房屋家产。这种向家乡的汇款现象在外出的农民工中极为普遍，大量的农民工汇款缓解了农村地区的资金需求压力，成为农村家庭用来支付教育、医药和日常生活花费的重要来源（Cheng & Xu, 2005）。汇款对我国经济的发展具有重要影响，也对城市就业的变动发挥着不可忽视的作用，因为汇款与城市就业之间存在内在关联，它们之间有一条清晰的关系链：

农民工汇款→改善农村家人生活→带动周边劳动力转移→影响城市就业

结合当前的经济形势，会发现汇款正发挥着重要的作用。当前，我国经济正处于增速放缓、结构加快调整的关键时期，需要就业发挥"稳定器"的作用。2019 年，我国已经将就业优先政策置于国家宏观政策层面，此时，如果能厘清汇款对就业的影响，发挥汇款对稳就业的有利作用，排除汇款对就业的负面影响，意义更为不一般。

在人口经济学或国际经济学领域中，汇款应属于"迁移汇款"的范畴，历来是一个引人关注的课题。国内外学者从汇款的形成、影响汇款的因素到它的经济效果等多方面进行了研究。例如，国外早期有代表性的理论规范研究有：卢卡斯和斯塔克（Lucas & Stark，1985）以契约安排的理论解释迁移汇款现象，指出在迁移动机是"利他"的情况下，贫困家庭中其他人员的福利也会得到改善。在研究国际迁移汇款经济效果的文献中，以研究迁移汇款对劳动力输出国的经济影响为主。例如，伦达尔（1985）、达杰克（1986）以迁移汇款成为劳动力输出国的消费、从而对劳动力输出国的经济发展和福利水平的提升产生影响为前提，分别利用2物品2要素模型进行了理论规范分析；科瑞文和霍尔登（Kriwan & Holden，1986）则研究了迁移汇款数量对于劳动力输出国社会福利的影响；里维拉 - 巴蒂兹（1993）讨论了即时移民和持续性移民汇款对于输出国的价格、收入分配和社会福利的效果；魁布里亚（1997）拓展了科瑞文和霍尔登的研究，讨论了汇款对于劳动力输出国不同收入阶层福利的影响；达杰克（1998）将外资纳入汇款研究的分析框架，研究了汇款返回劳动力输出国后，分别用于消费和生产投资的福利效果；李和周（2015）研究了汇款与环境的关系，得到了汇款数量越多环境压力越大的结论。我国经济学界有关迁移汇款的研究，主要是针对农民工汇款对农村经济生活影响的实证研究。例如，李强（2001）根据其在四川、北京等地的调查和其他研究发现我国农民工汇款的比例高于其他国家，占农民家庭收入的比例也较高，他认为农民工汇款的本质是资本在区域间的流动，使农村急需的资金得到了补偿，其结果是有利于缩小城乡差距；都阳和朴之水（2003）则通过对我国西部4个贫困县的调查，发现转移劳动力的"利他性"行为（包括农民工汇款）对缓解贫困起着积极的作用；胡枫等（2008）则用实证研究得出结论，认为利他主义并不能完全解释农民工的汇款行为，农民工汇款在一定程度上反映了外出农民工的利己性；李强等（2008）通过研究发现，汇款对农村社会发展的影响是间接的，同时，农民工举家外出对农民工汇款行为有广泛而深刻的影响，比单独外出的家庭汇款的概率少约14%，但会增加汇款在赡养父母方面使用的概率；李晓春和杨彩娇（2018）运用理论规范研究的方法分析了农民工汇款对收入差距的影响；等等。

虽然我们认为汇款与就业之间存在相互影响的关系，但正如上述回顾的有关文献，无论国外还是国内，现有的与农民工汇款有关的研究很少将关注点放到城市就业上。但是，"稳就业"的工作关系到经济各领域，研究汇款对就业的影响已经成为经济实际工作的需要，进行这方面的分析并掌握其规律除了具有学术创新的意义外，对于全面做好农民工工作、稳定和促进城市就业也具有重要意义。

本章拟通过定性的理论分析解明汇款的就业和其他经济效果。本章结合我国经济的特色建立伦达尔（1985）式的2物品2部门模型，以分析农民工汇款对城市就业影响为主线，同时就汇款对物价、工资和经济福利水平等方面的影响展开研究，这些分析所得到的结论可为有关部门制定相关政策提供理论依据。

二、模　型

虽然我国城乡间的劳动力转移已经持续了 30 多年，但我国城市地区有一部分企业（如一些国营大企业、银行、高科技生产企业、现代服务业等），事实上不雇用或较少雇用农民工。李晓春和马轶群（2004）认为这主要是因为地方政府对本地劳动力的保护主义、企业对劳动者的人力资本因素方面有较高要求等。据此，李晓春和马轶群（2004）根据农村转移劳动力进城工作的去向将城市部门分为不吸纳农村转移劳动力的部门和可以吸纳农村转移劳动力的部门，而后者则由体力劳动行业组成。本章亦采用这样的设想，所考虑经济分为两个部门，部门 1 仅雇用城市劳动力，生产可贸易品，又被称为"资本密集部门"；部门 2 既雇用城市劳动力又雇用农村转移的劳动力，生产不可贸易品，又被称为"劳动密集部门"；这两个部门都使用劳动和资本进行生产；经济的劳动力为城市劳动力和转移进城的农村劳动力。两个部门的生产函数分别设为：

$$X_m = F^1(L_1, K_1)$$
$$X_n = F^2(L_2, K_2)$$

其中，X_m、X_n 分别为部门 1、部门 2 的产量；L_1、L_2 分别为部门 1、部门 2 生产所用的劳动力；K_1、K_2 分别为部门 1、部门 2 生产所用的资本；F^1、F^2 是一阶齐次的严格拟凹函数。由各部门利益最大化条件可得：

$$F_L^1 = pF_L^2 = w \tag{16.1}$$

$$F_K^1 = pF_K^2 = r \tag{16.2}$$

其中，$F_L^i = \partial F^i / \partial L_i (i=1,2)$，$F_K^i = \partial F^i / \partial K_i (i=1,2)$；部门 1 产品价格标准化为 1，则 p 为部门 2 产品的相对价格；w 为工资率；r 为利息率。应该注意的是，两部门的劳动力是有区别的：部门 1 只雇用城市劳动力；而部门 2 在雇用农村转移劳动力的同时，也雇用城市劳动力。从而，部门 1 的城市劳动力失业后可以转入部门 2，并且部门 2 雇用的城市劳动力也可以转入部门 1；另外，农民工如果在部门 2 失业，由于有责任田的保障，他们可以考虑回农村务农，等找到部门 2 的新工作后再转移进城工作（李晓春和马轶群，2004），所以，在这个意义上，式（16.1）的实质是城市劳动力的部门间转移的结果。

下面，本章就劳动力市场进行模型设定。设 L 为经济的劳动禀赋量，L_R 是农村劳动力的流入量；设部门 2 中的城市劳动力人数为 L_u，在现实经济中，部门 1 的失业人员为了再就业需要等待机会，在等待期间他们会进入部门2做一些临时工作以维持生计，基于这样的考虑，也为了突出考察重点，我们设经济是完全雇佣的。所以，劳动力市场均衡条件为：

$$L_1 = L - L_R \qquad\qquad (16.3)$$

$$L_2 = L_u + L_R \qquad\qquad (16.4)$$

在资本市场上，均衡条件为：

$$K_1 + K_2 = K \qquad\qquad (16.5)$$

其中，K 为经济的资本禀赋量。

经济对部门1产品和部门2产品的需求分别为：

$$D^1 = D^1(p, Y)$$

$$D^2 = D^2(p, Y)$$

其中，Y 为经济的收入。不论是部门1产品还是部门2产品，它们都是正常品。于是有：

$$D_Y^i = \partial D^i / \partial y > 0 \quad (i = 1, 2)$$

如果设 a（$0 < a < 1$）为农民工向故乡的汇款率，则能够得到经济收入 Y 的表达式：

$$Y = wL + rK + (1 - a)wL_R \qquad\qquad (16.6)$$

部门1、部门2的产品供给量是价格、经济中的劳动力人数和资本量的函数，即它依赖于 p、$L + L_R$ 和 K。所以，部门1、部门2的供给函数可以分别表示为：

$$S^1 = S^1(p, L_R)$$

$$S^2 = S^2(p, L_R)$$

根据瓦尔拉斯法则，在两种产品的经济中，供需均衡条件可以由一个方程式来表达：

$$D^2(p, Y) = S^2(p, L_R) \qquad\qquad (16.7)$$

由式（16.1）至式（16.5）和式（16.7）共6个方程构成一般均衡体系，可以决定 p、w、K_1、K_2、r、L_u、L_1、L_2 共8个内生变量。建模中涉及的其他变量为外生变量，至此，完成模型构建。

三、比较静态分析

要考察农民工汇款对要素价格和就业的影响，先要考察汇款对部门2产品价格的影响。我们首先就农民工汇款对于城市价格的影响进行分析。

由式（16.7），就 p 对于 a 进行微分，可以得到：

$$\frac{\mathrm{d}p}{\mathrm{d}a} = \frac{-D_Y^2(\partial Y/\partial a)}{D_p^2 - S_p^2 + D_Y^2(\partial Y/\partial p)} \tag{16.8}$$

其中，$D_p^2 = \partial D^2/\partial p$，$S_p^2 = \partial S^2/\partial p$。由瓦尔拉斯价格调整过程可知：

$$\dot{p} = D^2(p, Y) - S^2(p, L_R)$$

其中，$\dot{p} = \mathrm{d}p/\mathrm{d}t$。在进行比较静态分析时，均衡解必须稳定，即 L_R 给定时，上述调整过程必须满足下述条件：

$$D_p^2 - S_p^2 + D_Y^2(\partial Y/\partial p) < 0 \tag{16.9}$$

由此可以知道，式（16.8）右边式子的分母为负值。在式（16.6）中，当 p 不变化时有：

$$\partial Y/\partial a = -wL_R \tag{16.10}$$

因为部门 2 产品是正常产品，再根据式（16.9）和式（16.10），可知：

$$\frac{\mathrm{d}p}{\mathrm{d}a} = \frac{-D_Y^2(\partial Y/\partial a)}{D_p^2 - S_p^2 + D_Y^2(\partial Y/\partial p)} < 0 \tag{16.11}$$

结论： 农民工提升汇款率使劳动密集部门的产品价格下降。

部门 2 产品价格下降有刺激经济对部门 2 产品需求的效果，这对城市而言，有 $Y = wL + rK + (1-a)wL_R$ 扩大部门 2 产品供给、增加部门 2 雇用劳动力数量的经济效应，故对经济是有利的；反之，则是不利的。还要注意的是，上述结论是以下各命题的推导基础。以下，考察汇款对要素价格和就业的影响。

（一）汇款对要素价格和就业的影响

考虑农民工汇款率变化对工资率的影响。就式（16.1）对 a 进行微分，可得：

$$\frac{\mathrm{d}w}{\mathrm{d}a} = \frac{\partial w}{\partial p}\frac{\mathrm{d}p}{\mathrm{d}a} = \left(F_{LL}^1\frac{\mathrm{d}L_1}{\mathrm{d}p} + F_{LK}^1\frac{\mathrm{d}K_1}{\mathrm{d}p}\right)\frac{\mathrm{d}p}{\mathrm{d}a} \tag{16.12}$$

对式（16.1）至式（16.5）进行全微分，得到以下方程组：

$$F_L^2\mathrm{d}p + pF_{LL}^2\mathrm{d}L_2 + pF_{LK}^2\mathrm{d}K_2 - F_{LL}^1\mathrm{d}L_1 - F_{LK}^1\mathrm{d}K_1 = 0 \tag{16.1'}$$

$$F_K^2\mathrm{d}p + pF_{KL}^2\mathrm{d}L_2 + pF_{KK}^2\mathrm{d}K_2 - F_{KL}^1\mathrm{d}L_1 - F_{KK}^1\mathrm{d}K_1 = 0 \tag{16.2'}$$

$$\mathrm{d}L_1 + \mathrm{d}L_u = 0 \tag{16.3'}$$

$$dL_2 - dL_u = 0 \qquad (16.4')$$

$$dK_1 + dK_2 = 0 \qquad (16.5')$$

由于 F^1、F^2 是一阶齐次函数，所以 F_L^1、F_K^1、F_L^2 和 F_K^2 是零阶齐次函数，根据欧拉（Euler）定理可得：

$$F_{LL}^2 L_2 + F_{LK}^2 K_2 = 0 \qquad (16.13)$$

$$F_{KL}^2 L_2 + F_{KK}^2 K_2 = 0 \qquad (16.14)$$

$$F_{LL}^1 L_1 + F_{LK}^1 K_1 = 0 \qquad (16.15)$$

$$F_{KL}^1 L_1 + F_{KK}^1 K_1 = 0 \qquad (16.16)$$

根据式（16.3′）至式（16.5′）以及式（16.13）至式（16.16），可以将式（16.1′）和式（16.2′）表示为：

$$\begin{bmatrix} k^2 p F_{LK}^2 + k^1 F_{LK}^1 & -(p F_{LK}^2 + F_{LK}^1) \\ -(p F_{LK}^2 + F_{LK}^1) & \dfrac{1}{k^2} p F_{LK}^2 + \dfrac{1}{k^1} F_{LK}^1 \end{bmatrix} \begin{bmatrix} dL_1 \\ dK_1 \end{bmatrix} = \begin{bmatrix} -F_{2L} \\ -F_{2K} \end{bmatrix} dp \qquad (16.17)$$

根据克莱姆法则解式（16.17），可得：

$$\frac{dL_1}{dp} = \frac{1}{\Delta} \begin{vmatrix} -F_L^2 & -(p F_{LK}^2 + p F_{LK}^1) \\ -F_K^2 & \dfrac{1}{k^2} p F_{LK}^2 + \dfrac{1}{k^1} F_{LK}^1 \end{vmatrix} \qquad (16.18)$$

$$\frac{dK_1}{dp} = \frac{1}{\Delta} \begin{vmatrix} k^2 p F_{LK}^2 + k^1 F_{LK}^1 & -F_L^2 \\ -(p F_{LK}^2 + F_{LK}^1) & -F_K^2 \end{vmatrix} \qquad (16.19)$$

根据式（16.18）和式（16.19），可得：

$$\frac{dw}{da} = \frac{\left[(k^1/k^2 - 1) F_L^2 + (k^1 - k^2) F_K^2 \right] p F_{LK}^1 F_{LK}^2}{\Delta} \frac{dp}{da}$$

化简可得：

$$\frac{dw}{da} = \frac{k^1 (F_L^2 + k^2 F_K^2)}{k^1 - k^2} \frac{dp}{da}$$

同样，就式（16.2）对 a 进行微分，得到：

$$\frac{dr}{da} = \frac{\partial r}{\partial p} \frac{dp}{da} = \left(F_{KL}^1 \frac{dL_1}{dp} + F_{KK}^1 \frac{dK_1}{dp} \right) \frac{dp}{da}$$

由式（16.18）和式（16.19）可以求得：

$$\frac{dr}{da} = \frac{(F_L^2 + k^2 F_K^2)}{k^1 - k^2} \frac{dp}{da}$$

其中，$F_{LL}^i = \partial^2 F^i/\partial L^2$，$F_{KK}^i = \partial^2 F^i/\partial K^2$，$F_{LK}^i = \partial^2 F^i/\partial L\partial K (i=1,2)$；$\Delta = (k^1/k^2 + k^2/k^1 - 2)pF_{LK}^2F_{LK}^1 = [(k^1-k^2)^2/k^1k^2]pF_{LK}^2F_{LK}^1 > 0$；$k^1 = k_1/L_1$ 和 $k^2 = k_2/L_2$ 分别表示部门 1 和部门 2 的人均资本量。

综上所述，可以得到命题 16.1。

命题 16.1 在所设的经济中，当资本密集部门的人均资本量大于劳动密集部门的人均资本量时，农民工汇款率上升使得城市的工资率下降、利率上升。

根据命题 16.1 有 $dp/da < 0$，所以当 $k^1 > k^2$ 时，$dw/da < 0$、$dr/da > 0$。与上述过程相似地，我们还能够得到：当 $k^1 < k^2$ 时，$dw/da > 0$、$dr/da < 0$，意味着当部门 1 的人均资本量小于部门 2 的人均资本量时，农民工汇款率上升使城市的工资率上升、利率下降。但在我国现阶段的经济运行中，部门 1 中资本密集型、知识密集型的企业较多，人均资本量较高，而部门 2 中劳动密集型企业较多，人均资本量较低。所以，在实际经济中往往表现出部门 1 的人均资本量大于部门 2 的人均资本量，即 $k^1 > k^2$ 的情况。另外，在没有经济波动时，农民工汇款率上升使汇出的资金量增加、城市的流动性减少，故而会出现工资率下降、利率上升的情形。

另外，根据式（16.18）和式（16.19），有：

$$dL_1/dp > 0 \tag{16.20}$$

$$dK_1/dp > 0 \tag{16.21}$$

根据式（16.3）、式（16.4）和式（16.20），有 $dL_2/dp = dL_u/dp = -dL_1/dp < 0$；根据式（16.5）和式（16.21），有 $dK_2/dp < 0$。所以，再结合式（16.11），就能够得到下列不等式：

$$\frac{dL_1}{da} = \frac{dL_1}{dp}\frac{dp}{da} < 0$$

$$\frac{dK_1}{da} = \frac{dK_1}{dp}\frac{dp}{da} < 0$$

$$\frac{dL_2}{da} = \frac{dL_u}{da} = \frac{dL_u}{dp}\frac{dp}{da} > 0$$

$$\frac{dK_2}{da} = \frac{dK_2}{dp}\frac{dp}{da} > 0$$

综上所述，可以得到命题 16.2。

命题 16.2 农民工提高汇款率对就业和资本雇佣有以下影响：

（1）资本密集部门减少就业和资本雇佣；

（2）劳动密集部门增加雇用的劳动力数量和资本，并且劳动密集部门增加城市劳动力的雇用数量。

命题16.2是本章的主要成果。根据上述结论，农民工汇款率上升使部门2的产品价格下降，经济对该部门产品的需求增加。部门2扩大生产所要增加劳动力和资本的投入，反之部门2的企业就要减少劳动和资本的雇佣；这就是命题16.2第（2）条的含义。在劳动力和资本完全雇佣的所设经济中，部门2扩大生产所要增加的资本只有来自部门1；劳动力则来自部门1和经济外的农村转移劳动力，使部门1的劳动力数量和资本都下降，而增加农村转移劳动力数量就是扩大了就业，这是命题16.2第（1）条的含义。

另外，命题16.2是从农民工提升汇款率的角度来进行阐述的，在实际经济活动中，农民工也有可能降低汇款率，这种情况在当下第二代农民工的身上反映明显。此时，部门1就会增加就业和资本雇佣，部门2就会减少雇用劳动力和资本，并且减少城市劳动力的雇用数量。值得注意的是，如果发生这样的情况，部门2不会只减少雇用城市劳动力，也会减少雇用农村转移劳动力，被减少部分的农民工就会返回农村，退出所设经济。由于农村劳动力退出经济就意味着失业，有关部门除了应该注意疏导失业农民工的返乡工作外，更应该采取积极措施遏制失业，扩大雇佣规模，做好稳就业的工作。

（二）汇款对城市经济福利水平的影响

为了考察经济的福利水平变化情况，我们首先对开放经济下的福利水平进行描述。

设 p^* 是部门1产品相对于国内价格为1时国际市场的价格；t 是部门1产品的进口关税率。我们设 C_1、C_2 分别为部门1产品、非进口品的城市消费量；U 为定义在（C_1，C_2）上的城市社会效用函数，为严格拟凹函数；$e(p, U)$ 为效用 U 下的最小支出，经济的收支平衡条件为：

$$e(p, U) = X^m + pX^n + tp^*M \qquad (16.22)$$

其中，M 是经济的部门1的产品进口量；tp^*M 是关税收入。对式（16.22）进行全微分，整理可得：

$$e_U dU + e_p dp = w(dL_1 + dL_2) + r(dK_1 + dK_2) + X^n dp + tp^* dM$$

其中，$e_U = \partial e/\partial U$，根据霍特林（Hotelling）引理，有 $e_p = X^n$。另外，在考察农民工汇款时，关税等其他外生变量为0，故有：

$$e_U dU/da = w(dL_1/da + dL_2/da) + r(dK_1/da + dK_2/da) \qquad (16.23)$$

根据式（16.3′）、式（16.4′）和式（16.5′），可得：

$$\frac{\mathrm{d}L_1}{\mathrm{d}a} = -\frac{\mathrm{d}L_2}{\mathrm{d}a}$$

$$\frac{\mathrm{d}K_1}{\mathrm{d}a} = -\frac{\mathrm{d}K_2}{\mathrm{d}a}$$

再结合式（16.11），求解式（16.23），可得：

$$e_U \mathrm{d}U/\mathrm{d}a = 0$$

综上所述，可以得到命题16.3。

命题16.3 农民工汇款率的变动不影响城市福利水平。

命题16.3是一个耐人寻味的命题。一般地，农民工汇款率的上升给人以因资金流出比例增加而造成在城市的消费比例下降，使城市福利水平下降的印象，而农民工汇款率下降则给人以相反的印象，但命题16.3反映的情况并非如此。这是因为，由命题16.3可知，农民工汇款率的变动会使劳动力和资本在部门之间进行转移，在转移达到均衡状态时，部门间劳动力和资本的边际产值相同。因此，当劳动力和资本禀赋一定时，部门1减少的产值等于部门2增加的产值，城市的总收入并不发生变化，故而汇款率的变动并不会改变城市的福利水平。我们还要看到，农民工汇款是作为经济主体的农民工自觉的"利他"行为，汇款率上升的主要原因是农民工的收入增加，使得农民工只要留出较小比例的收入就可以维持在城市的打工生活，消费的绝对水平不会改变。从而，鼓励农民工汇款不仅不会降低城市福利水平，还有可能提高农村的福利水平，所以，农民工提升汇款率对于全社会而言是一个帕累托改进，从这个意义上看，命题16.3具有很强的政策意义，它不仅为城市鼓励农民工汇款提供了重要的理论依据，也是城市制定相关经济政策的理论依据。

四、结　论

本章从农民工汇款视角，通过建立能够反映长三角地区经济特点也能推广至全国的一般均衡模型，用静态分析方法研究了汇款率变动对就业、工资和经济福利水平等方面所产生的影响。我们共得到3个命题，概括了我国农民工汇款对城市经济的影响状况。汇款对于新农村建设具有积极的促进作用，作为国内经济先行发展的城市部门应该为农民工汇款提供便利，多方鼓励，但同时也应该正视汇款对城市就业的影响，因为对于城市的就业和福利而言，并非汇款的所有经济效果都具有积极意义。如果我们能将有利的因素发挥出来，并将不利的影响降到最低，可以期待营造出城市、农村经济双赢的局面。

本章建议政策制定者做好以下三个方面的工作。

（1）因势利导促进部门 2 就业，带动经济发展。部门 2 是国民经济发展中具有活力的部门，是市场经济的主力军。根据本章结论，农民工提升汇款率有使部门 2 的产品价格下降的经济效果，而根据命题 16.2，农民工提升汇款率有增加部门 2 的劳动力和资本雇佣的效果。这两方面都反映出汇款有扩大部门 2 生产、促进就业的正面经济效应。从而，鼓励农民工提升汇款率，就有可能因势利导发展部门 2 的就业，为国民经济的发展作出贡献。

（2）注意疏导汇款对部门 1 就业的不利因素。部门 1 是国民经济中的重要力量，金融、新兴高科技企业都属于部门 1，是中国经济发展的引导力量，稳住部门 1 的就业也是当下经济的中心任务。根据命题 16.2，农民工提升汇款率有减少部门 1 劳动力和资本雇佣的效果，而减少劳动力和资本的雇佣则会使这部分经济受到不利影响。特别是在各地加快城镇化进程或提高农民工待遇时，都应该考虑到农民工汇款率上升的经济效果，政府的有关部门要特别关注部门 1 的劳动和资本要素的变化，采取向部门 1 倾斜的政策、措施，防止部门 1 的就业和发展因农民工提升汇款率而受到负面影响。

（3）充分利用本章的 1 个结论和 3 个命题解决实际经济活动中发生的问题。例如，2004 年以来各地出现的"民工荒"，其主要原因就是农民工的工资过低。所以，不少人认为提高农民工工资就会解决或缓解"民工荒"的问题，但提高工资也有提升农民工汇款率的效果。在一个经济中，影响工资变化的因素是多元的，命题 16.1 告诉我们，城市的工资变化中有农民工汇款的因素，并且当前部门 1 的人均资本量大于部门 2 的人均资本量，所以农民工提升汇款率会促使城市的工资率下降，这就从某些程度上抵消了提高农民工工资的政策效应，故单纯采用提高农民工待遇的做法效果未必就为最佳。如果注意到命题 16.1 的另外一面，即当部门 1 的人均资本量小于部门 2 的人均资本量时，农民工提升汇款率会促使城市的工资率上升，故在提高农民工工资的同时，可采取促进部门 2 转型升级、增加部门 2 的人均资本量的政策，即便部门 2 的人力资本水平不能完全达到部门 1 的程度，也可以缓解农民工提升汇款率时城市工资下降的负面效果。

随着经济发展，可以预计今后我国的工资水平还将不断提升，农民工汇款将长期存在于我国经济之中，它的数额也会越来越大，对经济产生的作用也会越来越显著。继续关注汇款对于就业和福利水平的影响，既是一个研究的新视角，也是促进就业和稳定就业工作的新思路，有利于提升经济福利水平。

参考文献

［1］程恩江、徐忠：《中国农民工国内汇款服务问题报告》，收录于《世界银行扶贫协商小组报告》，2005 年。

［2］都阳、朴之水：《劳动力迁移收入转移与贫困变化》，载于《中国农村观察》2003 年第 5 期。

［3］胡枫、史宇鹏、王其文：《中国的农民工汇款是利他的吗？——基于区间回归模型的分析》，载于《金融研究》2008 年第 1 期。

［4］李晓春、马轶群：《我国户籍制度下的劳动力转移》，载于《管理世界》2004 年第 11 期。

［5］李晓春、杨彩姣：《农民工汇款与城乡收入差距的关联研究》，载于《经济科学》2018 年第 6 期。

［6］李强：《中国外出农民工及其汇款之研究》，载于《社会学研究》2001 年第 4 期。

［7］李强、毛学峰、张涛：《农民工汇款的决策、数量与用途分析》，载于《中国农村观察》2008 年第 3 期。

［8］于丽敏：《农民工消费行为影响因素研究：以东莞为例》，载于《经济管理出版社》2013 年。

［9］Djajic, S., "International Migration, Remittances and Welfare in a Development Economy", *Journal of Development Economics*, 1986, 21 (2): 229 – 234.

［10］Djajic, S., "Emigration & Welfare in an Economy with Foreign Capital", *Journal of Development Economics*, 1998, 56 (2): 433 – 445.

［11］Kirwan, F. & Holden, D., "Emigrants Remittances, Non – traded Goods and Economic Welfare in the Source Country", *Journal of Economic Studies*, 1986, 13 (2): 52 – 58.

［12］Li X. & Zhou J., "Environmental Effects of Remittance of Rural – urban Migrant", *Economic Modelling*, 2015, 47 (complete): 174 – 179.

［13］Lucas, R. E. & O. Stark., "Motivations to Remit: Evidence from Botswana", *Journal of Political Economy*, 1985, 93 (57): 901 – 918.

［14］Lundahl, M., "International Migration, Remittances and Real Incomes: Effects on the Source Country", *Scandinavian Journal of Economics*, 1985, 87 (47): 647 – 657.

［15］Quibria, M. G., "International Migration, Remittances and Income Distribution in the Source Country: A Synthesis", *Bulletin of Economic Research*, 1997, 49 (1): 27 – 46.

［16］Rivera – Batiz, F., "International Migration, Remittances and Economic Welfare in the Source Country", *Journal of Economic Studies*, 1986, 13 (3): 3 – 19.

第十七章

农民工汇款与城乡收入差距的关联研究

一、引　言

  农民工汇款是指农民工将其在城市务工所得收入的一部分汇回农村家中的行为，在现实经济中农民工对家庭的资助不仅仅采用汇款的形式，还有托人捎带以及自己返乡时携带等多种形式，本章将所有的农民工资助家庭的行为统称为农民工汇款（以下简称"汇款"）。我国农民工数量巨大，随着我国经济的不断发展，汇款数量也在逐年攀升。汇款属于市场经济中移民汇款范畴，是农民工中普遍存在的一种私人的利他行动，它可以将城市收入的一部分确实地送到农民手中，对于我国农业经济的发展具有重大意义。但在学术界，从理论角度探讨汇款对经济发展影响的文献不是很多，大致可以分为：从经济增长效果方面研究汇款的有伦达尔（1985）和普拉丹等（Pradhan et al.，2008）；从社会福利方面研究的有奎布里亚（Quibria，1997）和达杰克（1998）；从就业、雇佣劳动方面研究的有李和王（2015）；从环境方面研究的有李和周（2015）。但是，综观这些研究，迄今为止还没有从经济学理论的角度探讨汇款对城乡收入差距影响的文献。同样地，虽然学术界有许多理论与实证研究城乡收入差距的文献，却很少涉及汇款。例如，贝拉迪（2008）和乔杜里（2008）分析了在一个二元经济体中要素的国际流动对工资收入差距的影响；乔杜里和薮内（2007）研究了经济体制对工资差距的影响；还有学者论证了发展中国家的技术创新对工资差距的影响（Kar & Beladi，2004；Kar & Guha Khasnobis，2006；Fang et al.，2008；Moore et al.，2005）；也有学者研究了国外直接投资对工资差距的影响（Chaudhuri & Banerjee，2010；Das，2002；

Pan & Zhou, 2013); 陈斌开和林毅夫（2010）研究了重工业化优先发展战略、城市化和城乡工资差距的关系。

我们认为汇款与城乡收入差距是两个关联问题。虽然现有文献没有讨论汇款和城乡收入差距之间的机制，但是进行这样的研究是有必要的。这是因为，汇款与城乡收入差距的关联是一个客观存在：一方面，汇款可以改善农业生产的环境，提高农业生产的效率，从而影响农民的收入；另一方面，接受了汇款的农村家庭也会增加工业品消费，扩大城市产品市场，反过来刺激城市经济的发展，影响城市劳动力的收入。我们有理由相信大规模的款项从城市汇往农村一定会给城乡经济带来影响，进而作用于城乡收入差距。但由于在这方面的研究不足，我们并不掌握汇款对城乡收入差距的作用机制。然而，厘清汇款与城乡收入差距相关的市场机制对于化解经济发展中的问题、制定相应政策却是非常重要的。

本章正是为了明确汇款与城乡收入差距之间的关系而展开研究的。本章通过建立一个具有发展中国家特色的三部门一般均衡模型，从短期和长期两个角度考察汇款的增加对城乡收入差距的影响，并用可计算一般均衡模型以及国家统计局公布的数据进行数值模拟，验证了理论研究部分的结论。通过分析，我们发现，在两种不同的情形下，增加汇款导致城市正式部门、城市非正式部门和农村农业部门的收入上涨幅度不一样。在短期模型中，汇款的增加导致农村农业部门劳动力的收入上涨幅度要大于城市非正式部门的收入上涨幅度，从而使收入差距拉大，而城市正式部门劳动力的收入上涨幅度小于农村劳动力的收入上涨幅度，从而使二者的差距缩小。在长期模型中，汇款的增加导致城市正式部门和农村农业部门劳动力的收入差距增大，农业部门和城市非正式部门的收入差距缩小。本章的结论不仅与我国的现状吻合，也为政府制定相关政策提供了理论依据。

二、理论模型

本章考虑一个小型开放的经济体，该经济体由三个部门组成：城市正式部门、城市非正式部门和农村农业部门。为了方便模型的计算，我们在不影响科学性的前提下，假设经济中的劳动力分为技术劳动力和非技术劳动力，并且城市居民劳动力是技术劳动力；由于城市部门有就业机会和较高的工资水平，吸引农村剩余劳动力向城市转移，农村转移劳动力进入城市后，作为非技术劳动力在正式部门和非正式部门工作。我们设定城市正式部门使用技术劳动力、非技术劳动力和资本生产能够进口的产品；城市非正式部门是指提供如做早点、擦皮鞋和卖报纸等服务的小资本的非组织部门，使用非技术劳动力向住在城市的居民提供产品和服务，类似的设定可参见钱德拉和汗（Chandra & Khan，1993）的研究；农村农业部门则使用非技术劳动力和资本生产能够出口的产品，并且，在正式部门工作的非技术转移劳动力将其收入的一部分汇回农村，补贴家用和进行农业生产。

城市正式部门、城市非正式部门和农村农业部门的生产函数分别为：

$$X = F^1(S, L_1, K_1) \tag{17.1}$$

$$Y = F^2(L_2) \tag{17.2}$$

$$Z = g(k)F^3(L_3, K_3) \tag{17.3}$$

其中，X、Y、Z 分别表示城市正式部门、城市非正式部门和农村农业部门的产出量；S、L_1、L_2、L_3 分别表示城市正式部门雇用的技术劳动力、城市正式部门雇用的非技术劳动力、城市非正式部门雇用的非技术劳动力、农村农业部门雇用的非技术劳动力；K_1、K_3 分别表示城市正式部门和农村农业部门所使用的资本；城市非正式部门生产的产品和服务仅提供给城市的消费者，且只使用劳动力一种生产要素；$g(k)$ 为汇款对农村农业部门生产函数的影响函数，其中 k 是汇款量，移民汇款越多越有利于提高农村农业部门的生产力，即满足 $g \geqslant 1$、$g' > 0$ 且 $g'' < 0$；F^1 和 F^3 为严格拟凹的一阶齐次生产函数，令 $F_L^i = \partial F^i / \partial L_i$（$i = 1, 2, 3$）、$F_{LL}^i = \partial^2 F^i / \partial L_i^2$（$i = 1, 2, 3$），$F^2$ 应满足 $F_L^2 > 0$、$F_{LL}^2 < 0$。

各部门的劳动力工资水平在利润最大化时满足如下等式：

$$P_X F_S^1 = W_1 \tag{17.4}$$

$$P_X F_L^1 = \bar{W} \tag{17.5}$$

$$P_Y F_L^2 = W_2 \tag{17.6}$$

$$g(k)F_L^3 = W_3 \tag{17.7}$$

其中，P_X、P_Y 分别表示城市正式部门、城市非正式部门产品相对于农村农业部门产品的相对价格，农村农业部门产品的价格单位化为 1，根据前面的假设，P_X 是外生给定的；$\bar{W}$ 表示城市正式部门转移劳动力的工资，由于城市正式部门工资具有下方刚性，因此 $\bar{W}$ 为常数；W_1 表示技术劳动力的工资，由于技术劳动力在发展中国家是稀缺的，为完全雇佣，所以 W_1 为弹性的；W_2 表示城市非正式部门非技术劳动力的工资，W_3 表示农村农业部门非技术劳动力的工资，均为弹性工资。

同理，资本利率在利润最大化时满足：

$$P_X F_K^1 = r_1 \tag{17.8}$$

$$g(k)F_K^3 = r_3 \tag{17.9}$$

其中，$F_K^i = \partial F^i / \partial K_i (i = 1, 3)$；$r_1$、$r_3$ 分别为表示城市正式部门和农村农业部门的资本利率。

由于整个经济体中非技术劳动力总量是一定的，因此：

$$L_1 + L_2 + L_3 = \bar{L} \tag{17.10}$$

其中，$\bar{L}$ 表示非技术劳动力禀赋量，包括三部分：转移到城市正式部门和城市非正式部门的劳动力，以及农村农业部门的劳动力。

根据哈里斯—托达罗模型，我们可以建立农村农业部门的工资率与城市正式部门和城市非正式部门的工资率之间的关系，在城乡劳动力转移均衡处满足如下等式：

$$W_3 = \frac{L_1}{L_1 + L_2} \bar{W} + \frac{L_2}{L_1 + L_2} W_2 \tag{17.11}$$

即城市的期望工资率等于农村农业部门的实际工资率，当满足式（17.11）时劳动力停止转移。三个部门劳动力工资水平的大小关系为：$W_1 > \bar{W} > W_3 > W_2$。尽管城市非正式部门工资水平低于农村农业部门，但农村劳动还愿意转移到城市的原因在于转移劳动力希望通过城市非正式部门的地域优势和信息优势较快地进入城市正式部门。

农村转移劳动力的汇款满足如下等式：

$$k = \theta \bar{W} L_1 \tag{17.12}$$

式（17.12）表示，农村转移劳动力的汇款是由城市正式部门的劳动力转移给农村的一部分收入。由于城市非正式部门的工资低于农村农业部门，因此，本章假设城市非正式部门的劳动力工资仅能满足个人生活消费，无余款汇回农村补贴家用；实数 θ 是城市正式部门中转移劳动力的汇款占工资总额的比例，$0 \leq \theta < 1$。

城市非正式部门所生产的产品仅服务于城市消费者，市场出清时满足如下等式：

$$P_Y Y - \alpha(P_X X + P_Y Y - k) = 0 \tag{17.13}$$

其中，$P_Y Y$ 表示城市非正式部门所生产的全部产品产值；$\alpha(P_X X + P_Y Y - k)$ 表示城市两个部门的收入中用于消费非正式部门产品的部分，由于正式部门转移劳动力将一部分收入 k 汇回农村，故将这一部分转移收入扣除；实数 α 为城市地区人们收入中用于消费城市非正式部门产品的比例，$0 < \alpha < 1$。

以上即资本不在部门间流动的短期一般均衡模型。该模型包括式（17.1）至式

（17.13）共 13 个方程，这一方程组决定了 13 个内生变量，分别为 X、Y、Z、L_1、L_2、L_3、W_1、W_2、W_3、r_1、r_3、k、P_Y，外生变量为 θ、S、K_1、K_3、$\bar{W}$、$\bar{L}$、P_X、α。

在长期模型中，资本可以在农村农业部门和城市正式部门间自由流动，达到一般均衡时有 $r_1 = r_3 = r$，故式（17.8）、式（17.9）变形为：

$$P_X F_K^1 = r \tag{17.8'}$$

$$g(k) F_K^3 = r \tag{17.9'}$$

由于资本禀赋量是外生给定的，故城市正式部门和农村部门的资本满足如下等式：

$$K_1 + K_3 = \bar{K} \tag{17.14}$$

因此，长期模型由式（17.1）至式（17.7）、式（17.8'）、式（17.9'）、式（17.10）至式（17.14）共 14 个方程构成，这一方程组决定了 14 个内生变量，分别为 X、Y、Z、L_1、L_2、L_3、K_1、K_3、W_1、W_2、W_3、r、k、P_Y，外生变量为 θ、S、$\bar{W}$、$\bar{L}$、$\bar{K}$、P_X、α。

三、比较静态分析

（一）短期分析

在短期模型中，各部门使用的资本 K_1、K_3 为固定的资本量。由式（17.1）、式（17.4）、式（17.5）和式（17.8）可知，X、W_1、L_1 和 r_1 不受 θ 的影响，对式（17.12）进行全微分，可得 $\dfrac{\mathrm{d}k}{\mathrm{d}\theta} = \bar{W}L_1 > 0$，故 θ 对其他变量的影响可以用 k 来代替。对式（17.6）、式（17.7）、式（17.9）、式（17.11）和式（17.13）进行全微分，可以得到如下联立方程组：

$$\begin{bmatrix} -1 & 0 & P_Y F_{LL}^2 & 0 & F_L^2 \\ 1 & 0 & g F_{LL}^3 & 0 & 0 \\ 0 & 0 & g F_{KL}^3 & 1 & 0 \\ A & -1 & B & 0 & 0 \\ 0 & 0 & C & 0 & D \end{bmatrix} \begin{bmatrix} \mathrm{d}W_2 \\ \mathrm{d}W_3 \\ \mathrm{d}L_2 \\ \mathrm{d}r_3 \\ \mathrm{d}P_Y \end{bmatrix} = \begin{bmatrix} 0 \\ g' F_L^3 \\ g' F_K^3 \\ 0 \\ -\alpha \end{bmatrix} \mathrm{d}k \tag{17.15}$$

其中，$A = \dfrac{L_2}{L_1 + L_2} > 0$，$B = \dfrac{(W_2 - \bar{W})L_1}{(L_1 + L_2)^2} < 0$，$C = (1-\alpha)P_Y F_L^2 > 0$，$D = (1-\alpha)Y > 0$。

定义式（17.14）中的系数行列式为 Δ_1，则 $\Delta_1 = (P_Y F_{LL}^2 + g F_{LL}^3)D - F_L^2 C < 0$。

根据克莱姆法则解式（17.15），可以得到：

$$\frac{\mathrm{d}L_2}{\mathrm{d}k} = \frac{g' F_L^3 D + \alpha F_L^2}{\Delta_1} < 0$$

$$\frac{\mathrm{d}r_3}{\mathrm{d}k} = \frac{g' F_K^3 (P_Y F_{LL}^2 + g F_{LL}^3)D - \alpha F_L^2 g F_{KL}^3 - F_L^2 g' F_K^3 C - g F_{KL}^3 g' F_L^3 D}{\Delta_1} > 0$$

由式（17.2）可知 $\dfrac{\mathrm{d}Y}{\mathrm{d}k} < 0$，虽然城市非正式部门的劳动力数量也减少，但由于其工资水平远远低于城市正式部门，故其劳动力数量减少对价格的影响较小，因此非正式部门的产品价格应该上升，即 $\dfrac{\mathrm{d}P_Y}{\mathrm{d}k} > 0$。又由式（17.6）全微分结果 $F_L^2 \mathrm{d}P_Y + P_Y F_{LL}^2$

$\mathrm{d}L_2 = \mathrm{d}W_2$，可得 $\dfrac{\mathrm{d}W_2}{\mathrm{d}k} > 0$。根据式（17.11）全微分结果 $\dfrac{L_1}{L_1 + L_2}\mathrm{d}W_2 + \dfrac{(W_2 - \bar{W})L_1}{(L_1 + L_2)^2}$

$\mathrm{d}L_2 = \mathrm{d}W_3$，可得 $\dfrac{\mathrm{d}W_3}{\mathrm{d}k} > 0$。由式（17.12）全微分结果 $\dfrac{\mathrm{d}k}{\mathrm{d}\theta} = \bar{W}L_1 > 0$，可得到 $\dfrac{\mathrm{d}W_2}{\mathrm{d}\theta}$、

$\dfrac{\mathrm{d}W_3}{\mathrm{d}\theta}$、$\dfrac{\mathrm{d}L_2}{\mathrm{d}\theta}$、$\dfrac{\mathrm{d}r_3}{\mathrm{d}\theta}$、$\dfrac{\mathrm{d}P_Y}{\mathrm{d}\theta}$。通过对式（17.2）、式（17.10）进行全微分可得 $\mathrm{d}Y =$

$F_L^2 \mathrm{d}L_2$、$\mathrm{d}L_3 = -\mathrm{d}L_2$，根据 $\dfrac{\mathrm{d}L_2}{\mathrm{d}\theta}$ 的计算结果可得 $\dfrac{\mathrm{d}Y}{\mathrm{d}\theta} = \bar{W}L_1 F_L^2 \dfrac{g' F_L^3 D + \alpha F_L^2}{\Delta_1} < 0$、$\dfrac{\mathrm{d}L_3}{\mathrm{d}\theta} =$

$-\bar{W}L_1 \dfrac{g' F_L^3 D + \alpha F_L^2}{\Delta_1} > 0$。由式（17.3）全微分结果，可得 $\mathrm{d}Z = g' F^3 \mathrm{d}k + g F_L^3 \mathrm{d}L_3$，根据 $\dfrac{\mathrm{d}k}{\mathrm{d}\theta}$ 和 $\dfrac{\mathrm{d}L_3}{\mathrm{d}\theta}$ 的计算结果可得 $\dfrac{\mathrm{d}Z}{\mathrm{d}\theta} = g' F^3 \dfrac{\mathrm{d}k}{\mathrm{d}\theta} + g F_L^3 \dfrac{\mathrm{d}L_3}{\mathrm{d}\theta} > 0$。

式（17.15）的计算结果如表 17-1 所示。

表 17-1　　　　　　　　式（17.15）的计算结果汇总

变量	$\mathrm{d}W_2$	$\mathrm{d}W_3$	$\mathrm{d}L_2$	$\mathrm{d}L_3$	$\mathrm{d}Y$	$\mathrm{d}Z$	$\mathrm{d}r_3$	$\mathrm{d}P_Y$
$\mathrm{d}\theta$	+	+	−	+	−	+	+	+

注：+ 和 − 分别表示 θ 的变化使对应的内生变量向相同或者相反的方向变化。

从表 17-1 可以看出，农民工提升汇款率使城市非正式部门和农村农业部门的工资水平上升；在雇佣方面，使城市非正式部门减少雇佣，而农村农业部门的雇佣

增加；在产出方面，使城市非正式部门减少产出，农村农业部门增加产出；在利率和价格方面，农村农业部门的利率水平上升，城市非正式部门价格上升。就部门所受的影响而言，当提升汇款率时，农村农业部门产量和工资上升是由于汇款提高了农村农业部门的生产效率和工资水平，从而吸引城市非正式部门的转移劳动力返回农村，使城市非正式部门劳动力减少，考虑到非技术劳动力资源禀赋为定值，故而农村农业部门劳动力增加；又由边际技术替代率递减可知，随着农村农业部门劳动力增多，资本变得相对稀缺，因此资本的价格上升；对城市非正式部门而言，随着劳动力的减少其产出水平也会下降，故城市非正式部门的人均工资上升、产品价格上升。

从表 17-1 可以看出汇款率变化对城市正式部门、城市非正式部门和农村农业部门收入水平的影响，但还不能判断汇款率变化对城乡收入差距的影响。为此，本章考虑 3 种城乡间的收入差距，即技术劳动力、城市正式部门非技术劳动力、城市非正式部门劳动力与农村农业部门劳动力之间的收入差距。根据表 17-1 计算可得：

$$\frac{\mathrm{d}(W_1 - W_3)}{\mathrm{d}\theta} < 0, \frac{\mathrm{d}(\bar{W} - W_3)}{\mathrm{d}\theta} < 0$$

为判断 $\dfrac{\mathrm{d}(W_3 - W_2)}{\mathrm{d}\theta}$ 的符号，我们作如下假设。

假设 1　城市非正式部门劳动力的边际产出弹性 $\varepsilon_{L_2} = \dfrac{\partial F_L^2}{\partial L_2} \dfrac{L_2}{F_L^2} < \dfrac{(W_2 - \bar{W})L_2}{(L_1 + L_2)W_2}$。

当城市非正式部门劳动力增加 1% 时，城市非正式部门边际产出下降 ε_{L_2}。由于 $W_1 > \bar{W} > W_3 > W_2$，故假设 1 的右边式子小于 0，在实际经济活动中这个假设成立的可能性是存在的。因此，当假设 1 成立时，可得：

$$\frac{\mathrm{d}(W_3 - W_2)}{\mathrm{d}\theta} > 0$$

短期汇款率对城乡收入差距的影响如表 17-2 所示。

表 17-2　　　　　　　　**短期汇款率对城乡收入差距的影响**

变量	$\mathrm{d}(W_1 - W_2)$	$\mathrm{d}(W_1 - W_3)$	$\mathrm{d}(\bar{W} - W_2)$	$\mathrm{d}(\bar{W} - W_3)$	$\mathrm{d}(W_3 - W_2)$
$\mathrm{d}\theta$				$-$	$+$ [1]

注：+ 和 - 分别表示 θ 的变化使对应的内生变量向相同或者相反的方向变化；"［1］"表示对应的符号只有在假设 1 成立时才能确定。

从表 17-2 可以看出，汇款率增加使城市正式部门和农村农业部门工资差距缩小，而城市非正式部门和农村农业部门收入差距增大。

命题 17.1 在短期中，提升汇款率使技术劳动力和农村农业部门劳动力、城市正式部门非技术劳动力和农村农业部门劳动力的工资差距缩小，而农村农业部门和城市非正式部门劳动力工资差距增大。

在短期模型中，虽然城市非正式部门和农村农业部门劳动力的工资随着汇款率的增加而增加，但它们之间的差距却是增加的。这是因为，转移劳动力增加汇款后，农村农业部门劳动力工资上涨幅度要超过城市非正式部门劳动力的工资变化，导致二者的工资差距拉大。

（二）长期分析

在资本可以自由流动的长期模型中，对式（17.6）、式（17.7）、式（17.9′）、式（17.10）至式（17.13）进行全微分，可以得到：

$$
\begin{bmatrix}
-1 & 0 & 0 & P_Y F_{LL}^2 & 0 & 0 & F_L^2 \\
0 & -1 & E & 0 & g F_{LL}^3 & g' F_L^3 & 0 \\
0 & 0 & F & 0 & g F_{KL}^3 & g' F_K^3 & 0 \\
0 & 0 & 1 & 1 & 1 & 0 & 0 \\
G & -1 & H & J & 0 & 0 & 0 \\
0 & 0 & \theta \overline{W} & 0 & 0 & -1 & 0 \\
0 & 0 & K & L & 0 & \alpha & M
\end{bmatrix}
\begin{bmatrix}
dW_2 \\
dW_3 \\
dL_1 \\
dL_2 \\
dL_3 \\
dk \\
dP_Y
\end{bmatrix}
=
\begin{bmatrix}
0 \\
0 \\
0 \\
0 \\
0 \\
-\overline{W} L_1 \\
0
\end{bmatrix}
d\theta \quad (17.16)
$$

其中，$E = g F_{LK}^3 \dfrac{F_{LL}^1}{F_{LK}^1} < 0$，$F = \dfrac{g F_{KK}^3 F_{LL}^1 - P_X (F_{KL}^1 F_{LK}^1 - F_{KK}^1 F_{LL}^1)}{F_{LK}^1} > 0$，$G = \dfrac{L_2}{L_1 + L_2} > 0$，$H =$

$\dfrac{(\overline{W} - W_2) L_2}{(L_1 + L_2)^2} > 0$，$J = -\dfrac{(\overline{W} - W_2) L_1}{(L_1 + L_2)^2} < 0$，$K = -\alpha P_X \dfrac{F_L^1 F_{LK}^1 - F_K^1 F_{LL}^1}{F_{LK}^1} < 0$，$L = (1 - \alpha)$

$P_Y F_L^2 > 0$，$M = (1 - \alpha) Y > 0$。

定义式（17.15）中的系数行列式为 Δ_2，计算 Δ_2 并得到：

$$
\Delta_2 =
\begin{pmatrix}
P(F + g' F_K^3 \theta \overline{W} - g F_{KL}^3)(K + P_Y F_{LL}^2 I + g F_{LL}^3) - g F_{KL}^3 F_L^2 I (M + \alpha \theta \overline{W}) \\
+ g F_{KL}^3 P(J - C - g' F_L^3 \theta \overline{W} + g F_{LL}^3) - N F_L^2 I (F + g' F_K^3 \theta \overline{W} - g F_{KL}^3)
\end{pmatrix} > 0
$$

根据克莱姆法则可以得到如下结果：

$$
\frac{dL_1}{d\theta} = \frac{-\overline{W} L_1}{\Delta_2}
\begin{pmatrix}
-g F_{KL}^3 (g' F_L^3 M + \alpha F_L^2 G) - F_L^2 g' F_K^3 LG \\
+ g' F_K^3 M (g F_{LL}^3 + J + P_Y F_{LL}^2 G)
\end{pmatrix} > 0
$$

$$\frac{dL_2}{d\theta} = \frac{-\bar{W}L_1}{\Delta_2}\left(\begin{array}{l} -(F-gF_{KL}^3)(g'F_L^3M+\alpha F_L^2G)+\\ F_L^2g'F_K^3KG-g'F_K^3M(gF_{LL}^3+H-E)\end{array}\right)<0$$

$$\frac{dL_3}{d\theta} = \frac{\bar{W}L_1}{\Delta_2}\left(\begin{array}{l} -Fg'F_L^3M+F_L^2g'F_K^3G(K-L)-\\ g'F_K^3M(H-E-J-P_YF_{LL}^2G)-\alpha F_L^2GF\end{array}\right)<0$$

由式（17.2）可知，城市非正式部门产出减少，城市正式部门劳动力增加的数量超过城市非正式部门劳动力减少的数量，故城市非正式部门产品的价格随着汇款的增加而增加，即$\frac{dP_Y}{d\theta}>0$。由式（17.13）以及初始时$\theta=0$可知，$\frac{dk}{d\theta}=\bar{W}L_1>0$。由于$\frac{dP_Y}{d\theta}>0$、$\frac{dL_2}{d\theta}<0$、$F_{LL}^2<0$，根据式（17.6）全微分结果$F_L^2dP_Y+P_YF_{LL}^2dL_2=dW_2$，可知$\frac{dW_2}{d\theta}>0$。由于$\frac{dL_1}{d\theta}>0$、$\frac{dL_2}{d\theta}<0$、$\frac{dW_2}{d\theta}>0$，根据式（17.12）的全微分结果$dW_3=$

$\frac{(\bar{W}-W_2)L_2}{(L_1+L_2)^2}dL_1-\frac{(\bar{W}-W_2)L_1}{(L_1+L_2)^2}dL_2+\frac{L_2}{L_1+L_2}dW_2$，可知$\frac{dW_3}{d\theta}>0$。根据式（17.1）、式（17.2）、式（17.4）、式（17.5）、式（17.8）′和式（17.14），可得$\frac{dX}{d\theta}>0$、$\frac{dY}{d\theta}<0$、$\frac{dW_1}{d\theta}>0$、$\frac{dK_1}{d\theta}>0$、$\frac{dr}{d\theta}<0$、$\frac{dK_3}{d\theta}<0$。

式（17.16）的计算结果如表17-3所示。

表17-3　　　　　　　　　式（17.16）的计算结果

变量	dW_1	dW_2	dW_3	dL_1	dL_2	dL_3	dK_1	dK_3	dP_Y	dr
$d\theta$	+	+	+	+	−	−	+	−	+	−

注：+和−分别表示θ的变化使对应的内生变量向相同或者相反的方向变化。

从表17-3可以看出，农民工在长期中提升汇款率使技术劳动力工资、城市正式部门、城市非正式部门和农村农业部门的非技术劳动力工资水平上升；城市正式部门雇用非技术劳动力数量增加，而城市非正式部门和农村农业部门雇用劳动力数量减少，换言之，农村农业部门和城市非正式部门的劳动力都向城市正式部门转移；城市正式部门资本增加而农村农业部门资本减少，且利率下降；非正式部门产品价格上升。随着经济的发展，在资本可以在部门间流动的情况下，资本要素对城市正式部门的生产影响将超过劳动要素对该部门生产的影响，由于城市具有更好的企业环境、教育医疗资源、基础设施以及技术劳动力，因此能够吸引更多的资本流入城市正式部门，吸引更多的农村劳动力进入城市正式部门。资本和劳动力的增加会提高城市正式部门的产出水平，在技术劳动力数量不变的情况下，其工资就会上升。对城市非正式部门而言，劳动力减少导致其产出水平下降，然而，由于整个城市的人口增加，根据供需理论，我们可以很容易地推断出其所提供的产品和服务的价格上升。汇款率的上升对农村农业部门的影响有两个观察角度：一是城市正式部门的农村转移劳动力增加导致的汇款总量的增加；二是汇款率 θ 的增加引起的汇款总量的增加。更多的汇款回流农村，无疑会提升农业部门的生产水平。此外，由于农村农业部门工资是弹性的，农村劳动力的减少必然导致其工资水平的提高。

根据表 17-3 的结果，我们可以分析汇款对城乡工资差距的影响，得到：

$$\frac{\mathrm{d}(W_3 - W_2)}{\mathrm{d}\theta} < 0, \frac{\mathrm{d}(\bar{W} - W_3)}{\mathrm{d}\theta} < 0$$

为判断 $\frac{\mathrm{d}(W_1 - W_3)}{\mathrm{d}\theta}$ 的符号，我们作出如下两个假设。

假设 2 $\quad \dfrac{gF_{KK}^3 F_{LL}^1 - P_X(F_{KL}^1 F_{LK}^1 - F_{KK}^1 F_{LL}^1)}{F_{LK}^1} > gF_{KL}^3$

假设 3 $\quad \dfrac{\varepsilon_{L_3}}{\varepsilon_{L_1}} \dfrac{\varepsilon_{K_1}}{\varepsilon_{K_3}} > \dfrac{L_1}{L_3} \dfrac{K_3}{K_1}$

其中，ε_{L_3}、ε_{K_1} 和 ε_{K_3} 分别表示农村农业部门劳动力的边际产出弹性、城市正式部门资本的边际产出弹性和农村农业部门资本的边际产出弹性。假设 3 的左边式子是农村农业部门劳动力的边际产出弹性和资本的边际产出弹性之比除以城市正式部门非技术劳动力的边际产出弹性和资本的边际产出弹性之比，右边式子是农村农业部门人均资本量与城市正式部门人均资本量之比。

在假设 2、假设 3 的前提下，有 $\frac{\mathrm{d}(W_1 - W_3)}{\mathrm{d}\theta} > 0$。长期汇款率对城乡收入差距的影响如表 17-4 所示。

表 17-4 　　　　　　　长期汇款率对城乡收入差距的影响

变量	$\mathrm{d}(W_1 - W_3)$	$\mathrm{d}(\bar{W} - W_3)$	$\mathrm{d}(W_3 - W_2)$
$\mathrm{d}\theta$	$+$[2][3]	$-$	$-$

注：$+$ 和 $-$ 分别表示 θ 的变化使对应的内生变量向相同或者相反的方向变化；[2][3]表示对应的符号只有在假设 2 和假设 3 同时成立时才能确定。

从表 17-4 可以看出，增加农民工汇款，城市正式部门和农村农业部门的工资差距将增大，而城市非正式部门和农村农业部门的工资差距将缩小。

命题 17.2 在长期中，汇款率上升使得技术劳动力和农村劳动力的工资差距增大，而城市非正式部门和农村农业部门的工资差距缩小。

比较命题 17.1 和命题 17.2 可知，在短期内汇款率增加能够减少技术劳动力和农村劳动力的收入差距，但是从长期来看，技术劳动力和农村劳动力收入差距不但没有缩小反而增大。汇款对城市非正式部门和农村农业部门的收入差距的影响也不相同，短期内，汇款率增加引起城市非正式部门和农村农业部门收入差距增大，长期中二者的差距是缩小的。导致长短期结果不一致的主要原因在于资本要素对生产的影响。短期内，因为资本不流动，故劳动力数量决定了城市各部门的产出水平，而汇款的增加对农村农业部门生产的外溢效应使农村农业部门劳动力的工资水平得到提高，故城乡收入差距缩小。但是，在长期中资本是可以在城市正式部门和农村农业部门之间流动的，这就产生了一种可能：由于汇款率上升增加了农村对城市正式部门产品的需求，城市正式部门为扩大生产增加雇佣劳动和资本，使其产出水平和工资水平得到提高；农村农业部门则因资本流向城市而减少雇佣劳动；虽然农村农业部门的工资水平也因汇款对农业生产的外溢效应以及雇佣劳动减少而增加，但由于雇佣劳动和资本下降影响了产出，其工资上升的幅度要小于城市正式部门，使二者的收入差距增大。

四、数 值 模 拟 分 析

（一）模拟方法和数据来源

本节采用可计算一般均衡模型对上述理论分析的主要结论进行数值模拟，分别从短期和长期两个角度来验证农民工汇款率的变化对各内生变量的定量影响，并检验命题 17.1 和命题 17.2 的数值特征。为了使模拟的结果与现实经济的状况尽可能地贴合，我们采用国家统计局公布的各年度农民工监测调查报告的数据对模型中的参数进行校准。

（二）短期数值模拟分析

为了使理论模型可计算，我们设城市正式部门、城市非正式部门和农村农业部门的生产函数分别为如下柯布—道格拉斯形式的函数：

$$X = S^{\alpha_1} L_1^{\alpha_2} K_1^{\alpha_3} \tag{17.17}$$

$$Y = L_2^{\delta} \tag{17.18}$$

$$Z = g(k) L_3^{\beta_2} K_3^{\beta_3} \tag{17.19}$$

汇款对农业部门生产函数的影响用 $g(k) = 1 + k^{\varepsilon}$ 来表示，ε 为汇款外部性参数。根据国家统计局《2017 年农民工监测调查报告》中的相关数据对生产函数中各参数进行校准，得到各参数的值为：$\alpha_1 = 0.128$、$\alpha_2 = 0.151$、$\alpha_3 = 0.721$、$\beta_2 = 0.581$、$\beta_3 = 0.419$、$\delta = 1.164$、$\varepsilon = 0.1$、$\alpha = 0.015$。在以下的数值模拟分析中，以上各参数均保持不变，只有关键外生变量汇款率 θ 提高，θ 从 0.01 逐渐上升到 0.10，我们观察 θ 变化时其他内生变量的变动情况（见表 17－5）。

表 17－5　　　　　　　　短期汇款率上升的经济效果

θ	k	g	Y	L_2	W_2	Z	L_3	W_3	P_Y	r_3	$W_1 - W_3$
0.00	0.000	1.000	1.266	3.345	3.420	2.101	3.059	3.980	0.808	0.996	1.190
0.01	1.014	1.008	1.123	3.018	3.801	2.131	3.091	4.026	0.909	1.018	1.144
0.02	2.029	1.009	1.111	2.991	3.829	2.134	3.094	4.029	0.917	1.020	1.141
0.03	3.043	1.009	1.104	2.974	3.846	2.135	3.096	4.031	0.922	1.021	1.139
0.04	4.057	1.009	1.098	2.960	3.859	2.136	3.097	4.032	0.926	1.022	1.138
0.05	5.071	1.009	1.093	2.949	3.868	2.137	3.098	4.033	0.929	1.022	1.137
0.06	6.086	1.010	1.089	2.938	3.876	2.138	3.099	4.034	0.931	1.023	1.136
0.07	7.100	1.010	1.085	2.929	3.883	2.139	3.100	4.035	0.933	1.023	1.135
0.08	8.114	1.010	1.081	2.921	3.888	2.139	3.101	4.036	0.935	1.024	1.134
0.09	9.129	1.010	1.078	2.913	3.893	2.140	3.012	4.037	0.936	1.024	1.133
0.1	10.143	1.020	1.074	2.905	3.897	2.141	3.103	4.038	0.937	1.025	1.132

注：k、Y、L_2、Z、L_3 的实际值分别为 $k \times 10^3$、$Y \times 10^4$、$L_2 \times 10^3$、$Z \times 10^5$、$L_3 \times 10^4$。

从表 17－5 可以看出，增加农民工汇款率，城市正式部门的工资水平保持不变，城市非正式部门的工资水平从 3.420 上升到 3.897，农村农业部门的工资水平从 3.98 上升到 4.038。汇款率的上升将使城市正式部门和农村农业部门的工资差距逐渐缩小，从 1.190 下降到 1.132，这与命题 17.1 相一致。由于通过使用 2017 年国家统计局公布的数据对参数进行校准，得到的 δ 大于 1，即城市非正式部门的边际产出递增，而我们在理论模型中的假设 1 为城市非正式部门的边际产出递减，考虑到我国还是一个发展中国家，城市非正式部门仍处于成长的幼稚期，故其边际产出递增是符合我国的发展现状的。因此，在短期的数值模拟分析中，我们不考虑农村农业部门和城市非正式部门的工资差距。从表 17－5 中，我们还可以知道汇款率的增加导致城市非正式部门的非技术劳动力向农村地区返回，从而使城市非正式部门的产出下降、产品价格上升，这与我们在理论分析中得到的结果相一致，数值变化的大小则体现出汇款率变动带来影响的大小。

（三）长期数值模拟分析

在长期数值模拟中，各生产函数的参数与短期一致。关键外生变量汇款率 θ 从 0.01 逐渐上升到 0.10，数值模拟结果见表 17-6 和表 17-7。

表 17-6　　　　　　　　长期汇款率上升的经济效果

θ	k	g	L_1	K_1	L_2	P_Y	L_3	K_3	r
0.00	0.000	1.000	2.504	4.840	3.127	0.785	3.080	8.841	1.000
0.01	1.024	1.008	2.530	4.894	3.150	0.790	3.052	8.298	1.000
0.02	2.055	1.009	2.538	4.911	3.170	0.801	3.043	8.130	0.999
0.03	3.092	1.009	2.545	4.928	3.193	0.809	3.033	7.959	0.998
0.04	4.136	1.009	2.553	4.946	3.210	0.817	3.023	7.773	0.998
0.05	5.185	1.010	2.560	4.963	3.231	0.826	3.014	7.611	0.997
0.06	6.241	1.010	2.568	4.981	3.249	0.835	3.004	7.430	0.997
0.07	7.300	1.010	2.575	4.996	3.270	0.842	2.995	7.273	0.996
0.08	8.371	1.010	2.584	5.016	3.289	0.850	2.985	7.081	0.996
0.09	9.439	1.010	2.589	5.029	3.307	0.861	2.977	6.948	0.995
1.00	10.524	1.011	2.598	5.050	3.327	0.869	2.966	6.740	0.995

注：k、L_1、K_1、L_2、L_3、K_3 的实际值分别为 $k \times 10^3$、$L_1 \times 10^4$、$K_1 \times 10^5$、$L_2 \times 10^3$、$L_3 \times 10^4$、$K_3 \times 10^4$。

表 17-7　　　长期汇款率上升对各部门收入以及收入差距的影响

θ	W_1	W_2	W_3	$W_1 - W_3$	$W_3 - W_2$
0.00	5.170	3.420	3.980	1.190	0.560
0.01	5.217	3.446	3.983	1.234	0.537
0.02	5.232	3.498	3.989	1.243	0.491
0.03	5.247	3.537	3.993	1.254	0.456
0.04	5.264	3.575	3.997	1.267	0.422
0.05	5.279	3.618	4.002	1.277	0.384
0.06	5.295	3.661	4.006	1.289	0.345
0.07	5.309	3.695	4.010	1.299	0.315
0.08	5.327	3.734	4.014	1.313	0.280
0.09	5.339	3.786	4.020	1.319	0.234
0.10	5.357	3.825	4.024	1.333	0.199

从表 17-6 和表 17-7 可以看出，汇款率的上升使农村农业部门和城市非正式

部门的非技术劳动力向城市正式部门转移，城市非正式部门由于非技术劳动力减少，其产出水平下降，在城市居住总人口增加的情况下，其产品的价格水平将逐渐上升；资本由农村农业部门向城市正式部门转移；城市正式部门、城市非正式部门和农村农业部门的工资均随着汇款率的增加而增加。其中，城市正式部门的工资水平由 5.17 上升到 5.357，城市非正式部门的工资水平由 3.420 上升到 3.825，农村农业部门的工资水平由 3.980 上升到 4.024。城市正式部门和农村农业部门的工资差距从 1.190 增大到 1.333；农村农业部门与城市非正式部门的工资差距从 0.560 下降到 0.199。因此，长期中，数值模拟的结果与理论研究部分的命题 17.2 的相关结论一致，其数值变化的大小也体现出汇款率变动带来影响的大小。

五、结　论

汇款作为农村的重要经济来源，对农村经济发展起到明显的促进作用。而城乡区域发展和收入分配差距较大的现实必然影响到农村的稳定，不利于"三农"问题的解决。通过本章的研究可以知道，在短期中，农民工提升汇款率使城市正式部门和农村农业部门的工资差距缩小，而使农村农业部门和城市非正式部门的工资差距增大；在长期中，农民工提升汇款率使城市正式部门和农村农业部门的工资差距增大，而使农村农业部门和城市非正式部门的工资差距缩小。

目前我国城市的收入水平要高于农村，在市场机制的作用下，农村劳动力向城市的转移还会持续。由于汇款是农民工利他主义的必然产物，城乡不同部门间收入差距的不同变化以及短、长期结论截然相反的情况，提示政策制定部门必须重视汇款效果的复杂性。另外，从非正式部门的定义可知，它是一个具有临时性质的部门，故而城市正式部门与农村农业部门之间的收入差距是城乡收入差距问题的核心。从这个意义上看，短期中提升汇款率的城乡收入效果最优。总之，为遵循市场规律解决好在汇款率变化情况下城乡各部门间的收入差距问题提供理论依据，是我们进行本研究的价值所在。

参考文献

[1] 陈斌开、林毅夫：《重工业优先发展战略、城市化和城乡工资差距》，载于《南开经济研究》2010 年第 1 期。

[2] Beladi, H., S. Chaudhuri & S. Yabuuchi, "Can International Factor Mobility Reduce Wage Inequality in a Dual Economy?" *Review of International Economics*, 2008, 16 (5): 893－903.

［3］Chaudhuri, S. , "Wage Inequality in a Dual Economy and International Mobility of Factors: Do Factor Intensities Always Matter?", *Economic Modelling*, 2008, 25 (6): 1155 – 1164.

［4］Chaudhuri, S. , S. Yabuuchi, "Economic Liberalization and Wage Inequality in the Presence of Labour Market Imperfection", *International Review of Economics & Finance*, 2007, 16 (4): 592 – 603.

［5］Chaudhuri, S. , D. Banerjee, "Foreign Capital Inflow, Skilled – unskilled Wage Inequality and Unemployment of Unskilled Labour in a Fair Wage Model", *Economic Modelling*, 2010, 27 (1): 477 – 486.

［6］Chandra, V. , M. A. Khan, "Foreign Investment in the Presence of an Informal Sector", *Economica*, 1993: 79 – 103.

［7］Das, S. P. , "Foreign Direct Investment and the Relative Wage in a Developing Economy", *Journal of Development Economics*, 2002, 67 (1): 55 – 77.

［8］Djajić, S. , "Emigration and Welfare in an Economy with Foreign Capital", *Journal of Development Economics*, 1998, 56 (2): 433 – 445.

［9］Fang, C. , L. Huang, M. Wang, "Technology Spillover and Wage Inequality", *Economic Modelling*, 2008, 25 (1): 137 – 147.

［10］Harris, J. R. , M. P. Todaro, "Migration, Unemployment and Development: A Two – sector Analysis", *The American economic review*, 1970, 1: 126 – 142.

［11］Kar, S. , H. Beladi, "Skill Formation and International Migration: Welfare Perspective of Developing Countries", *Japan and the World Economy*, 2004, 16 (1): 35 – 54.

［12］Kar, S. , K. B. Guha Khasnobis, "Economic Reform, Skill Formation and Foreign Capital", *The World Economy*, 2006, 29 (1): 79 – 94.

［13］Li, X. , J. Zhou, "Environmental Effects of Remittance of Rural – urban Migrant", *Economic Modelling*, 2015, 47: 174 – 179.

［14］Li, X. , D. Wang, "The Impacts of Rural – urban Migrants' Remittances on the Urban Economy", *The Annals of Regional Science*, 2015, 54 (2): 591 – 603.

［15］Lundahl, M. , "International Migration, Remittances and Real Incomes: Effects on the Source Country", *The Scandinavian journal of economics*, 1985: 647 – 657.

［16］Moore, M. P. , P. Ranjan, "Globalisation vs Skill - Biased Technological Change: Implications for Unemployment and Wage Inequality", *The Economic Journal*, 2005, 115 (503): 391 – 422.

［17］Pan, L. , Y. Zhou, "International Factor Mobility, Environmental Pollution and Skilled – unskilled Wage Inequality in Developing Countries", *Economic Modelling*, 2013, 33: 826 – 831.

［18］Pradhan, G. , M. Upadhyay, K. Upadhyaya, "Remittances and Economic Growth in Developing Countries", *The European Journal of Development Research*, 2008, 20 (3): 497 – 506.

［19］Quibria, M. G. , "International Migration, Remittances and Income Distribution in the Source Country: A Synthesis", *Bulletin of Economic Research*, 1997, 49 (1): 29 – 46.

［20］Rivera – Batiz, F. L. , "International Migration, Remittances and Economic Welfare in the Source Country", *Journal of Economic Studies*, 1986, 13 (3): 3 – 19.

图书在版编目（CIP）数据

长三角地区全面建设小康社会中的绿色发展问题研究 /
李晓春等著 . —北京：经济科学出版社，2019.12
（长三角区域践行新发展理念丛书）
"十三五"国家重点出版物出版规划项目
ISBN 978 - 7 - 5218 - 1154 - 4

Ⅰ.①长… Ⅱ.①李… Ⅲ.①长江三角洲 - 小康建设 -
研究 Ⅳ.①F127.5

中国版本图书馆 CIP 数据核字（2019）第 289063 号

责任编辑：齐伟娜　初少磊
责任校对：隗立娜
责任印制：李　鹏

长三角地区全面建设小康社会中的绿色发展问题研究
李晓春　等著
经济科学出版社出版、发行　新华书店经销
社址：北京市海淀区阜成路甲 28 号　邮编：100142
总编部电话：010 - 88191217　发行部电话：010 - 88191540
网址：www.esp.com.cn
电子邮箱：esp@esp.com.cn
天猫网店：经济科学出版社旗舰店
网址：http://jjkxcbs.tmall.com
北京季蜂印刷有限公司印装
787×1092　16 开　16.75 印张　300000 字
2020 年 4 月第 1 版　2020 年 4 月第 1 次印刷
ISBN 978 - 7 - 5218 - 1154 - 4　定价：58.00 元
（图书出现印装问题，本社负责调换。电话：010 - 88191510）
（版权所有　侵权必究　打击盗版　举报热线：010 - 88191661
QQ：2242791300　营销中心电话：010 - 88191537
电子邮箱：dbts@esp.com.cn）